二十一世纪普通高等院校实用规划教材·经济管理系列

审计学

(第3版)

张彤杉　武东萍　主　编

肖　芬　任　琳　副主编

清华大学出版社

北　京

内 容 简 介

本书依据现行的审计法规和新颁布的审计准则，对审计学理论和实务作了系统阐述。全书共分为 12 章，第一章阐述审计的基础知识，对政府审计、注册会计师审计和内部审计分别进行了介绍；第二章至第十二章以注册会计师审计为例，讲述了注册会计师的传统核心业务即财务报表审计的主要内容。

本书在内容和结构上力求创新，强调审计理论的建立和运用，重视对审计学科发展状况的关注和思考，总结优秀的审计经验、技巧，传输最新的审计理念。

本书可供高等院校会计专业、审计专业、财务管理专业以及工商管理类专业的学生使用，也可作为专业培训和自学参考用书。

图书在版编目(CIP)数据

审计学/张彤杉，武东萍主编. —3 版. —北京：清华大学出版社，2021.4
二十一世纪普通高等院校实用规划教材. 经济管理系列
ISBN 978-7-302-57583-2

Ⅰ. ①审…　Ⅱ. ①张…　②武…　Ⅲ. ①审计学—高等学校—教材　Ⅳ. ①F239.0

中国版本图书馆 CIP 数据核字(2021)第 029981 号

责任编辑：陈冬梅
装帧设计：刘孝琼
责任校对：王明明
责任印制：宋　林
出版发行：清华大学出版社
　　网　　址：http://www.tup.com.cn, http://www.wqbook.com
　　地　　址：北京清华大学学研大厦 A 座　　**邮　　编**：100084
　　社 总 机：010-62770175　　**邮　　购**：010-62786544
　　投稿与读者服务：010-62776969, c-service@tup.tsinghua.edu.cn
　　质量反馈：010-62772015, zhiliang@tup.tsinghua.edu.cn
　　课件下载：http://www.tup.com.cn, 010-62791865
印 装 者：北京嘉实印刷有限公司
经　　销：全国新华书店
开　　本：185mm×260mm　　**印　张**：16　　**字　数**：390 千字
版　　次：2007 年 7 月第 1 版　2021 年 4 月第 3 版　　**印　次**：2021 年 4 月第 1 次印刷
定　　价：48.00 元

产品编号：083523-01

前　言

审计理论是随着社会经济的发展以及审计的实践而不断发展变化的。本书自第 2 版出版以来，我国经济体制改革不断深化，审计行业所处的社会环境也发生了重大变化。中国共产党十八届六中全会和第十九次全国代表大会的胜利召开，对我国发展所处历史方位作出新的重大政治论断，为制定党和国家大政方针提供了理论依据，进一步指明了党和国家事业的前进方向，具有重大现实意义和深远历史意义。

各种法律法规不断修改、完善，对审计的执业环境带来深刻影响。

2018 年 3 月，为加强党中央对审计工作的领导，构建集中统一、全面覆盖、权威高效的审计监督体系，更好发挥审计监督作用，中国共产党中央委员会根据《深化党和国家机构改革方案》组建中央审计委员会，作为党中央决策议事协调机构。

2014—2017 年，财政部修订颁布了多项企业会计准则；2016 年 12 月，中国注册会计师协会修订发布了 12 项审计准则；2019 年 4 月，中国注册会计师协会修订发布了 18 项审计准则。

2013 年 8 月，中国内部审计协会发布了新的《中国内部审计准则》体系；2018 年 1 月，审计署发布了《审计署关于内部审计工作的规定》。

为了适应这些变化，及时满足高等院校审计教学的需求，我们根据这些新的规定及要求，对本书内容进行了调整和改进，对相关内容进行修订和完善。本书此次修订的主要内容具体如下。

对部分章节的编排作了调整。将第 2 版中的第十章、第十三章、第十四章删除，将第一章第三节审计目标单独设为第三章，并增加了会计师事务所业务承接的内容，使教材由原来的 14 章调整为 12 章；修订后的内容更加突出注册会计师财务报表审计业务的主要内容和总体思路，使全书内容更趋合理、更加完善。

每章内容前增加引例，选编了近年的审计案例，通过对案例进行介绍，提出问题，让学生带着问题开始章节内容的学习，通过学习解决问题。

设计了新的格式，对学习目标、每章课后的练习题进行了修订。章节中配合内容的理解增加了审计工作底稿参考格式，以强化实训，突出审计技能培养。

修订后本书共 12 章。第一章阐述了审计的产生和发展历程，讲述了审计的性质、分类等审计基础知识，对我国审计监督体系的组成部分即政府审计、注册会计师审计和内部审计的主要内容分别进行了介绍。从第二章至第十二章以注册会计师审计为例，讲述了注册会计师的传统核心业务即财务报表审计的主要内容。遵循这个思路，将第 2 版中注册会计师的其他业务内容进行删减。此外，因为筹资与投资循环在审计过程中一般直接实施实质性程序，而且这个循环中所用到的程序在其他循环中都有涉及，所以将这个循环的内容删减，使学习的内容更加明确，通过学习达到举一反三的效果。

本书修订人员分工如下：武东萍负责第一、四、五、十、十一章的修订，肖芬负责第二、三、八、十二章的修订，任琳负责第六、七、九章的修订。张彤杉、武东萍负责拟定

全书、修订大纲，并对全书进行总纂、定稿。

本书在修订过程中，参阅了大量审计学方面的教材、专著和文章，吸收和借鉴了同行相关的最新成果，在出版过程中，得到了清华大学出版社的大力支持，在此特向他们表示衷心的感谢！

编　者

目 录

第一章　概　　论

【学习目标及要点】

通过对本章内容的学习，应了解审计产生和发展的历程，了解审计在社会经济发展中的重要意义和作用；理解审计产生的客观基础；掌握审计的概念和本质特征；理解审计的职能、分类；了解我国审计监督体系的构成、人员设置及业务范围。

【引例】　习近平：用好审计这把“利器”

2018 年 5 月 23 日，中共中央总书记、国家主席、中央军委主席、中央审计委员会主任习近平主持召开中央审计委员会第一次会议并发表重要讲话。这是中共中央印发《深化党和国家机构改革方案》宣布组建中央审计委员会后，该委员会的首次“亮相”。会上，习近平发表重要讲话，对审计工作作出全方位部署。

加强审计工作有多重要

确保资金在阳光下运行，离不开有效监督。审计作为一种独立性经济监督活动，是党和国家监督体系的重要组成部分。习近平指出，审计机关成立 30 多年来，在维护国家财政经济秩序、提高财政资金使用效益、促进廉政建设、保障经济社会健康发展等方面发挥了重要作用。

党的十八大以来，习近平多次强调加强审计监督、改革审计管理体制，不断赋予审计工作新的内涵，让这把“利器”为促进党中央令行禁止、维护国家经济安全、推动全面深化改革、促进依法治国、推进廉政建设等作出了重要贡献。

党的十九大开启了全面建设社会主义现代化国家新征程，打好“三大攻坚战”、推动高质量发展、坚定不移全面从严治党……做好每一项工作都要有一套完善高效的监督体系作为“督查员”和“安全员”，加强审计工作、改革审计管理体制显得愈加重要。

这次党和国家机构改革正是从这一高度着眼，决定组建中央审计委员会，作为党中央决策议事协调机构。这个“党中央决策议事协调机构”，其“顶层设计”极为引人注目：习近平亲自担任委员会主任，国务院总理和中央纪委书记为副主任。“规格”如此之高，足以说明党中央对审计工作的高度重视。

推动全面从严治党的重要举措

习近平在讲话中强调，要拓展审计监督广度和深度，消除监督盲区，加大对党中央重大政策措施贯彻落实情况的跟踪审计力度，加大对经济社会运行中各类风险隐患的揭示力度，加大对重点民生资金和项目的审计力度。这三个“加大力度”指明了今后一个时期审计工作的重点任务。这三方面任务与维护党中央权威和集中统一领导、增强党的执政能力和反腐倡廉工作息息相关，正是推动全面从严治党的重要举措。

习近平这次对审计工作提了“应审尽审、凡审必严、严肃问责”这 12 字原则，与他全面从严治党的思路一脉相承。全面从严治党，关键是坚持制度治党。习近平在讲话中强调“努力构建集中统一、全面覆盖、权威高效的审计监督体系”，正是一种周密的制度安排。

审计监督全面覆盖，中央审计委员会一成立就立即出实招、动真格。

确保党对审计工作的绝对领导

中央决定组建中央审计委员会，目的是健全党对审计工作领导体制机制，确保党中央各项决策部署落到实处。做好各项审计工作，确保党对审计工作的绝对领导是关键。

习近平强调，审计机关要树立“四个意识”，自觉在思想上政治上行动上同党中央保持高度一致，坚决维护党中央权威和集中统一领导，落实党中央对审计工作的部署要求。

作为党中央决策议事协调机构，要为审计工作提供有力指导，中央审计委员会的工作必须围绕顶层设计、统筹协调来开展。习近平为此提了四种能力：“把方向、谋大局、定政策、促改革”。只有真正提高这四种能力，才能实施更为有力的统领和协调，确保党对审计工作的绝对领导。

对于具体的审计工作，习近平进行了十分详尽的部署，他主要强调了四个“要”：要深化审计制度改革，解放思想、与时俱进，创新审计理念，及时揭示和反映经济社会各领域的新情况、新问题、新趋势；要坚持科技强审，加强审计信息化建设；要加强对全国审计工作的领导，强化上级审计机关对下级审计机关的领导，加快形成审计工作全国一盘棋；要加强对内部审计工作的指导和监督，调动内部审计和社会审计的力量，增强审计监督合力。

习近平还突出强调了审计机关自身建设，“以审计精神立身，以创新规范立业，以自身建设立信”。这三个“立”，既是对审计机关各级党组织“认真履行管党治党政治责任”的政治要求，也是对建设一支“信念坚定、业务精通、作风务实、清正廉洁”专业化审计干部队伍的素质要求。

(资料来源：2018年5月27日 09:27，新华网)

第一节　审计的产生和发展

审计是人类社会经济发展到一定阶段的必然产物，它既是一个社会范畴，同时也是一个经济范畴。审计从产生之日起，经过不断的完善和演化，发展到今天已经逐渐形成了一套较完备的科学体系，审计以其特有的职能为促进社会与经济的稳定发展发挥着显著的作用。研究审计的产生和发展，认识审计产生的客观必然性及历史变革过程，可以揭示审计的本质及发展规律。

一、审计产生的客观基础

审计是一种社会经济监督活动已成为人们的共识，作为一种经济现象，它绝不是主观的产物，而是社会生产力发展到一定阶段的必然产物。在人类社会早期，由于社会经济的发展，生产力的提高，社会财富的增加，财产的所有权与经营权开始出现分离，形成了财产所有者与经营者之间的受托经济责任关系，即经营者接受财产所有者的委托，按财产所有者的意志，经营其财产。在这种经济关系下，所有者和经营者的目标可能不一致，所有者为了维护自身的经济利益，防止经营管理者营私舞弊，需要管理者合法、有效地履行其职责，同时管理者为了确定自己的经营业绩，解脱自己的经营责任，也需要接受客观公正的审查。对财产管理者的监督检查，客观上要求与财产所有者和财产管理者都无利害关系的第三方来进行，这就要求有一个独立的、专门的监督部门，于是审计的产生成为必然。因此，审计是基于经济监督的客观需要而产生的。受托经济责任关系的建立是审计产生的前提条件，也是审计产生与发展的客观基础。

二、政府审计的产生与发展

(一)中国政府审计的起源与发展

从世界范围看，最早产生的审计都是政府审计。政府审计起源于官厅，即所谓的官厅审计。根据有关文献记载，我国政府审计最早产生于西周，其主要标志是“宰夫”这一官职的出现。当时国家设“宰夫”这一官职，由国王授权实行监督，其职责是年终、月终、旬终审核收支报告，发现违法乱纪者向上报告，加以处罚；而“宰夫”自身并不掌管财物的收支。“宰夫”的设立标志着我国政府审计的产生，西周是我国政府审计的初步形成时期。

秦、汉时期是我国政府审计的基本确立时期。秦朝设“御史大夫”掌管政治、经济监察事项，并继承和发展了战国的“上计”制度。所谓“上计”制度，就是一种审计监督形式，用现代的审计术语来说，就是一种定期的报表审核制度。汉代仍设“御史大夫”官职和支持“上计”制度，并制定《上计律》。《上计律》把“上计”作为一种专门的制度，定为法律条款，从而使审计与法相联系，成为我国审计立法的开端。

秦、汉时期我国政府审计的特点主要表现在三个方面：一是初步形成了审计制度与监察制度相结合的统一审计模式；二是“上计”制度的日趋完善；三是审计地位在提高，职权在扩大。

隋、唐、宋时期是我国政府审计的日臻健全时期。隋朝在刑部下设“比部”对账册簿籍进行稽查。唐朝沿用隋制，在刑部下设“比部”，但唐朝的“比部”是独立于财会部门之外的专门性质的审计机构，其审计职权通达国家财经各领域，涉及军政内外，一直下伸到州、县。唐朝的“比部”审计范围极广、项目众多，具有较高的权威性和很强的独立性。宋朝宋太宗淳化三年(992 年)，设“审计院”，审查财政收支，这是我国首次出现的以“审计”命名的审计机构，从此“审计”一词便成为财政经济监督的专门用语。

元、明、清各朝是我国政府审计的衰弱时期。元代取消“比部”，由户部兼管会计报告的审核，独立的审计机构即告消亡。明、清两朝均未设置独立的审计机构。洪武十五年(1382 年)设置“督察院”，督察院具有审计的一揽子作用，以左右督御史为长官，审查中央财计。清朝设清吏司实行财审合一制度。由于取消了独立的审计组织，其财政监督和政府审计职能被严重削弱。

中华民国时期是我国政府审计的不断演进时期。辛亥革命后，民国政府成立，开始有了国会，同时建立了审计制度。1912 年 9 月，民国政府在国务院下设审计处，各省设审计分处，并颁布《审计处暂行规定》《暂行审计规则》《执行规则》等审计法规。1914 年改“审计处”为“审计院”，颁布《审计法》和《审计法实施规则》。1928 年，颁布《审计组织法》。1931 年改“审计院”为“审计部”，为检察院所属机构。审计人员有审计、协审、稽查等职称。这一时期政府审计最重要的特点是：审计法规达到空前完备程度。一方面，它突破了历代将审计内容赋予刑法之内的习惯做法，而公布大量专门的审计法规；另一方面，所颁布的审计法规涉及审计的各个领域，形成较为完整的审计法规体系。

新中国成立至今是我国政府审计的振兴时期。中华人民共和国成立至中共十一届三中全会近 30 年时间，由于实行了高度集中的计划经济体制，国有资源财产的所有权与经营权一体化，我国没有设立独立的审计机构，而是实行财政与审计合一的制度，审计的监督职能分别由财政、税务等专业监督部门执行。十一届三中全会以后，党和政府把工作重点转移到经济建设上来，为了适应改革开放和社会主义经济发展的需要，审计工作迅速发展。1982 年 12 月，第五届全国人民代表大会第五次会议通过的《中华人民共和国宪法》明确提出要建立政府审计机构，实行审计监督；1983 年 9 月，中华人民共和国审计署正式成立，随后在县以上各级人民政府设置了审计机关；1985 年 8 月发布了《国务院关于审计工作的暂行规定》；1988 年 11 月颁发了《中华人民共和国审计条例》；1994 年 10 月发布了《中华人民共和国审计法》，从法律上确立了政府审计的地位，2006 年对原《中华人民共和国审计法》进行了大量修订，自 2006 年 6 月起正式施行。审计法规的实施和审计机关的建立，标志着我国政府审计有了法律保障和组织保障，确立了我国政府审计工作的地位。

(二)西方政府审计的起源与发展

西方政府审计的起源可以追溯到公元前 5 世纪前后，当时的古埃及、古罗马和古希腊就有了官厅审计机构及政府审计的史实。公元前 5 世纪的雅典，公民大会控制了公共资金的收入和支出，在公共财政管理人员中设置了专职的审计人员。古埃及大约在公元前 3500 年前后，就设有具较强独立性的监督官，负责对政府的会计账簿和谷物税的征收进行审查和监督。古罗马在公元前 443 年，也设有监督官，与元老院和财务官共同组成国家政权的主干，监督官的职责实际上就是审计。到公元前 3 世纪前后，“双人记账制”“专人核账制”已十分普及，并形成了一种定期的会计稽核制度。审计人员以“听证”的方式，对掌管国家财物和赋税的官吏进行审查和考核，成为具有审计性质的经济监督工作。到中世纪，西方国家的封建王朝大都设有审计机构和审计官员，对国家的财政收支进行审计监督。法国在资产阶级大革命之前就设有审计厅，在资产阶级大革命后，拿破仑创建了审计法院，至今仍是法国政府实施事后审计的最高法定机构。

在资本主义时期，随着社会的发展和资产阶级政权组织的完善，政府审计有了进一步的发展。欧洲的许多国家于 19 世纪在各自的宪法和特别法令中都规定了审计的法律地位，确立了政府审计机关的职权、地位和审计范围，授权独立地对财政、财务收支进行审计监督。在现代资本主义国家中，大多实行立法、司法、行政三权分立的国家政权组织形式，所以西方国家政府审计机构的设置可分为立法模式、司法模式、行政模式、其他模式等。为了监督政府财政收支，执行财政预算法案，西方多数国家在议会下设专门的审计机构，由议会或国会授权，对政府及公营企事业单位财政财务收支进行独立的审计监督。比如，美国最高审计机关——总会计局(General Accounting Office，GAO)，就是世界上最典型的隶属于国会的审计机关。其审计长由国会提名，经参议院同意，由总统任命，但总会计局和审计长则处于总统管辖之外，独立行使审计监督权。

除美国以外，英国的政府审计署、加拿大的审计长公署、西班牙的审计法院等均属于国家立法部门的独立审计机关，其审计结果要向议会报告，享有独立审计监督权。法国审计法院、德国的政府审计机关隶属于司法系统，即所谓司法型的审计体制。政府审计拥有司法权，审计官员享有司法地位。中国、苏联、北欧一些国家的政府审计机关隶属于行政

系统，即在政府内建立审计机关并对政府负责。日本则是另外一种类型，其最高政府审计机关是会计检察院，既不属立法系统，也不属司法、行政系统，是一个独立于国家、内阁、司法部门的经济监督机构，直接对天皇负责。从审计的独立性、权威性来讲，由议会领导更为适宜。

第二次世界大战后，西方政府审计不仅在审计体制上有了较大的发展，更重要的是在审计理论和实务上也有了较大的发展，即把经济监督和经济理论相结合，从传统的财务审计向经济效益审计方面发展。

三、注册会计师审计的产生与发展

(一)中国注册会计师审计的起源与发展

注册会计师审计最早产生于西方经济发达的国家，我国注册会计师审计出现较晚。20世纪初，辛亥革命爆发及中华民国成立后，随着民族工商业的逐渐兴起，私有制经济开始萌芽并蓬勃发展，合资、合股经营等企业组织形式开始出现，为我国注册会计师审计的产生和发展奠定了客观基础。1918 年 9 月，北洋政府农商部颁布了我国第一部注册会计师法规——《会计师暂行章程》，并于同年批准著名会计学家谢霖先生为中国的第一位注册会计师，谢霖创办的中国第一家会计师事务所——正则会计师事务所也获批准成立。此后又逐步批准了一批注册会计师，建立了一批会计师事务所，包括潘序伦先生创办的“潘序伦会计师事务所”(后改称“立信会计师事务所”)。1930 年国民政府颁布了《会计师条例》，确立了会计师的法律地位，之后上海、天津、广州也相继成立了许多会计师事务所。1925 年在上海成立了“全国会计师公会”。1933 年又成立了“全国会计师协会”。在旧中国，注册会计师审计，对于没落的官厅审计体制起到了一定的改良作用，但其职业未能得到很大发展，也未能充分发挥应有的作用。这一时期的会计师事务所主要集中在上海、天津、广州等沿海城市，其业务主要是为企业设计会计制度、代理申报纳税、培训会计人才和提供其他会计咨询服务。

新中国成立初期，注册会计师审计在经济恢复工作中发挥了积极作用。当时由于不法资本家囤积居奇、投机倒把、偷税漏税造成了极为险恶的财务状况，负责财经工作的陈云同志大胆雇用注册会计师，依法对工商企业查账，这对平抑物价、保证国家税收、争取国家财政经济状况好转作出了突出贡献。但由于旧中国注册会计师审计是依附于民族资本主义工商经济的，1956 年在全国范围内实行公私合营，改造民族资本主义经济，并且由于解放初期我国推行高度集中的计划经济模式，注册会计师审计便悄然退出了经济舞台。

党的十一届三中全会以后，为了适应发展商品经济的客观需求和贯彻对内搞活、对外开放总方针的需要，于 1979 年开始陆续设立会计顾问处。1980 年财政部颁布了《中华人民共和国中外合资经营企业所得税法实施细则》，规定外资企业会计报表要由注册会计师进行审计，这为恢复我国注册会计师制度提供了法律依据。同年，财政部颁布《关于成立会计顾问处的暂行规定》，标志着我国注册会计师行业开始复苏。1981 年 1 月 1 日，上海会计师事务所宣告成立，成为新中国第一家由财政部批准独立承办注册会计师业务的会计师事务所。1984 年 9 月，财政部印发《关于成立会计咨询机构问题的通知》，明确了注册会计师应该办理的业务。1985 年 1 月实施的《中华人民共和国会计法》规定：“经国务院财政部门批准组成的会计师事务所，可以按照国家有关规定承办查账业务。”这是新中国成立以来第一次通过法律形式对注册会计师的地位和任务所作的规定，有力地推动了注册会计师审计的发展。1986年7月，国务院颁布《中华人民共和国注册会计师条例》，1988年11月，财政部领导下的中国注册会计师协会正式成立。1996年10月，中国注册会计师协会加入亚太会计师联合会，并于1997年4月亚太会计师联合会第四十八次理事会上当选为理事。同年5月国际会计师联合会(IFAC)全票通过，接纳中国注册会计师协会为正式会员，并同时成为国际会计准则委员会的正式成员，不断密切国际合作，与30多个国家和地区的50多个会计师职业组织建立了交往和合作关系，国际影响力和国际地位日益提高。

1991年我国恢复了全国注册会计师统一考试，1993年10月31日，第八届全国人民代表大会常务委员会第四次会议审议通过《中华人民共和国注册会计师法》，规定中国注册会计师协会依法拟定执业准则、规则，报国务院财政部门批准后施行。经财政部批准，中国注册会计师协会自1994年5月开始起草独立审计准则。至2003年，先后分6批制定了独立审计准则，共计48个项目，基本上建立起准则体系。随着对外开放的不断深化和经济实力的不断提升，我国的经济已日渐融入全球经济的大潮，完善审计准则，加快国际趋同，已成为我国经济发展的必然要求。2006年中国注册会计师协会拟定了《中国注册会计师鉴定业务基本准则》等22项，修订了《中国注册会计师审计准则第1142号——财务报表审计中对法律法规的考虑》等26项准则。经财政部批准，于2007年1月1日起实施。2009年，为了应对审计环境的重大变化，实现和国际审计与鉴证准则的持续趋同，中国注册会计师协会启动了审计准则修订工作，共涉及38个项目，修订后的准则于2012年1月1日起施行。为了满足资本市场改革与发展对高质量会计信息的需求，保持我国审计准则与国际准则的持续全面趋同，中国注册会计师协会于2016年和2019年再次对多项准则进行了修订，这些法规与准则的公布，进一步规范了注册会计师应对审计环境和注册会计师利用内部审计人员的工作、应对违反法律法规行为、财务报表披露审计等方面审计实务的新发展，使我国注册会计师审计步入了法制化、规范化的发展轨道。

(二)西方注册会计师审计的起源与发展

西方注册会计师审计起源于意大利合伙企业，形成于英国股份制企业制度，发展和完善于美国发达的资本市场。

(1) 西方注册会计师审计起源于意大利合伙企业。据史料记载，16世纪，地中海沿岸的商品交易日益繁荣，出现了为筹集资本而合伙经营的商业活动，合伙企业应运而生。合伙经营方式产生了对注册会计师审计的最初需求，尽管当时合伙制企业的合伙人都是出资者，但是有的合伙人参与企业的经营管理，有的合伙人则不参与，财产的所有权与经营权开始分离，那些参与经营管理的合伙人有责任向不参与经营管理的合伙人证明合伙契约得到了认真履行，利润的计算与分配是正确、合理的，以保障全体合伙人的权利，进而保证合伙企业有足够的资金来源，使企业可以经营下去。在这种情况下，客观上需要独立的第三方对合伙企业进行监督、检查，当时一些财产的所有者聘请熟悉会计的人士担任查账和公证工作。于是在16世纪的意大利便出现了一大批具有良好的会计知识、专门从事查账和公证工作的专业人员，他们所进行的查账与公证工作，可以说是注册会计师审计的起源。随着此类专业人员人数的增多，他们于1581年在威尼斯创立了威尼斯会计协会。其后，米

兰等城市的职业会计师也成立了类似的组织。

西方注册会计师审计虽然起源于意大利，但它对后来注册会计师审计事业的发展影响不大。英国在创立和传播注册会计师审计职业方面发挥了重要作用。

(2) 西方注册会计师审计形成于英国股份制企业制度。18 世纪初至 19 世纪中叶，英国的产业革命推动了西方资本主义商品经济的发展，导致以所有权和经营管理权相分离为重要特征的股份制公司的蓬勃出现，标志着社会经济领域中股东和债权人与企业管理当局之间新型“经济责任关系”的确立，进而形成了注册会计师审计产生和演化的“驱动力”。以 1721 年英国的“南海公司”事件为起点，当时的“南海公司”以虚假的会计信息诱骗投资人上当，使股东和债权人损失惨重。英国议会聘请会计师查尔斯·斯耐尔(Charles Snell)对南海公司的会计账目进行审查。斯耐尔以会计师的名义出具了一份确认该公司存在虚假会计记录、进行舞弊的“查账报告书”，从而宣告了注册会计师的诞生，揭开了注册会计师审计走向现代的序幕。查尔斯·斯耐尔被认为是世界上第一位注册会计师，其所出具的“查账报告书”也被认为是由注册会计师出具的第一份审计报告。为加强对公司经营者的有效监督，防止其营私舞弊，切实保护投资者和债权人的利益，避免“南海公司事件”重演，1844 年，英国政府颁布《公司法》，规定股份公司必须设监察人，负责审查公司的会计账目，1845 年英国政府又对《公司法》进行了修订，规定股份公司的账目必须经董事以外的人员审计，这一规定促进了注册会计师审计业务的迅速发展，注册会计师队伍迅速扩大。此后，英国政府对一批精通会计业务，熟悉查账知识的注册会计师进行了资格确认。1853 年在苏格兰爱丁堡创立了世界上第一个注册会计师的专业团体——爱丁堡会计师协会。该协会的成立，标志着注册会计师职业的诞生。随后英国出现了多家会计师协会，注册会计师审计队伍迅速扩大。与此同时，英国实行了特许会计师制度，要取得会计师资格必须经过严格的考试并需得到政府的特许。这一时期英国是世界注册会计师审计发展的中心，形成了以详细审计为主要特色的审计。这一时期英国注册会计师审计的主要特点是：注册会计师的地位得到了法律确认；审计的目的是查错防弊，保护企业资产的安全、完整；审计的方法采用详细审计；审计报告使用人主要为企业股东。由于详细审计产生于英国，因此后来人们称之为英国式审计。

(3) 西方注册会计师审计发展和完善于美国发达的资本市场。20 世纪初，全球经济发展重心逐步移向美国。特别是美国南北战争结束后，英国巨额资本不断流入美国，促进了美国经济的快速发展，为了保护广大投资者和债权人的利益，英国的注册会计师远涉重洋到美国开展审计业务，同时美国在原有的基础上也很快形成了自己的注册会计师队伍。1887 年“美国公共会计师协会”成立，1916 年该协会改组为美国注册会计师协会，后来成为世界上最大的注册会计师职业团体。这一时期，美国许多州正式承认注册会计师审计是一门职业，许多最重要的铁路公司和工业公司都定期地聘请注册会计师检查他们的账簿。注册会计师审计逐步渗透到社会经济领域的不同层面。

早期美国的审计方法多采用英国式详细审计。随着美国短期信用的发展，金融资本开始广泛向产业资本渗透，企业同银行的利益关系更加密切。银行为了维护自身的利益，逐渐把企业资产负债表作为了解企业信用状况的主要依据。这样以证明偿债能力为主要目的的资产负债表审计在美国迅速兴旺起来。这一时期注册会计师审计的主要特点是：审计对象由会计账目扩大到资产负债表；审计的主要目的是判断企业的信用状况；审计方法由传

统的详细审计模式初步转向抽样审计，审计效率大大提高；审计报告的使用人除企业股东外，更突出了债权人。由于对资产负债表的审计是在美国率先实行的，因此人们称之为美国式审计。

1929年至1933年，资本主义世界经历了历史上最严重的经济危机，大批企业倒闭，股东和债权人蒙受巨大损失，促使企业的利益相关者从只关心企业财务状况转变到更加关心企业的盈利水平。与此同时，美国企业的筹资倾向也从银行贷款融资转入证券市场融资，进一步促使股票持有者更加关注企业的盈利能力。显然，资产负债表审计已无法满足这一时期的社会需要，产生了对企业损益表进行审计的客观要求。1933年美国颁布的《证券法》规定，在证券交易所上市的企业的财务报表必须接受注册会计师审计，向社会公众公布注册会计师出具的审计报告。美国注册会计师协会与证券交易所合作的特别委员会与纽约证券交易所上市委员会发表了《独立注册会计师对财务报表的检查》，明确规定应当检查全部财务报表，并向股东报告，尤其强调损益表审计。从此以损益表为中心的会计报表审计成为美国以立法形式规定的一种强制性审计。美国开创了会计报表审计的新时代，世界注册会计师审计的中心逐渐从英国转移到美国，美国成为注册会计师审计发展的中心，注册会计师审计进入了快速发展的时期。这一时期注册会计师审计的主要特点是：审计对象为全部会计报表及相关财务资料；审计目的是对会计报表的可信性发表审计意见，查错防弊成为次要目的；审计范围扩大到测试相关的内部控制，并广泛采用抽样审计；审计报告使用人扩大到股东、债权人、证券交易机构、税务、金融交易机构及潜在投资者；审计准则开始拟定，审计工作向标准化、规范化过渡；注册会计师资格考试制度广泛推行，注册会计师素质普遍提高。

第二次世界大战后，世界经济空前繁荣，经济发达国家通过各种渠道推动本国企业向海外拓展，跨国公司得到了空前发展。国际资本的流动带动了注册会计师审计的跨国界发展，形成了一批国际会计师事务所，如著名的“八大”国际会计师事务所。20世纪80年代末合并为“六大”会计师事务所，之后又合并为“五大”会计师事务所。2001年美国“安然事件”曝光后，出具审计报告的安达信会计师事务所因涉嫌舞弊和销毁证据受到美国司法部门的调查，之后宣布关闭。时至今日，尚有“四大”国际会计师事务所，它们是：普华永道(Price Water House Coopers)、德勤(Deloitte Touche Tohmatsu)、安永(Ernst & Young)、毕马威(KPMG)，它们为国际投资的发展提供了良好的社会环境。这一时期注册会计师审计的主要特点是：抽样审计方法得到普遍运用，制度基础审计成熟并开始向风险导向审计发展，计算机辅助技术得到广泛应用，注册会计师业务范围扩大到代理纳税、会计服务、管理咨询等领域。

从1844年注册会计师职业的产生至今，注册会计师审计先后经历了详细审计、资产负债表审计、会计报表审计、现代审计四个比较典型的发展阶段，其特点见表1-1。

表1-1　注册会计师审计历经的发展阶段

阶　段	第一阶段	第二阶段	第三阶段	第四阶段
	详细审计	资产负债表审计	会计报表审计	现代审计
时间	1844年至20世纪初	20世纪初至20世纪30年代	20世纪30年代至40年代	20世纪40年代以后

续表

阶 段	第一阶段	第二阶段	第三阶段	第四阶段
	详细审计	资产负债表审计	会计报表审计	现代审计
对象	会计账簿	账簿及资产负债表	全部报表及财务资料	扩大到代理纳税、会计服务、投资咨询、管理咨询
目标	查错防弊，保护企业财产安全、完整	判断财务信用状况	提出客观公正的审计意见	向管理领域深入发展
方法	详细审计	从详细审计初步转向抽样审计	测试内控制度、广泛采用抽样审计	制度基础审计、抽样审计、计算机辅助审计、风险导向审计
报告使用人	企业股东	股东及债权人	股东、债权人、证券交易机构、税务、金融机构及潜在投资者	社会公众、股东

四、内部审计的产生与发展

内部审计最早产生于经济发达的国家。早在古代和中世纪的内部审计萌芽，是因受托经济责任关系的建立而产生的。据史料记载，大约公元前 510 年以后，古罗马的奴隶主建立了许多大庄园，使用奴隶种植葡萄、谷物和开展畜牧业等方面的生产，奴隶主将其庄园委托给精明强干的人，代其负责日常管理，并委派亲信审查并向其汇报受托人是否诚实地履行了受托经济责任，这就是庄园内部审计的萌芽。

企业内部审计是从 19 世纪中叶开始，伴随着资本主义经济的发展和经济监督的需要而逐步兴起的。当时由于股份制企业的兴起，企业规模迅速扩大，跨国公司增加、分支机构众多、经营地点分散，企业不得不实行分权管理。特别是美国，一些铁路公司、电话电报公司，不仅地区跨度很大，业务活动广泛，而且对许多其他公司进行控股。在这种情况下，主管人员不可能亲自收集经营管理所需要的信息，而必须依靠中层管理人员来反映、提供有关信息和情况。为了鉴别这些信息和情况的真实性和可靠性，企业主管人员就需要在企业内部设置专门的机构和人员来进行检查、评价和验证。后来人们逐步认识到，内部审计不仅可以预防错误和舞弊，还是企业提高经济效益，实现价值增值的有力助手。

我国的内部审计起步较晚，1982 年颁布的《中华人民共和国宪法》中规定了实施审计监督制度以后，内部审计的理论研究和工作实践才逐步走上正轨。从 1983 年起，国务院各部委和国营大中型企业陆续建立了内部审计机构。1985 年 8 月国务院颁布了《关于审计工作的暂行规定》，明确指出国务院和县级以上地方各级人民政府各部门、大中型企事业组织应当建立内部审计制度，使内部审计有了较快的发展。1987 年 4 月中国内部审计学会成立，成为全国性的内部审计研究学术团体，同年底，加入了国际内部审计师协会。1998 年该学会经审计署批准改组为中国内部审计协会，成为全国性的执业协会，进行行业自律管理。1988 年 11 月国务院颁发了《中华人民共和国审计条例》，内部审计列为其中一章，解决

了内部审计的法律地位问题。2003 年 5 月 1 日《审计署关于内部审计工作的规定》开始实施，同年，中国内部审计协会发布了《内部审计基本准则》《内部审计人员职业道德》和十个具体准则，就我国内部审计的任务、职责、权限、机构设置、审计范围、工作程序以及职业道德标准等作出明确规定，使我国内部审计日趋规范化。2004—2008 年陆续颁布了《结果沟通》《循环性审计》《评价外部审计工作质量》等第 11—29 号内部审计具体准则。为了使内部审计准则更加规范，进一步提高内部审计质量，中国内部审计协会对 2003 年以来颁布的内部审计准则进行了全面的修订。2013 年 8 月，中国内部审计协会颁布了新修订的《中国内部审计准则》，体现了先进的内部审计理念，我国的内部审计准则体系进一步趋于完善和成熟。之后至 2019 年又陆续颁布了三个具体准则，我国内部审计准则体系得到了极大的提高。

重新修订的《审计署关于内部审计工作的规定》于 2018 年 3 月 1 日正式执行，对比于中国内部审计协会所发布的内部审计准则，审计署所发布的《规定》更加具有强制性，这和我国内部审计特殊的行政体制紧密相关。审计署对于内部审计工作的指导更有利于全社会发挥内部审计的作用，有利于内部审计职业的完善。

实践证明，内部审计已成为我国审计监督体系的重要组成部分，并且正在成为企业事业单位自我发展和自我约束的重要机制，为加强内部经营管理和监督、遵守国家财经法纪、促进廉政建设、维护单位的合法权益及提高效率发挥着重要作用。目前，我国已经形成了由政府审计、注册会计师审计和内部审计组成的审计监督体系。它们既互相联系、互相依存、互相促进，又各司其职、各具特点、互相不可替代，分别在不同领域实施审计。

第二节　审计的概念和职能

审计的定义.mp4

一、审计的基本概念

审计一词最初的含义就是查账，随着审计的不断发展和完善，到今天已经形成一套比较完备的科学体系。查账已成为取得审计证据的一种方法，不再是审计的全部。

目前，关于审计的定义主要有以下几种权威表述。

美国会计学会(AAA)审计基本概念委员会在《基本审计概念说明》中将审计定义为：“审计是一个系统化过程，即通过客观地获取和评价有关经济活动与经济事项认定的证据，以证实这些认定与既定标准的符合程度，并将结果传达给有关使用者。”

1989 年中国审计学会提出的审计定义是：“审计是由专职机构和人员，依法对被审计单位的财政、财务收支及其有关经济活动的真实性、合法性、效益性进行审查，评价经济责任，提高经济效益，促进宏观经济调控的独立性经济监督活动。”

1995 年全国审计定义研讨会，将审计定义为：“审计是独立检查会计账目，监督财政、财务收支真实、合法、效益的行为。”

综上所述，审计的定义应当以审计的性质为基点，结合审计关系、依据、对象、目的、目标、职能等基本要素来表述。

我国会计审计学家、教育家管锦康先生提出审计的定义：审计是资源财产的拥有者或主管者，授权或委托专门机构或人员，依法对资源财产经营管理人承担和履行的经济责任，

及由此而引起的经济活动的真实性、合法性、效益性进行审查，并向授权人或委托人提出报告，以维护授权人或委托人权益的具有独立性的经济监督。

以上对审计的定义可以从以下几个方面来理解。

审计的主体是“专职机构或人员”，包括政府审计机构或人员、内部审计部门或人员、会计师事务所及其实施审计行为的人员。

审计的客体是“被审计单位”，包括法定范围内的国家行政事业单位和企业单位及其他经济组织。

审计对象是“被审计单位特定时期内财政、财务收支及其他有关经济活动”。

审计的目标是“确定被审计单位的财政、财务收支及有关经济活动的真实性、合法性、公允性和效益性”。

审计依据是“相关法律、法规”，可以理解为依照法律、法规和国家其他有关规定，遵循审计准则和专业行为标准。

审计的本质是“具有独立性的经济监督活动”。

实施审计需“根据授权或接受委托”。政府审计和内部审计是由上级管理部门或领导授权。

审计的目的是“维护经济秩序”。

审计关系.mp4

二、审计关系

在审计工作中，无论何种形式的审计，都会形成由三方组成的审计关系。一是审计授权人或委托人，一般是财产的主管者或所有者；二是审计人，即执行审计的审计机构及审计人员；三是被审计人，一般为财产的代管者或经营者。我们把审计授权人或委托人、审计人、被审计人三者之间所构成的下列关系称为审计关系。

(1) 审计业务包括审计授权人或委托人、审计人及被审计人三方关系人。

(2) 审计授权人或委托人与被审计人之间存在着后者对前者承担和履行经营管理资源财产的经济责任关系。

(3) 审计人应根据审计授权人或委托人的授权或委托，对被审计人进行审查；同时向审计授权人或委托人提交审计报告。

政府审计的授权人是国家权力机关或政府行政长官，被审计人是国有资产的经营管理者或使用者，审计人是政府审计机关及其审计人员。

注册会计师审计的委托人是财产所有者，被审计人是财产的经营者，审计人是社会公认的会计师事务所及注册会计师与从业人员。

内部审计的审计授权人是董事会或管理当局，被审计人是内部其他各职能部门，审计人是内部审计机构及其人员。

三、审计的特征

(一)独立性

审计是具有独立性的经济监督活动。“独立性”是审计的灵魂，是审计工作的本质特征。

所谓审计的独立性是指审计机构和审计人员在组织、工作、经济方面独立于被审计单位，不受外来和内在因素的影响和干扰，保持中立的一种状态，即组织独立、工作独立、经济独立。保持独立性，能使审计工作顺利进行，审计结论客观公正。

(1) 组织独立：审计机构必须是独立的专职机构，应独立于被审计单位之外，与被审计单位没有行政隶属关系。

(2) 工作独立：审计人员在开展审计工作时，要保持精神上的独立，坚持客观公正，不受任何部门、单位和个人的干涉，独立地对被审查事项作出公正、合理的评价和鉴定。

(3) 经济独立：审计机构从事审计业务活动必须要有法定的经费来源和受国家法律保护的经济收入，不受被审计单位的约束。

(二)权威性

审计的权威性与审计的独立性相关，它是保证有效地行使审计监督权的必要条件。审计的权威性主要表现在以下两个方面。

(1) 审计组织的地位和权力由法律明确规定。为了有效地保证审计组织独立地行使审计监督权，世界各国法律对实行审计制度、建立审计机关以及审计机构的地位和权力问题都做出了明确规定。如我国的《宪法》《审计法》《注册会计师法》等对政府审计机关、会计师事务所的设立、职权范围作出了明确规定。我国的内部审计机构也是根据有关法律设置的，从而充分体现了审计组织的法定地位。《审计法》还规定政府审计机关有如下权力：要求被审计单位报送资料权、检查权、调查取证权、采取临时法制措施权、建议主管部门纠正其有关规定权、通报权、发布审计结果权、对拒绝或阻碍审计工作的单位或个人处理和处罚权，对违反国家规定的财政收支行为的处理权和处罚权以及给予有关责任人员行政处分的建议权等。这些都使得审计组织在地位上和权力上的权威性从法律上得到了充分的体现。

(2) 审计人员依法执行审计业务，受法律保护。《审计法》规定："审计人员依法执行职务，受法律保护。任何组织和个人不得拒绝、阻碍审计人员依法执行职务，不得打击报复审计人员。"审计机关负责人在没有违法失职或者其他不符合任职条件的情况下，不得随意撤换，法律还规定审计人员应当具备与其所从事的审计工作相适应的专业知识和业务能力；审计人员应当执行回避制度和负有保密义务，审计人员办理审计事项应当客观公正，实事求是，廉洁奉公，保守秘密。对于滥用职权、徇私舞弊、玩忽职守构成犯罪的，将依法追究其刑事责任；未构成犯罪的给予行政处分。这种在法律权利和义务上的规定体现了我国审计的权威性。

(三)公正性

审计的公正性特征反映了审计工作的基本要求。审计人员站在第三方的立场上，进行实事求是的检查监督，作出符合客观事实，不带任何偏见的判断，并做出公正的评价和进行公正的处理，以正确地确定或解除被审计人的经济责任。公正性来自独立性，它是权威性的基础，公正了才具有权威性，因此审计人员在工作中只有同时保持独立性、公正性，才能取信于审计授权人、委托人和社会公众，才能真正树立审计权威的形象。

四、审计对象

审计对象是指审计监督的范围和内容，通常把审计对象概括为被审计单位的经济活动。具体地说，审计对象包括以下两方面内容。

(1) 被审计单位财政、财务收支及其有关的经营管理活动。不论是传统审计还是现代审计，不论是政府审计还是注册会计师审计、内部审计，都要求以被审计单位客观存在的财政、财务收支及其有关的经营管理活动为审计对象，对其是否真实、合法、合规及其效益情况进行审查和评价，以便对其所承担的受托经济责任是否得以认真履行进行鉴证。

(2) 被审计单位的各种作为提供财政、财务收支及其有关经营管理活动信息载体的会计资料以及相关资料。其中，会计资料包括：记载和反映被审计单位财政财务收支、提供会计信息的会计凭证、账簿、报表等。相关资料包括相关的计划、预算、经济合同、决策方案、经济活动分析资料等，以及电子计算机的磁盘、光盘和进入网络系统的会计资料等会计信息载体。

综上所述，审计对象是指被审计单位的财政、财务收支及与其有关的经济活动，以及作为提供这些经济活动信息载体的会计资料和其他有关资料。会计资料和其他有关资料是审计对象的形式，其所反映的被审计单位的财政、财务收支及其有关的经济活动是审计对象的本质。

五、审计的职能

审计职能是指审计本身所固有的、体现审计本质属性的内在功能。它不受人们主观意愿的支配，客观地存在于审计工作之中，并且随着社会经济发展对审计需要的变化而不断发展和变化。一般而言，审计具有经济监督、经济鉴证和经济评价三种职能，其中经济监督是基本职能，经济鉴证和经济评价是以经济监督为基础而派生出的职能。

(一)经济监督职能

经济监督是审计的基本职能，是由审计的本质特征决定的。经济监督是指通过对被审计单位的财政、财务收支及有关经济活动的真实性、合法性进行审查，指出错误弊端，检查和监督被审计人履行经济责任的情况，以保证被审计单位的经济活动和会计核算按规定的轨道运行的职能。在审计实务中，政府审计从依法检查到依法评价，从依法作出审计处理、处罚决定到监督决定的执行，都体现着审计的监督职能。

(二)经济鉴证职能

经济鉴证是指审计机构及审计人员通过对被审计单位的财务报表和其他相关资料进行检查和验证，确定其财务状况和经营成果的公允性、合法性，并出具书面报告，以取得审计委托人或社会公众的信任。例如，注册会计师接受委托，通过对财务报表审计出具的审计报告，就体现了审计的鉴证职能。经济鉴证可以作为评价经济责任、解脱经济责任和依法处理的依据。由于审计鉴证是依法进行、客观公正的，能取信于社会，故又称审计公证。

(三)经济评价职能

经济评价是指审计机构及审计人员在对被审计单位的财政、财务收支及其有关经济活动进行审查核实的基础上，对被审计单位的经营决策、计划、预算是否切实可行，经济活动及其结果是否完成了预定目标，内部控制制度是否健全有效等进行评价，从而有针对性地提出意见和建议，以促进被审计单位改善经营管理，提高经济效益。经济效益审计最能体现审计的评价职能。

第三节　审计的分类

由于审计活动的主体、范围、时间和地点不同，对审计工作的要求不同，从而形成了不同类型的审计。科学地对审计进行分类，既有助于深刻了解各种审计的内容和特点，加深对审计的认识，又有利于审计人员合理组织不同类型的审计工作程序，提高审计工作的质量和效益，顺利完成审计任务。审计分类的标准很多，相应地，审计有许多不同的种类。

一、按审计主体分类

审计主体是指审计活动的执行者，即执行审计行为的审计组织和审计人员。按审计主体不同，可以将审计分为政府审计、注册会计师审计和内部审计。

(一)政府审计

政府审计是指由政府审计机关实施的审计，又称国家审计。它包括对国务院各部门和地方各级人民政府的财政收支活动，国有金融机构、企事业组织，以及其他拥有国有资产单位的财政、财务收支及其经济效益所实施的审计。

政府审计具有法定性、强制性、无偿性、权威性等特点。拥有和管理国有资产的单位，都必须依法接受政府审计的监督，对于政府审计机关做出的审计决定，被审计单位和有关人员必须执行。

(二)注册会计师审计

注册会计师审计是指经由政府有关部门审核批准成立的会计师事务所实施的审计，又称民间审计、社会审计、独立审计等。注册会计师审计从根本上讲是一种市场中介服务，具有双向独立性、受托性、有偿性的特点。

(三)内部审计

内部审计是指由单位内部设置的审计机构和审计人员所实施的审计。内部审计机构和人员独立于财会部门和其他部门之外，直接由本单位董事会下设的审计委员会或本单位主要负责人领导，依法对本单位及其下属单位的财政财务收支、经营管理活动及其经济效益进行内部审计监督。内部审计具有审计服务的内向性、广泛性、经常性和及时性以及审计结论非强制性等特点，但其独立性与外部审计相比不够强。

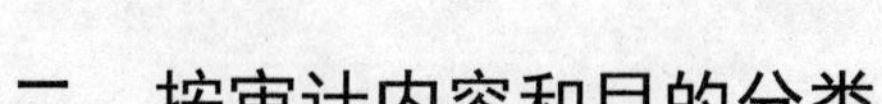

二、按审计内容和目的分类

审计按其内容和目的可以分为财政财务审计、财经法纪审计和经济效益审计。

(一)财政财务审计

财政财务审计是指审计机构对被审计单位财务报表及有关资料的公允性及其所反映的财政、财务收支的合法性、合规性所进行的审计。财政财务审计也称传统审计或常规审计。

财政财务审计又可分为财政审计和财务审计。财政审计是指审计机关根据国家法律和行政法规的规定，对国家财政收支及相关经济活动的真实、合法和效益情况进行的监督检查。财务审计是由政府审计机关、民间审计组织、内部审计部门对金融机构和企事业单位的财务收支及相关经济活动的合法性、公允性所进行的审计。财政财务审计的主要目的在于确定或解除被审计单位及有关人员的受托经济责任。

(二)财经法纪审计

财经法纪审计是指审计机关对被审计单位和个人严重侵占国家资财、严重损失浪费以及其他严重损害国家经济利益等违反财经法纪行为所进行的专案审计。其目的在于维护财经法纪，保护国家和人民财产的安全与完整。财经法纪审计也称专案审计。

财经法纪审计与财政财务审计有着密切的关系，财经法纪审计一般都会涉及财政、财务问题，一般应从审查财政、财务收支入手。所不同的是，对一般违反财经法纪的行为，可以在财政财务审计中发现，并通过协商或采用行政手段得到纠正和妥善解决，对严重违反财经法纪的行为，则要设立专案进行审计，触犯刑律的还要移交司法机关处理。

(三)经济效益审计

经济效益审计是指审计机构对被审计单位的财政财务收支及其经营管理活动的经济性和效益性所实施的审计。其目的是促使被审计单位改善经营管理，提高经济效益和工作效率。其主要特点是通过对被审计单位工作和生产经营活动的分析评价，发现其在工作和经营管理上存在的薄弱环节，挖掘潜力，厉行节约，增收节支，寻求提高经济效益的正确途径。“经营审计”“管理审计”“绩效审计”等均属于经济效益审计的范畴。

三、按审计是否通知被审计单位分类

审计按在实施前是否事先通知被审计单位，可以分为预告审计和突击审计。

(一)预告审计

预告审计又称为通知审计，是指审计机构在实施审计前预先将审计目的、主要内容及时间通知被审计单位的审计方式。采用这种方式，可以使被审计单位事先了解审计的范围和要求，使其做好必要的准备，以便开展审计工作。

(二)突击审计

突击审计是指在对被审计单位实施审计前，不预先把审计的目的、内容和日期通知被审计单位而进行的审计。其目的在于使被审计单位或被审计者在不知情的情况下接受审查，使其没有时间去弄虚作假、掩饰事实真相，以取得较好的审计效果。

四、按审计动机分类

按审计动机的不同，可以将审计分为强制审计和任意审计。

(一)强制审计

强制审计是指审计机构根据法律、法规的规定对被审计单位行使审计监督权而进行的审计。不管被审计单位是否愿意接受，这种审计都要依法进行。例如，我国政府审计机关依据《宪法》和相关法律赋予的权力，对国务院各部门和地方各级政府的财政收支、国有金融机构和企事业单位的财务收支等实行强制审计。

(二)任意审计

任意审计是指被审计单位根据自身的需要，自愿或主动要求有资格的审计机构对其进行的审计。例如，会计师事务所接受委托，按照委托人的要求对被审计单位的财务报表进行的审计。实际上，任意审计是相对于强制审计而言的。

五、按审计取证模式分类

按照审计所依据的基础和所使用的技术与方法，审计可以分为账项基础审计、制度基础审计和风险基础审计。

(一)账项基础审计

账项基础审计是指围绕会计凭证、会计账簿和财务报表的编制过程进行的审计，主要通过对账表上的数字进行详细审计来判断是否存在技术性错误和舞弊行为，适用于评价简单的受托经济责任。它是在审计的技术与方法发展的初始阶段实施的审计。

(二)制度基础审计

制度基础审计是指强调并进行内部控制的评价，并以被审计单位内部控制制度健全、有效的程度为基础实施的审计。具体来说，如果评价的结果是内部控制健全有效，则在实质性阶段仅对财务报表项目的相关记录抽取少量样本即可得出审计结论；当评价的结果是内部控制不健全或运行有效性差时，内部控制系统不可靠，则应根据具体情况扩大审计范围。

(三)风险基础审计

风险基础审计是指评价与审计相关的各种风险，并以对被审计单位的风险识别与评估

分析为基础执行的审计。具体来说，审计人员首先考虑被审计单位与审计相关的环境风险、经营风险等各种风险，然后分析被审计单位财务报表项目可能存在的重大错报风险，运用审计风险模型，结合被审计单位具体状况，制定与之相适应的审计计划，以提高审计工作的效率和效果。

除了以上分类之外，审计还可以按审计范围划分为全部审计、局部审计和专项审计；按审计实施时间进行分类，可以分为事前、事中和事后审计；按审计的执行地点，可以分为报送审计和就地审计等。需要说明的是，上述各种类型的审计形式是相互补充、相互依存、密切配合的完整的有机统一体。在实际工作中，各种审计形式要相互结合进行，只有正确地选择审计形式，合理地组合有效的审计形式，才能充分发挥审计的作用，提高审计工作质量。

第四节 审计组织和审计人员

一、审计组织

当今世界大多数国家的审计组织都是由政府审计机关、会计师事务所和内部审计机构三部分组成。

(一)政府审计机关

1. 政府审计机关的隶属模式

政府审计机关是指代表政府行使审计监督的行政机关。它具有国家法律赋予的独立性和权威性。政府审计机关不仅是最早的审计组织形式，而且也是审计机构体系中的重要组成部分，也是国家政权的一个重要组成部分。由于世界各国的文化传统和政治体制的不同，各个国家的最高审计机关的隶属关系和地位也不同，主要有以下三种类型。

(1) 立法型。政府审计机关隶属于立法部门，直接对议会负责并报告工作，完全独立于政府。这种模式在西欧、北美等发达国家十分普遍，如英国、美国两国比较典型。立法型政府审计机关地位高、独立性强，有利于充分发挥审计的作用。

(2) 司法型。政府审计机关隶属于司法系列，即审计机关除具有审计职能外，还拥有一定的司法权。如法国、意大利、巴西等国家是典型的代表，它们设立审计法院，可以对违法或造成损失的事件进行审理并予以处罚。司法型的政府审计机关拥有很强的司法权，具有司法地位和很高的权威性。

(3) 行政型。政府审计机关隶属于政府行政部门，对政府负责并报告。目前，实行这种模式的主要有瑞典、沙特阿拉伯、菲律宾等国家，我国政府审计也属于这种模式。行政型政府审计机关，依据政府法规进行审计，具有广泛性和直接性，但其独立性往往受到一定限制。

此外，还有一些国家的政府审计机关，介于立法、司法及行政部门之间，如日本的会计检察院、德国的联邦审计院等。

2. 我国政府审计机关的设置

我国政府审计机关分为中央和地方两级。

(1) 中央审计机关。根据宪法规定，国务院设立审计署，在国务院总理领导下，主管全国的审计工作。审计署是我国最高政府审计机关，接受国务院总理的领导，执行国务院的行政法规、决定和命令。审计署按统一领导、分级负责的原则组织和领导全国的审计工作，对国务院负责并报告工作。

(2) 地方审计机关。地方审计机关也是根据宪法、审计法等有关规定设立的，同样具有法律地位。省、自治区审计机关称为审计厅，其他地方各级审计机关统称审计局。地方各级审计机关接受本级政府和上一级审计机关的双重领导；负责本级人民政府行政管辖区域内的审计工作，并接受上一级审计机关授权实施审计工作；对本级人民政府和上一级审计机关负责并报告工作。

另外，根据审计法有关规定，国家审计署和地方各级审计机关还可以根据工作需要，在重点地区或部门设立派出机构进行审计监督。

3. 我国政府审计机关的主要业务

根据《中华人民共和国审计法》规定，各级审计机关对国务院各部门和地方各级人民政府及其各部门的财政收支、国有金融机构和企事业组织的财务收支，以及其他应进行审计单位的财政、财务收支的真实性、合法性和效益性依法进行审计监督。我国政府审计机关的主要业务包括以下几个方面。

(1) 对本级人民政府各部门(含直属单位)和下级人民政府预算的执行情况和决算以及其他财政收支情况，进行审计监督。

(2) 对中央银行及其分支机构的各项财务收支和国有金融机构的资产、负债、损益，进行审计监督。

(3) 对国家事业组织的财务收支进行审计监督。

(4) 对国有企业的资产、负债、损益，进行审计监督。

(5) 对政府投资和以政府投资为主的建设项目的预算执行情况和决算，进行审计监督。

(6) 对政府部门管理的和其他单位受政府委托管理的社会保障基金、社会捐赠资金以及其他有关基金、资金的财务收支，进行审计监督。

(7) 对国际组织和外国政府的援助、贷款项目的财务收支，进行审计监督。

(8) 对其他法律、行政法规规定应当由审计机关进行审计的事项进行审计监督。

4. 最高审计机关国际组织

最高审计机关国际组织是由联合国成员国的最高审计机关组成的国际性组织。该组织的筹备工作始于 1953 年，此后每隔三年分别在哈瓦那、布鲁塞尔、里约热内卢、维也纳和耶路撒冷召开会议，讨论筹建政府审计机关国际组织的事宜。1968 年在东京举行大会，通过组织章程，正式宣布成立“最高审计机关国际组织”，受联合国经社理事会领导，总部设在维也纳。联合国成员国的最高审计机关均可参加，现已有 190 多个成员国，我国审计署于 1983 年正式加入最高审计机关国际组织。

(二)会计师事务所

会计师事务所是根据国家法律或条例规定，经政府有关部门审核批准注册登记的，依法独立承办注册会计师业务的机构。会计师事务所实行自收自支、独立核算、依法纳税。

注册会计师执行业务，应当加入会计师事务所。

1. 会计师事务所的组织形式

纵观注册会计师行业在各国的发展，会计师事务所的组织形式主要有以下四种：

(1) 独资会计师事务所；

(2) 普通合伙制会计师事务所；

(3) 有限责任公司制会计师事务所；

(4) 有限责任合伙制会计师事务所。

我国会计师事务所的组织形式有普通合伙制、有限责任公司制和特殊普通合伙会计师事务所。我国现行的特殊普通合伙会计师事务所，在性质上相当于西方国家的有限责任合伙制会计师事务所。2010 年 7 月财政部、国家工商行政管理总局联合发布了《关于推动大中型会计师事务所采用特殊普通合伙组织形式的暂行规定》。该暂行规定指出：采用特殊普通合伙组织形式的会计师事务所，一个合伙人或者数个合伙人在执业活动中因故意或者重大过失造成合伙企业债务的，应当承担无限责任或者无限连带责任，其他合伙人以其在合伙企业中的财产份额为限承担责任；合伙人在执业活动中非因故意或者非重大过失造成的合伙企业债务以及合伙企业的其他债务，由全体合伙人承担无限连带责任。

2. 中国注册会计师协会

中国注册会计师协会是在财政部领导下，经政府批准成立的注册会计师的职业组织，该协会成立于 1988 年 11 月 15 日。1995 年 6 月 19 日，中国注册会计师协会与中国注册审计师协会完成合并。联合后的中国注册会计师协会依法对全国注册会计师审计行业实行管理，依法接受财政部、审计署的监督、指导，依据《中华人民共和国注册会计师法》和《中国注册会计师章程》行使职权。

中国注册会计师协会的宗旨是：服务、监督、管理、协调，以诚信建设为主线，为会计师事务所、注册会计师、社会主义市场经济服务；监督和管理注册会计师、会计师事务所执业质量、职业道德；依法实施注册会计师行业管理，协调行业内外部关系，维护社会公众利益和注册会计师、会计师事务所的合法权益，促进行业科学发展。

3. 注册会计师的业务范围

我国注册会计师的业务范围包括鉴证业务和相关服务业务。

1) 鉴证业务

鉴证业务是指注册会计师对鉴证对象信息提出结论，以增强除责任方之外的预期使用者对鉴证对象信息信任程度的业务。鉴证业务包括审计业务、审阅业务和其他鉴证业务。

2) 相关服务业务

相关服务包括对财务信息执行商定程序、代编财务信息、税务服务、管理咨询以及会计服务等。

4. 国际会计师联合会

目前世界上最大的国际性会计职业团体是“国际会计师联合会”。它成立于 1977 年，该组织在瑞士日内瓦注册，实际行政总部设在纽约。国际会计师联合会每五年举行一次大会。下设教育委员会、职业道德委员会、国际审计实务委员会、国际代表大会委员会、管理会计委员会、计划委员会和地区组织委员会等七个委员会。

(三)内部审计机构

内部审计机构是指在单位内部设置的独立进行审计监督的专职机构。我国内部审计机构在单位主要负责人的直接领导下，主要对本单位及所属单位的财政财务收支及其经济活动实行内部审计监督，独立行使内部审计监督权，对本单位党组织、主要负责人负责并报告工作。

1. 内部审计机构的设置

内部审计机构按其所属企业领导层次的不同，目前主要有以下几种类型：

(1) 董事会领导体制；

(2) 监事会或审计委员会领导体制；

(3) 总经理领导体制；

(4) 财务副总经理领导体制。

领导层次越高，内部审计的地位就越高，独立性、权威性也就越强，越能有利于内部审计工作的顺利开展。

2. 我国内部审计机构的主要业务

根据《审计署关于内部审计工作的规定》，内部审计机构的主要职责如下：

(1) 对本单位及所属单位贯彻落实国家重大政策措施情况进行审计；

(2) 对本单位及所属单位发展规划、战略决策、重大措施以及年度业务计划执行情况进行审计；

(3) 对本单位及所属单位财政财务收支进行审计；

(4) 对本单位及所属单位固定资产投资项目进行审计；

(5) 对本单位及所属单位的自然资源资产管理和生态环境保护责任的履行情况进行审计；

(6) 对本单位及所属单位经济管理和效益情况进行审计；

(7) 对本单位及所属单位内部控制及风险管理情况进行审计；

(8) 对本单位内部管理的领导人员履行经济责任情况进行审计；

(9) 国家有关规定和本单位要求办理的其他事项。

3. 内部审计的国际组织

内部审计近几十年来在世界范围内发展很快。1941 年，内部审计师协会在美国正式成立，标志着内部审计工作向现代内部审计发展。20 世纪 50 年代以后，该协会逐步发展成为国际性的团体，并于 1972 年开始实施注册内部审计师制度。该协会每年召开一次年会，研

究、讨论和交流内部审计的理论和实务问题。我国于1985年7月以特邀代表的身份参加了在澳大利亚召开的第44次会议。1987年中国内部审计学会正式加入该组织，成为国际内部审计师协会的成员国，标志着中国内部审计步入国际化的轨道。

二、审计人员

审计人员是指在政府审计机关、会计师事务所以及内部审计机构执行审计业务的人员，包括政府审计人员、注册会计师、内部审计人员。

1. 政府审计人员

政府审计人员是指审计机关中接受审计授权，依法行使审计监督权，从事审计业务的人员。根据我国宪法和有关规定，审计署设审计长一人，副审计长若干人。审计长由国务院总理提名，全国人民代表大会决定，国家主席任命。副审计长由国务院任命。县级以上各级政府的审计厅长、局长由本级人民代表大会决定任免，副审计厅长、副审计局长由本级政府任免。审计长是国务院的组成人员，每届任期五年，可以连任。政府审计机关审计人员实行专业技术资格制度，审计专业技术资格分为初级(审计员、助理审计师)、中级(审计师)、高级(高级审计师)，通过参加全国统一考试，并达到合格标准后获得。审计机关录用的审计人员，经过专业培训合格后，才能独立承办审计业务。

2. 注册会计师

注册会计师是指取得注册会计师证书并接受委托从事审计和会计咨询、会计服务业务的执业人员。会计师事务所的行政领导是主任会计师，专业人员一般由取得注册会计师资格的人员以及相应的从业人员组成，也可根据业务需要聘用或临时外聘其他类型的专业技术人员。目前在我国，参加注册会计师全国统一考试成绩合格，并从事审计业务工作两年以上的，可以向省、自治区、直辖市注册会计师协会申请注册成为执业注册会计师。

3. 内部审计人员

内部审计人员是指在单位内部审计机构从事审计业务的人员。内部审计机构应设主管人员并配备若干审计专业人员，也可视工作需要配备工程师、律师、经济师等。内部审计机构负责人应当具备审计、会计、经济、法律或者管理等工作背景。内部审计人员应当具备从事审计工作所需要的专业能力。

政府审计、注册会计师审计和内部审计构成了我国的审计监督体系。在审计监督体系中，政府审计、注册会计师审计和内部审计在审计的内容和范围上，既相互联系，又各自独立，各司其职，在不同的领域实施审计监督。政府审计机关主要是对各级政府及部门的财政收支、公共资金的收支运用情况、国有和国有资本占控股地位或主导地位的企业进行审计监督；会计师事务所受托对各种经济成分的企业实施审计监督；内部审计机构主要是对本单位的财政财务收支、经济活动进行审计监督。随着国家经济的发展，政府审计多以国家经济活动监督为主；随着市场经济的发展，注册会计师审计将在整个审计监督体系中占据日益重要的地位；随着企业规模的不断扩大和内部管理的科学化，内部审计将会得到更大的发展。

本 章 小 结

审计的产生是社会经济发展到一定阶段的产物，研究审计的产生和发展，可以揭示审计的本质及发展规律。受托经济责任关系的建立是审计产生和发展的客观基础。世界各国的审计最初形态都是政府审计。注册会计师审计起源于16世纪意大利的合伙企业，形成于英国的股份制企业，发展于美国发达的资本市场。内部审计则是因企业规模的扩大，内部分权制的实施，且基于经济监督的需要而产生的。独立性是审计监督最本质的特征，要求审计机构和审计人员在组织、工作、经济方面独立于被审计单位，不受外来和内在因素的影响和干扰，保持中立的一种状态。保持独立性，能使审计工作顺利进行，审计结论客观公正。

审计的职能包括经济监督职能、经济鉴证职能和经济评价职能。由于审计活动的主体、内容、动机和方法不同，对审计工作的要求不同，从而形成了不同类型的审计。审计组织体系一般包括政府审计机关、会计师事务所和内部审计机构。它们的业务范围、职责、权限等都不相同，在我国社会主义市场经济的不同领域发挥着重要作用。

自 测 题

1. 如何理解受托经济责任关系是审计产生和发展的客观基础？
2. 审计的定义是什么？应从哪些方面把握？
3. 审计有哪些职能？简述其内容。
4. 按审计主体怎样进行分类？简述其内容。
5. 审计监督与其他经济监督相比较具有哪些特点？

第二章 注册会计师执业规范与法律责任

【学习目标及要点】

通过本章的学习，使学生了解我国注册会计师职业规范体系，理解注册会计师职业道德准则、执业准则和继续教育准则的作用、意义，掌握职业道德准则的基本内容和执业准则的框架结构；理解注册会计师法律责任产生的原因，掌握注册会计师法律责任的形式。

【引例】小王和小李是中学同学。高中毕业后，二人选择了不同的大学和专业。小王就读于一所著名大学的会计专业，毕业后进入一家会计师事务所，目前已经成为了这家事务所的合伙人。小李则选择了广告专业，经过多年打拼，目前也有了自己的广告服务事务所。

小李在一次拜访客户的过程中了解到，该客户所在公司目前正在寻找一家会计师事务所为其申请银行贷款进行会计报表审计。小李想到了老同学，便主动承揽了这项差事。他打电话给小王，让小王赶紧为这家公司进行审计，并多多美言，最后他说："你就不用付介绍佣金给我了，谁让我们是老同学呢！还有，你的事务所太没名气了，为什么不让我帮你策划一下，在媒体上做几次广告，好好地宣传一下你们的能力呢？"小王回答道："按照我们行业的职业道德规范，不管你是不是我的老同学，我们都不能付佣金给你。至于做广告，目前还没有这个必要。此外，按照我们质量控制的要求，能不能做你介绍的该项审计，还要对客户进行一些调查。"

小李十分纳闷，在广告行业为拉来广告业务委托的人支付佣金是很正常的事情，如果老同学为了省钱不付佣金也就罢了，但哪有对送上门的业务还挑三拣四的，而且还不愿做广告宣传自己的公司。职业道德规范做出这样奇怪的要求，事务所还能经营下去吗？

(资料来源：https://wenku.baidu.com/view/12b24c5016fc700abb68fcde.html)

第一节 注册会计师职业道德

一、注册会计师职业道德的含义和作用

道德是为了调整人们之间以及个人和社会之间的关系所提倡的行为规范的总和，它通过各种形式的教育和社会舆论的力量，使人们具有善和恶、荣誉和耻辱、正义和非正义等概念，并逐渐形成一定的习惯和传统，以指导和控制自己的行为。所谓职业道德是某一职业以公约、守则等形式公布的，其会员自愿接受的职业行为标准。所谓注册会计师职业道德，是指注册会计师职业品德、职业纪律、专业胜任能力及职业责任等的总称。

注册会计师行业之所以在现代社会得以产生和发展，是因为注册会计师能够站在独立的立场对企业管理当局编制的财务报表进行审计，并提出客观、公正的审计意见，作为财务信息使用人进行决策的依据。因此，注册会计师服务的对象从本质上讲是社会公众，这就决定了注册会计师从诞生的那一天起，所担负的就是面对社会公众的责任。注册会计师

事业是一个责任重大的事业。

为使注册会计师担负起神圣的职责，为社会公众提供高质量的、可信赖的专业服务，在社会公众中树立良好的职业形象和职业信誉，就必须大力加强对注册会计师的职业道德教育，强化道德意识，提高道德水准。我国注册会计师事业恢复和重建的历史只有20多年，注册会计师尚未普遍树立起强烈的风险意识、责任意识和道德意识，在建立社会主义市场经济体制的进程中强调注册会计师的职业道德，具有深刻的现实意义和深远的历史意义。

二、中国注册会计师职业道德基本原则

职业道德基本原则 1.mp4

职业道德基本原则 2.mp4

1996年12月26日，经财政部批准，中国注册会计师协会印发了《中国注册会计师职业道德基本准则》(以下简称《职业道德准则》)，于1997年1月1日起施行。该准则的实施对规范我国注册会计师的职业行为具有非常重要的现实意义。为使该准则具有更强的可操作性，中国注册会计师协会又于2002年6月公布了《中国注册会计师职业道德指导意见》。2009年10月14日中国注册会计师协会职业道德准则委员会审议通过并印发《中国注册会计师职业道德守则》和《中国注册会计师协会非执业会员职业道德守则》，于2010年7月1日起施行。其中，《中国注册会计师职业道德守则》具体包括：《中国注册会计师职业道德守则第1号——职业道德基本原则》《中国注册会计师职业道德守则第2号——职业道德概念框架》《中国注册会计师职业道德守则第3号——提供专业服务的具体要求》《中国注册会计师职业道德守则第4号——审计和审阅业务对独立性的要求》和《中国注册会计师职业道德守则第5号——其他鉴证业务对独立性的要求》。中国注册会计师协会会员包括注册会计师和非执业会员。下面主要介绍《中国注册会计师职业道德守则第1号——职业道德基本原则》的有关内容。

《中国注册会计师职业道德守则第1号——职业道德基本原则》共8章31条，包括总则、诚信、独立性、客观和公正、专业胜任能力和应有的关注、保密、良好的职业行为和附则。

下面介绍中国注册会计师职业道德基本原则的主要内容。

(一)目的和依据

为了规范注册会计师职业道德行为，提高注册会计师职业道德水准，维护注册会计师职业形象，根据《中华人民共和国注册会计师法》和《中国注册会计师协会章程》，制定了《中国注册会计师职业道德守则》。

(二)诚信

诚信，是指诚实、守信。也就是说，一个人言行与内心思想一致，不虚假；能够履行与别人的约定而取得对方的信任。诚信原则要求会员应当在所有的职业关系和商业关系中保持正直和诚实，秉公处事、实事求是。

会员如果认为业务报告、申报资料或其他信息存在下列问题，则不得与这些有问题信息发生牵连：①含有严重虚假或误导性的陈述；②含有缺乏充分根据的陈述或信息；③存

在遗漏或含糊其辞的信息。

注册会计师如果注意到已与有问题的信息发生牵连，应当采取措施消除牵连。在鉴证业务中，如果注册会计师依据执业准则出具了恰当的非标准业务报告，不被视为违反上述要求。

(三)独立性

独立性，是指不受外来力量控制、支配，按照一定之规行事。独立原则通常是对注册会计师而不是非执业会员提出的要求。在执行鉴证业务时，注册会计师必须保持独立性。在市场经济条件下，投资者主要依赖财务报表判断投资风险，在投资机会中作出选择。如果注册会计师不能与客户保持独立，而存在经济利益、关联关系，或屈从于外界压力，就很难取信于社会公众。因此，独立性成为注册会计师的灵魂，注册会计师只有具备独立性，才可能做到客观、公正，独立原则又成为客观、公正原则的基础。

独立性包括实质上的独立性和形式上的独立性。实质上的独立是一种内心状态，使得注册会计师在提出结论时不受损害职业判断的因素影响，诚信行事，遵循客观和公正原则，保持职业怀疑态度。形式上的独立性是一种外在表现，使得一个理性且掌握充分信息的第三方，在权衡所有相关事实和情况后，认为会计师事务所或审计项目组成员没有损害诚信原则、客观和公正原则或职业怀疑态度。

《中国注册会计师职业道德基本原则》对独立性的具体要求包括：注册会计师在执行审计、审阅业务以及其他鉴证业务时，应当从实质上和形式上保持独立性，不得因任何利益关系影响其独立性。会计师事务所在承接审计和审阅业务以及其他鉴证业务时，应当从整体层面和具体业务层面采取措施，以保持会计师事务所和项目组的独立性。

(四)客观和公正

客观，是指按照事物的本来面目去考察，不添加个人的偏见。公正，是指公平、正直，不偏袒。客观和公正原则要求会员公正处事、实事求是，不得由于偏见、利益冲突或他人的不当影响而损害自己的职业判断。如果存在导致职业判断出现偏差，或职业判断产生不当影响的情形，会员不得提供相关专业服务。

(五)专业胜任能力和应有的关注

专业胜任能力和应有的关注原则要求会员通过教育、培训和执业实践获得和保持专业胜任能力。会员应当持续了解并掌握当前法律、技术和实务的发展变化，将专业知识和技能始终保持在应有的水平，确保为客户提供具有专业水准的服务。专业服务要求注册会计师在应用专业知识和技能时，应当合理运用职业判断。应有的关注，要求会员勤勉尽责，保持应有的关注，遵守执业准则和职业道德规范的要求，勤勉尽责，认真、全面、及时地完成工作任务。会员作为专业人士，在许多方面都要履行相应的责任，保持和提高专业胜任能力是注册会计师职业道德的一项重要内容。

1. 不得从事不能胜任的业务

专业胜任能力是指会员具有专业知识、专业技能和经验，能够经济、有效地完成客户委托的业务。如果会员在缺乏足够的知识、技能和经验的情况下提供了专业服务，就构成了一种欺诈。一个合格的会员，不仅要充分认识自己的能力，对自己充满信心，更重要的是，必须清醒地认识到自己在专业胜任能力方面存在的不足。如果会员不能认识到这一点，承接了难以胜任的业务，就可能给客户乃至社会公众带来危害。

2. 注册会计师对助理人员和其他人员的责任

注册会计师所从事的大部分业务都需要业务助理人员参加，某些特殊业务还往往需要其他专业人员的帮助才能完成，但审计报告要由注册会计师签章。注册会计师应对审计报告负责，也就要求注册会计师对助理人员和其他专业人员的工作结果负责。因此，职业道德基本原则中要求，在审计过程中，会员应当保持职业怀疑态度，运用专业知识、技能和经验，获取和评价审计证据。同时，会员应当采取措施以确保在其授权下工作的人员得到适当的培训和督导。在适当情况下，会员应当使客户、工作单位和专业服务的其他使用者了解专业服务的固有局限性。

3. 接受继续教育

专业胜任能力可分为两个独立阶段：①专业胜任能力的获取；②专业胜任能力的保持。会员应当持续了解和掌握相关的专业技术和业务的发展，以保持专业胜任能力。持续职业发展能够使会员发展和保持专业胜任能力，使其能够胜任特定业务环境中的工作。

职业道德基本原则要求注册会计师必须适应时代的要求，按照协会的规定，不断地接受继续教育，更新和提高专业知识，保持和发展专业技能，熟悉并掌握现行的各种规定和实务标准，不断提高业务能力。

(六)保密

会员能否与客户维持正常的关系，有赖于双方能否自愿而又充分地进行沟通和交流，不掩盖任何重要的事实和情况。只有这样，会员才能有效地完成工作。会员与客户的沟通，必须建立在为客户信息保密的基础上。这里所说的客户信息，通常是指涉密信息。一旦涉密信息被泄露或被利用，往往会给客户造成损失。因此，许多国家规定，在会计师事务所工作的注册会计师，在没有取得客户同意的情况下，不能泄露任何客户的涉密信息。

保密原则要求会员对因职业关系和商业关系而获知的信息予以保密，不得有下列行为：

(1) 未经客户授权或法律法规允许，向会计师事务所以外的第三方披露其所获知的涉密信息；

(2) 利用所获知的涉密信息为自己或第三方谋取利益。

会员在社会交往中应当履行保密义务。会员应当警惕无意泄密的可能性，特别是警惕无意中向近亲属或关系密切的人员泄密的可能性。近亲属是指配偶、父母、子女、兄弟姐妹、祖父母、外祖父母、孙子女、外孙子女。

另外，会员应当对拟接受的客户或拟受雇的工作单位向其披露的涉密信息保密。在终止与客户或工作单位的关系之后，会员仍然应当对在职业关系和商业关系中获知的信息保密。如果变更工作单位或获得新客户，会员可以利用以前的经验，但不应利用或披露以前职业活动中获知的涉密信息。会员应当明确在会计师事务所内部保密的必要性，采取有效

措施，确保其下级员工以及为其提供建议和帮助的人员遵循保密义务。

会员在下列情况下可以披露涉密信息：

(1) 法律法规允许披露，并且取得客户或工作单位的授权；

(2) 根据法律法规的要求，为法律诉讼、仲裁准备文件或提供证据，以及向有关监管机构报告发现的违法行为；

(3) 法律法规允许的情况下，在法律诉讼、仲裁中维护自己的合法权益；

(4) 接受注册会计师协会或监管机构的执业质量检查，答复其询问和调查；

(5) 法律法规、执业准则和职业道德规范规定的其他情形。

(七)良好的职业行为

职业行为原则要求会员遵守相关的法律法规，避免发生任何损害职业声誉的行为。

在推介自身和工作时，会员应当客观、真实、得体，不得损害职业形象。会员应当诚实、实事求是，不得有下列行为：

(1) 夸大宣传提供的服务、拥有的资质或获得的经验；

(2) 贬低或无根据地比较其他注册会计师的工作。

三、可能对职业道德基本原则产生不利影响的因素

可能对职业道德基本原则产生不利影响的因素包括自身利益、自我评价、过度推介、密切关系和外界压力。

(1) 自身利益导致不利影响的情形主要包括：

① 鉴证业务项目组成员在鉴证客户中拥有直接经济利益；

② 会计师事务所的收入过分依赖某一客户；

③ 鉴证业务项目组成员与鉴证客户存在重要且密切的商业关系；

④ 会计师事务所担心可能失去某一重要客户；

⑤ 鉴证业务项目组成员正在与鉴证客户协商受雇于该客户；

⑥ 会计师事务所与客户就鉴证业务达成或有收费的协议；

⑦ 注册会计师在评价所在会计师事务所以往提供的专业服务时，发现了重大错误。

(2) 自我评价导致不利影响的情形主要包括：

① 会计师事务所在对客户提供财务系统的设计或操作服务后，又对系统的运行有效性出具鉴证报告；

② 会计师事务所为客户编制原始数据，这些数据构成鉴证业务的对象；

③ 鉴证业务项目组成员担任或最近曾经担任客户的董事或高级管理人员；

④ 鉴证业务项目组成员目前或最近曾受雇于客户，并且所处职位能够对鉴证对象施加重大影响；

⑤ 会计师事务所为鉴证客户提供直接影响鉴证对象信息的其他服务。

(3) 过度推介导致不利影响的情形主要包括：

① 会计师事务所推介审计客户的股份；

② 在审计客户与第三方发生诉讼或纠纷时，注册会计师担任该客户的辩护人。

(4) 密切关系导致不利影响的情形主要包括：

① 项目组成员的近亲属担任客户的董事或高级管理人员；

② 项目组成员的近亲属是客户的员工，其所处职位能够对业务对象施加重大影响；

③ 客户的董事、高级管理人员或所处职位能够对业务对象施加重大影响的员工，最近曾担任会计师事务所的项目合伙人；

④ 注册会计师接受客户的礼品或款待；

⑤ 会计师事务所的合伙人或高级员工与鉴证客户存在长期业务关系。

(5) 外界压力导致不利影响的情形主要包括：

① 会计师事务所受到客户解除业务关系的威胁；

② 审计客户表示，如果会计师事务所不同意对某项交易的会计处理，则不再委托其承办拟议中的非鉴证业务；

③ 客户威胁将起诉会计师事务所；

④ 会计师事务所受到降低收费的影响而不恰当地缩小工作范围；

⑤ 由于客户员工对所讨论的事项更具有专长，注册会计师面临服从其判断的压力；

⑥ 会计师事务所合伙人告知注册会计师，除非同意审计客户不恰当的会计处理，否则将影响晋升。

第二节　注册会计师执业准则

一、注册会计师执业准则的定义和作用

注册会计师执业准则即注册会计师的执业标准，它是注册会计师职业规范体系的重要组成部分，是注册会计师执行鉴证业务和相关服务业务过程中应当遵守的行为准则，是衡量注册会计师执业工作质量的权威性标准。

注册会计师执业准则的制定和实施，使注册会计师在执行鉴证业务和相关服务业务时有了规范和指南，也便于考核执业质量，推动了注册会计师事业的发展。注册会计师执业准则的作用主要有：

(1) 实施执业准则，可以赢得社会公众的信任。注册会计师在其出具的审计报告中，应当写明按照审计准则计划和实施工作，以合理确信财务报表是否不存在重大错报。这就向审计报告使用人表明，注册会计师的审计工作已经达到了规定的质量标准，审计意见是可以信赖的，从而为注册会计师审计取信于社会公众提供了保证。

(2) 实施执业准则，可以提高注册会计师执业的质量。执业准则对注册会计师业务能力及其在执业中应保持的职业怀疑，执业的基本程序和方法，执业结果报告的基本内容、格式和类型，以及会计师事务所及其人员的质量控制责任都做了详细规定，这就要求注册会计师依法执业，谨慎工作，充分考虑执业风险，以保证执业工作质量。

(3) 实施执业准则，可以维护会计师事务所和注册会计师的合法权益。执业准则规定了注册会计师的工作范围和规则，只要注册会计师按照准则的要求执业，就可以最大限度地降低审计风险。当注册会计师受到不公正的指责和控告时，可以充分利用执业准则保护其正当权益。

(4) 实施执业准则，可以促进执业经验的交流。执业准则是注册会计师执业实践经验的

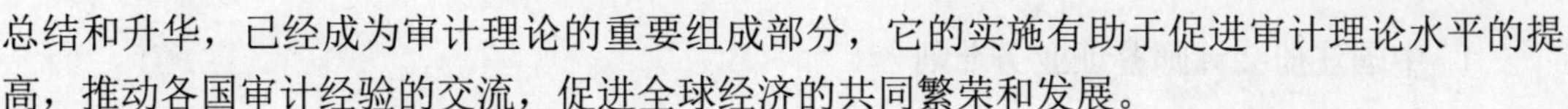

总结和升华，已经成为审计理论的重要组成部分，它的实施有助于促进审计理论水平的提高，推动各国审计经验的交流，促进全球经济的共同繁荣和发展。

二、中国注册会计师执业准则

根据《中华人民共和国注册会计师法》第三十五条的规定，中国注册会计师协会拟订注册会计师执业准则、规则，报经国务院财政部门批准后施行。经财政部批准同意，中国注册会计师协会自 1994 年 5 月开始起草独立审计准则。到 2003 年，先后制定了 6 批独立审计准则，基本建立起了一套具有中国特色的独立审计准则体系。随着注册会计师审计环境的变化、国际审计准则的发展和注册会计师执业的需要，自 2005 年，中国注册会计师协会在财政部的部署下，有计划、有步骤地制定和修订注册会计师执业准则。中国注册会计师执业准则在 2006 年 2 月 15 日由财政部正式发布，自 2007 年 1 月 1 日起施行。中国注册会计师执业准则的发布，标志着我国已建立起一套适应社会主义市场经济发展要求，顺应国际趋同大势的中国注册会计师执业准则。2009 年，经财政部批准，中国注册会计师协会启动了根据国际审计准则明晰项目，对 38 项审计准则的修订，2010 年 11 月正式发布，2012 年 1 月 1 日实施。为了提高注册会计师审计报告的信息含量，满足资本市场改革与发展对高质量会计信息的需求，保持我国审计准则与国际准则的持续全面趋同，2016 年 12 月 23 日，财政部印发《在审计报告中沟通关键审计事项》等 12 项中国注册会计师审计准则(新审计报告准则)。随着资本市场改革与发展对高质量会计信息的需求增加，2019 年 2 月 20 日，财政部对 18 项审计准则进行修订，旨在规范和指导注册会计师应对审计环境变化和利用内部审计人员的工作、应对违反法律法规行为、财务报表披露审计等三个方面审计实务的新发展，并保持中国审计准则与国际准则的持续全面趋同。

(一)中国注册会计师执业准则制定和实施的目标

中国注册会计师执业准则是注册会计师职业规范体系的核心部分。制定和实施注册会计师执业准则的目标主要有以下几项。

(1) 建立注册会计师执业的权威性标准，规范注册会计师执业行为，促使注册会计师恪守独立、客观、公正的基本原则，有效地发挥其鉴证和服务作用。

(2) 促使各会计师事务所和注册会计师，按照统一的执业准则执行鉴证和服务业务，提高业务素质和执业水平。

(3) 明确注册会计师的执业责任，维护社会公众利益，保护投资者和其他利害关系人的合法权益，促进社会主义市场经济的健康发展。

(4) 建立与国际审计准则趋同的中国注册会计师执业准则，使中国注册会计师按照国际通行的执业标准执行鉴证和服务业务。

(二)中国注册会计师执业准则的框架

中国注册会计师执业准则由中国注册会计师鉴证业务准则、中国注册会计师相关服务准则和会计师事务所质量控制准则三部分构成。

1. 中国注册会计师鉴证业务准则

鉴证业务准则由以下两个层次组成：第一个层次为鉴证业务基本准则；第二个层次为具体准则，包括审计准则、审阅准则和其他鉴证业务准则。

第一层次：鉴证业务基本准则。

鉴证业务基本准则是注册会计师鉴证业务准则的总纲，是对注册会计师执行鉴证业务行为的基本规范。按照鉴证业务提供的保证程度和鉴证对象的不同，分别制定中国注册会计师审计准则。中国注册会计师审阅准则和中国注册会计师其他鉴证业务准则(分别简称审计准则、审阅准则和其他鉴证业务准则)。

第二层次：具体准则。

(1) 审计准则用以规范注册会计师执行历史财务信息的审计业务。在提供审计服务时，注册会计师对所审计信息是否不存在重大错报提供合理保证，并以积极方式提出结论。审计准则是整个执业准则的核心。

(2) 审阅准则用以规范注册会计师执行历史财务信息的审阅业务。在提供审阅服务时，注册会计师对所审阅信息是否不存在重大错报提供有限保证，并以消极方式提出结论。

(3) 其他鉴证业务准则用以规范注册会计师执行历史财务信息审计或审阅以外的其他鉴证业务，根据鉴证业务的性质和业务约定书的要求，提供有限保证或合理保证。其他鉴证业务主要包括预测性财务信息的审核、内部控制审核等。

2. 中国注册会计师相关服务准则

相关服务准则用以规范注册会计师执行除鉴证业务以外的其他相关服务业务。相关服务业务主要包括对财务信息执行商定程序、代编财务信息、税务咨询和管理咨询等。在提供相关服务时，注册会计师不提供任何程度的保证。注册会计师对相关服务业务出具报告时，应当与鉴证报告明确区分。

3. 会计师事务所质量控制准则

会计师事务所质量控制准则用以规范会计师事务所在执行各类业务时应当遵守的质量控制政策和程序，是对会计师事务所质量控制提出的制度要求。

(三)中国注册会计师执业准则的适用范围和约束力

我国注册会计师执业准则适用于注册会计师执行鉴证业务、相关服务业务的全过程。注册会计师在提供鉴证业务、相关服务业务时，不论被鉴证或服务的对象是否以盈利为目的，也不论其规模大小和法定组织形式如何，都应当遵守注册会计师执业准则。

我国注册会计师执业准则总体上是依据《中华人民共和国注册会计师法》制定的规章，是对注册会计师执业的法定要求，各会计师事务所和注册会计师在执业时应当遵照执行。

(四)已颁布实施的中国注册会计师执业准则项目

中国注册会计师协会拟定和修订的中国注册会计师执业准则共 48 项，经财政部批准，已于 2006 年 2 月 15 日对外发布，自 2007 年 1 月 1 日起施行。2010 年 11 月财政部印发了《中国注册会计师审计准则第 1101 号——注册会计师的总体目标和审计工作的基本要求》

等38项准则，自2012年1月1日起施行。2016年12月，财政部发布了《中国注册会计师审计准则第1504号——在审计报告中沟通关键审计事项》等12项中国注册会计师审计准则(新审计报告准则)，自2017年1月1日起，A＋H股公司内地上市部分的财务报表审计业务开始执行新审计报告相关准则，自2018年1月1日起，资本市场主体全面实施新审计报告相关准则。2019年2月，财政部发布了《中国注册会计师审计准则第1101号——注册会计师的总体目标和审计工作的基本要求》等18项审计准则，于2019年7月1日起施行。

中国注册会计师鉴证业务基本准则1项，即《中国注册会计师鉴证业务基本准则》。

中国注册会计师审计准则有 45 项，主题分别是：《注册会计师的总体目标和审计工作的基本要求》《就审计业务约定条款达成一致意见》《对财务报表审计实施的质量控制》《审计工作底稿》《财务报表审计中与舞弊相关的责任》《财务报表审计中对法律法规的考虑》《与治理层的沟通》《向治理层和管理层通报内部控制缺陷》《前任注册会计师和后任注册会计师的沟通》《计划审计工作》《通过了解被审计单位及其环境识别和评估重大错报风险》《对被审计单位使用服务机构的考虑》《计划和执行审计工作时的重要性》《针对评估的重大错报风险采取的应对措施》《评价审计过程中识别出的错报》《审计证据》《对存货、诉讼和索赔、分部信息等特定项目获取审计证据的具体考虑》《函证》《分析程序》《审计抽样》《审计会计估计(包括公允价值会计估计)和相关披露》《关联方》《持续经营》《首次审计业务涉及的期初余额》《期后事项》《书面声明》《对集团财务报表审计的特殊考虑》《利用内部审计人员的工作》《利用专家的工作》《对财务报表形成审计意见和出具审计报告》《在审计报告中发表非无保留意见》《在审计报告中增加强调事项段和其他事项段》《在审计报告中沟通关键审计事项》《比较信息：对应数据和比较财务报表》《注册会计师对含有已审计财务报表的文件中的其他信息的责任》《对按特殊目的编制基础编制财务报表审计的特殊考虑》《验资》《对单一财务报表和财务报表特定要素审计的特殊考虑》《对简要财务报表出具报告的业务》《商业银行财务报表审计》《银行间函证程序》《与银行监管机构的关系》《财务报表审计中对环境事项的考虑》《衍生金融工具的审计》《电子商务对财务报表审计的影响》。

中国注册会计师审阅准则有1项，即《财务报表审阅》。

中国注册会计师其他鉴证业务准则有 2 项，即《历史财务信息审计或审阅以外的鉴证业务》和《预测性财务信息的审核》。

中国注册会计师相关服务准则有 2 项，即《对财务信息执行商定程序》和《代编财务信息》。

会计师事务所质量控制准则有 1 项，即《会计师事务所对执行财务报表审计和审阅、其他鉴证和相关服务实施的质量控制》。

三、中国注册会计师执业准则指南

中国注册会计师执业准则指南是根据中国注册会计师执业准则制定的，是对执业准则的细化、深化和具体化，为注册会计师如何正确理解和运用准则提供具有可操作性的指导意见，与注册会计师执业准则构成一个完整的注册会计师执业规范体系。

执业准则指南具有以下特点。

(1) 内容全面。为了使注册会计师将所有准则转化为正确的执业理念和行为，针对每项准则，都起草了相应的指南，共48项。

(2) 可操作性强。增强可操作性是指南的基本定位。指南利用体例相对灵活的特点，对于具有概念框架功能的准则，系统阐述准则的理论基础、规范的理由和对执业的影响，指导注册会计师如何理解执业理念和方法论；对于具有实务操作功能的准则，重点阐述准则的核心程序和具体方法，增加大量的解释、说明、举例和图示，指导注册会计师如何正确运用程序和具体方法。为了方便读者阅读和检索，指南尽可能做到与准则对应，指出准则的条目。

(3) 贴近实务。指南以执业准则为依据，结合审计理论和实务成果，重点解决了注册会计师在运用准则时面临的十大问题：一是如何运用审计风险模型；二是如何计划审计工作；三是如何进行风险评估；四是如何实施控制测试；五是如何应对舞弊风险；六是如何编制工作底稿；七是如何运用重要性水平；八是如何确定抽样规模；九是如何确定审计意见；十是如何审计新兴和复杂领域。

同时，指南中提供了大量范例，如新版的业务约定书、前后任注册会计师沟通函、各类询证函、管理层声明书、业务报告、风险评估程序工作底稿等，具有很强的实用性。

(4) 坚持国际趋同的要求。执业准则在框架体系、项目构成和核心内容等方面体现了与国际准则趋同的要求。例如在审计准则的内容上，充分采用了国际审计准则所有的基本原则和核心程序，在审计的目标与原则、风险的评估与应对、审计证据的获取和分析、审计结论的形成和报告等所有重大方面，与国际审计准则保持一致。

第三节　注册会计师继续教育制度

一、职业继续教育的定义和作用

注册会计师继续教育制度，是指为保持和提升注册会计师的专业素质、执业能力和职业道德水平，加强注册会计师行业人才培养，根据《中华人民共和国注册会计师法》和《中国注册会计师协会关于加强行业人才培养工作的指导意见》的有关规定，由中国注册会计师协会规定的注册会计师继续教育的权利与义务、组织与培训的管理制度。

注册会计师接受继续教育有利于树立终身学习的专业态度，有利于保持和提高注册会计师执业胜任能力和执业水平，有利于注册会计师行业造就一支业务过硬、素质合格的队伍。同时，由于注册会计师执业环境的不断变化，社会对注册会计师的专业胜任能力和执业水平的要求也越来越高，注册会计师只有不断接受职业继续教育，进行全面的、立体的、多层次的在职教育，掌握和运用相关的新知识、新技能和新法规，才能满足执业的需要，保证执业质量。

二、中国注册会计师职业继续教育制度的主要内容

1996年，中国注册会计师协会发布实施了《注册会计师后续教育培训制度(试行)》(以下简称《培训制度》)。随着我国社会主义市场经济体制改革的不断深化，以及注册会计师行业的飞速发展，对行业人才队伍建设提出了新的、更高的要求。2006年中国注册会计师

协会发布《中国注册会计师继续教育制度》(以下简称《继续教育制度》，会协〔2006〕63号文)，并于2007年1月1日起实施。1996年1月16日发布的《注册会计师后续教育培训制度(试行)》同时废止。为了进一步贯彻落实行业人才培养“三十条”，提高注册会计师继续教育水平，根据行业培训工作实际，2008年5月14日中国注册会计师协会又印发了《中国注册会计师继续教育制度补充规定》(征求意见稿)。

《中国注册会计师继续教育制度》共5章19条。第一章总则，包括《继续教育制度》制定目的和依据；注册会计师接受继续教育的权利。第二章继续教育的形式与学时要求，包括继续教育的具体形式；继续教育的学时要求及具体折算标准；关于继续教育豁免条款等。第三章继续教育的组织，包括继续教育的组织主体；专业培训机构的服务内容和所应达到的基本标准；事务所内部培训的资格条件。第四章继续教育学时的确认与考核，包括地方协会对继续教育工作的考核与管理责任；注册会计师未完成规定学时的惩戒措施；注册会计师转会时的学时确认等。第五章附则。下面主要介绍我国注册会计师继续教育的目的和依据、培训形式和培训制度。

(一)继续教育的目的和依据

为全面贯彻落实《中国注册会计师协会关于加强行业人才培养工作的指导意见》(简称行业人才培养“三十条”)，为了保持和提升注册会计师的专业素质、执业能力和职业道德水平，加强注册会计师行业人才培养，建立一支在质量和数量上都能够满足我国经济和资本市场发展战略，以及现代企业制度需要的执业队伍，中注协根据《中华人民共和国注册会计师法》《中国注册会计师协会关于加强行业人才培养工作的指导意见》的有关规定，制定了注册会计师继续教育制度。继续教育贯穿于注册会计师的整个执业生涯，注册会计师应当按照继续教育制度的要求接受继续教育。

(二)继续教育的形式

注册会计师继续教育的形式包括两种：一种是有组织形式，一种是其他形式。有组织形式，按主办机构划分为：中国注册会计师协会和各省(自治区、直辖市)注册会计师协会自行培训，委托专业培训机构培训和事务所内部培训。其他形式主要包括撰写发表专业论文和出版书籍，参加行业业务质量检查，担当注册会计师继续教育培训的授课人、研讨会的主持人或演讲人等八项规定。

有组织形式的继续教育包括以下几种方式。

(1) 中国注册会计师协会(以下简称中注协)或各省(自治区、直辖市)注册会计师协会(以下简称地方协会)举办，或者委托专业培训机构举办的各种类型的培训班、专业论坛、研讨会、学术报告会等。

(2) 经所在地地方协会认可的会计师事务所(以下简称事务所)内部培训。

(3) 中注协或地方协会通过远程教育直播系统提供的注册会计师培训。

(4) 中注协或地方协会认可的其他方式。

其他形式的继续教育包括以下几种方式。

(1) 完成专业著作或专业论文，并公开出版或发表；

(2) 担当中注协、地方协会举办或委托举办的注册会计师继续教育培训的授课人、研讨

会的主持人或演讲人；

(3) 参加行业执业质量检查；

(4) 承担学术团体、行业、政府部门组织的专业课题研究，并取得研究成果；

(5) 在境外事务所实习期间接受当地组织的继续教育培训；

(6) 参加会计相关专业的在职学位教育；

(7) 经中注协或地方协会认可的专业论坛、研讨会；

(8) 中注协或地方协会认可的其他方式。

(三)继续教育的组织

继续教育的组织包括以下几种情况。

(1) 中注协和地方协会可以自行举办继续教育培训班。

(2) 中注协和地方协会可以委托专业培训机构举办继续教育培训班。受托举办培训班的培训机构，应当按照中注协或地方协会的规划和要求及本制度的规定，合理设计培训内容，选择科学适用的培训方式，聘请具有胜任能力的师资，并向协会报告注册会计师培训班实施情况。

(3) 具有内部培训资格的事务所开展的内部培训，经地方协会认可，承认其有组织形式的继续教育学时。

(四)继续教育学时的确认与考核

1. 继续教育考核周期和培训学时

注册会计师继续教育以 2 年为一个考核周期，每个考核周期接受继续教育学时不得少于 80 学时，每年不得少于 30 学时。

2. 继续教育学时确认标准

注册会计师继续教育学时确认标准具体如下。

(1) 有组织形式的继续教育学时按照实际培训学时数确认。

(2) 参加由中注协或地方协会组织的业务质量检查，每日可折算为 1 个学时，但每年最多可确认 30 个学时。

(3) 担当注册会计师继续教育培训班的授课人、研讨会的主持人或演讲人可按其实际授课或演讲时间的 3 倍折算培训学时，但每年最多可确认 20 个学时。

(4) 公开出版专业著作、承担课题研究，每项可确定 15 个学时，每年最多可确认 15 个学时。

(5) 公开发表专业论文，每篇可确认 5 个学时，每年最多可确认 15 个学时。

(6) 在境外事务所实习期间接受培训，按照实际培训时间确认学时数，每年最多可确认 40 个学时。

(7) 参加在职学位教育，当年可确认 30 个学时。

(8) 参加中注协或地方协会认可的专业论坛、研讨会，每半天可确认 4 个学时，每年最多可确认 20 个学时。

3. 继续教育学时的考核

(1) 培训班实行结业考试、考核制度，考试、考核不合格者不计算培训学时，不发给结业证明，同时要将培训结果通报所在事务所。

(2) 注册会计师应将继续教育的证明文件及相关资料至少保留 3 年，并在地方协会检查或抽查时予以提供。

第四节　注册会计师的法律责任

一、会计责任与审计责任

在讨论注册会计师的法律责任之前，有必要明确被审计单位的会计责任和注册会计师的审计责任。

《中国注册会计师审计准则第 1101 号——财务报表审计的目标和一般原则》规定，在被审计单位治理层的监督下，按照适用的会计准则和相关会计制度的规定编制财务报表是被审计单位管理层的责任；按照中国注册会计师审计准则的规定对财务报表发表审计意见是注册会计师的责任。财务报表审计不能减轻被审计单位管理层和治理层的责任。

会计责任和审计责任不能相互替代。如果财务报表存在重大错报，而注册会计师通过审计没有能够发现，也不能因为财务报表已经注册会计师审计这一事实而减轻管理层和治理层对财务报表的责任。

注册会计师的审计责任是注册会计师对委托人和被审计单位应尽的义务，是审计职业赖以生存和发展的基础。在审计发展史中，注册会计师的审计责任先后经历了以揭露欺诈和舞弊行为为主、以查错揭弊为主、以验证财务报表公允性为主几个阶段。现阶段，审计责任演变成以验证财务报表公允性为主，同时又要揭露重大错报，无论该错报是由于舞弊还是错误导致。

错误是导致财务报表错报的非故意行为，主要包括：

(1) 为编制财务报表而收集和处理数据时发生失误；

(2) 由于疏忽和误解有关事实而作出不恰当的会计估计；

(3) 在运用与确认、计量、分类或列报(包括披露，后同)相关的会计政策时发生失误。

舞弊是指被审计单位管理层、治理层、员工或第三方使用欺骗手段获取不当或非法利益的故意行为。在财务报表审计中，注册会计师应关注以下两类舞弊行为。

(1) 对财务信息作出虚假报告。

(2) 侵占资产。

对财务信息作出虚假报告，可能源于管理层通过操纵利润误导财务报表使用者对被审计单位业绩或盈利能力的判断。通常表现如下。

(1) 对财务报表所依据的会计记录或相关文件记录的操纵、伪造或篡改。

(2) 对交易、事项或其他重要信息在财务报表中的不真实表达或故意遗漏。

(3) 对与确认、计量、分类或列报有关的会计政策和会计估计的故意误用。

对财务信息作出虚假报告通常与管理层凌驾于控制之上有关。管理层通过凌驾于控制之上实施舞弊的手段主要包括：编制虚假的会计分录，特别是在临近会计期末时；滥用或随意变更会计政策；不恰当地调整会计估计所依据的假设及改变原先作出的判断；故意漏记、提前确认或推迟确认报告期内发生的交易或事项；隐瞒可能影响财务报表金额的事实；构造复杂的交易以歪曲财务状况或经营成果；篡改与重大或异常交易相关的会计记录和交易条款。

侵占资产是指被审计单位的管理层或员工非法占用被审计单位的资产，其手段主要包括：贪污收入款项；盗取货币资金、实物资产或无形资产；使被审计单位对虚构的商品或劳务付款；将被审计单位资产挪为私用。

侵占资产通常伴随着虚假或误导性的文件记录，其目的是隐瞒资产缺失或未经适当授权使用资产的事实。

错误和舞弊的区别在于，错误是无意的，舞弊是故意的。

如何分清财务报表审计中对财务报表存在重大错报的会计责任与审计责任，《中国注册会计师审计准则第 1141 号——财务报表审计中对舞弊的考虑》作了具体规定，其内容如下。

(1) 注册会计师在计划和实施审计工作时应保持职业怀疑态度，根据审计准则的要求，充分考虑审计风险，通过实施必要的、适当的审计程序，获取财务报表在整体上不存在重大错报的合理保证，无论该错报是由于舞弊还是错误导致。

(2) 由于审计的固有限制，注册会计师即使按照审计准则的规定恰当地计划和实施审计工作，也不可能保证将财务报表中所有的错报揭示出来，只能做到合理保证。

(3) 注册会计师在审计过程中，应实施风险评估程序，以识别和评估舞弊导致的重大错报风险，并针对评估的财务报表层次重大错报风险确定总体应对措施，针对评估的认定层次重大错报风险设计和实施进一步审计程序。如果证实错报确实存在，应与被审计单位治理层、管理层进行沟通，并考虑其对财务报表的影响。如果被审计单位拒绝调整，注册会计师应考虑审计意见的类型。必要时，应征询法律意见或取消业务约定。

二、注册会计师法律责任产生的原因及相关法律责任

(一)注册会计师法律责任产生的原因

注册会计师法律责任是指注册会计师在履行职责的过程中，由于自身的原因而导致被审计单位或其他有利益关系的第三方遭受损失而承担的后果。通常情况下，注册会计师可能因违约、过失、欺诈而承担法律责任。

1. 违约

违约是指注册会计师在执行审计或其他鉴证业务时，未能履行同委托人签订的合同要求。当违约给他人造成损失时，注册会计师应负违约责任。如注册会计师违反了合同中保密的条款，或未能在合同规定的时间完成预定的合同内容等。

2. 过失

过失是指注册会计师在从事审计或其他鉴证业务时缺少应有的职业怀疑态度。评价注册会计师的过失，是以其他合格注册会计师在相同条件下可做到的职业怀疑为标准的。当

过失给他人造成损失时，注册会计师应负过失责任。通常将过失按其严重程度不同分为普通过失和重大过失。

普通过失与重大过失的区别在于注册会计师的行为偏离应有的职业怀疑态度的程度。当注册会计师只是没有保持职业上应有的职业怀疑态度，没有完全遵循审计准则的要求，一般可视为普通过失。而当注册会计师连起码的职业怀疑态度都没有保持，根本没有遵循审计准则的要求，一般可视为重大过失。例如，当注册会计师在从事财务报表审计时，发现报表中可能存在错报，但由于其主观判断错报的性质可能不严重，而未作深入调查，最终导致审计失败。在这种情况下，注册会计师可以被认为是普通过失。如果注册会计师在审计中，未实施必要的、适当的审计程序，主观地作出结论，将被认为是重大过失。

3. 欺诈

欺诈又被称为舞弊，是注册会计师以欺骗或坑害他人为目的的一种故意的错误行为，即明知委托单位的财务报表有重大错报，却加以虚伪的陈述，出具无保留意见的审计报告。

要确定欺诈，就必须证明注册会计师存在不良动机，并实施了故意的错误行为。但在某些情况下，这类证据很难获取。当法庭没有证据确认注册会计师有不良动机或故意的错误行为，但注册会计师又确实犯有极端或异常过失时，可以被认定为“推定欺诈”。

(二)错误、舞弊、违法行为与注册会计师的法律责任

无论错误、舞弊还是违法行为，都是被审计单位的行为。由于会计责任应当由被审计单位负责，而审计人员只承担审计责任，如果发现经审计的财务报表存在以上三种行为导致的重大错报，则审计人员不承担直接责任。那么是否能说被审计单位的错误、舞弊和违法行为同注册会计师无关呢？答案当然是否定的。

从法律角度来看，注册会计师法律责任的确定应当服从过错责任原则，即只有当注册会计师存在过错行为时，才应当承担法律责任。因此，判定注册会计师是否承担法律责任应当同时满足两个条件，即被审计单位存在上述行为，而同时注册会计师又有过错行为。我们可以相信，注册会计师在审计过程中只要严格执行审计准则和职业道德准则，被审计单位存在的错误、舞弊和违法行为一般都能被查出来。但由于审计的固有限制和舞弊、违法行为的隐蔽性，审计风险依然存在，仍然可能有部分错误、舞弊和违法行为难以被注册会计师发现。在这种情况下，注册会计师只要能证明自己在审计过程中没有过失行为，就可以被免责。

三、注册会计师法律责任的种类

注册会计师因违约、过失或欺诈给被审计单位或其他利害关系人造成损失的，按照有关法律的规定，可能被判负行政责任、民事责任或刑事责任。这三种责任可以单处，也可并处。行政处罚对注册会计师个人来说，包括警告、暂停执业、吊销注册会计师证书；对会计师事务所而言，包括警告、没收违法所得、罚款、暂停执业、撤销等。民事责任主要是指赔偿受害人损失。刑事责任主要是指按有关法律程序判处一定的徒刑。一般来说，因违约和过失可能会使注册会计师负行政责任和民事责任，因欺诈可能会使注册会计师负民

事责任和刑事责任。

四、注册会计师法律责任的防范

近年来，我国注册会计师行业发生了一系列震惊整个行业乃至全社会的案件。有关会计师事务所均因出具虚假报告造成严重后果而被撤销、没收财产或取消特许业务资格，有关注册会计师也被吊销资格，有的甚至被追究刑事责任。除一些大案件之外，涉及注册会计师的中小型诉讼案更有日益上升的趋势。会计师事务所和注册会计师由于承担法律责任而产生的经济上的损失和诚信度的损失已越来越不容忽视。因此，如何避免法律诉讼，已成为我国注册会计师非常关注的问题。

(一)注册会计师减少过失和防止欺诈的原则

1. 增强执业独立性

独立性是注册会计师审计的生命。在实际工作中，绝大多数注册会计师能够始终如一地遵循独立原则，但也有少数注册会计师忽视独立性，许多过失和欺诈都是在注册会计师丧失独立性的情况下发生的。

2. 保持职业怀疑态度

在所有注册会计师的审计过失中，最主要的是由于缺乏职业怀疑态度引起的。在执行审计业务过程中，未严格遵守注册会计师审计准则，不执行必要的、适当的审计程序，对有关被审计单位的问题未保持专业怀疑，或为节省时间而缩小审计范围和简化审计程序，从而导致财务报表中的重大错报没有被发现。

3. 强化职业监督

许多审计中的差错是由于注册会计师失察或未能对助理人员或其他人员进行切实的监督而发生的。强化执业监督相当于增强了防范注册会计师法律责任的屏障，可以有效地避免和减少过失、欺诈行为的发生。

(二)注册会计师减少过失和防止欺诈的具体措施

1. 严格遵循注册会计师职业道德和专业标准的要求

由于审计的固有限制，注册会计师只对财务报表是否不存在由于错误和舞弊导致的重大错报获取合理保证，对于经审计后的财务报表中的错报，注册会计师是否应承担法律责任，关键在于注册会计师是否有过失或欺诈行为。而判别注册会计师是否具有过失的关键在于注册会计师是否遵循了职业道德和专业标准的要求。因此，注册会计师一定要理解、掌握职业道德和专业标准的要求，并在执业时严格遵守。

2. 建立、健全会计师事务所质量控制制度

会计师事务所不同于一般的公司、企业，质量管理是会计师事务所各项管理工作的核心和关键。会计师事务所必须建立、健全一套严密、科学的内部质量控制制度，并将之推

行到每一个人、每一个部门和每一项业务，迫使注册会计师按照专业标准的要求执业，保证整个会计师事务所的工作质量。

3. 审慎选择被审计单位

一是要选择正直的被审计单位。如果被审计单位对其顾客、职工、政府部门或其他方面没有正直的品格，也必然会蒙骗注册会计师，使注册会计师落入他们设定的圈套。北京中诚会计师事务所就是在长城公司非法集资出现危机之时轻信长城公司的谎言而被卷入的。二是对陷入财务和法律困境中的被审计单位要尤为注意。

4. 严格签订审计业务约定书

审计业务约定书是用以明确注册会计师和委托人责任的文件，具有法律效力。会计师事务所不论承办何种业务，都要按照业务约定书准则的要求与委托人签订业务约定书，这样才能在发生法律诉讼时将一切口舌争辩减少到最低限度。

5. 深入了解被审计单位的业务

在审计过程中，注册会计师之所以未能发现财务报表中的错报，一个重要原因就是不了解委托单位所在行业的情况及委托单位的业务。会计是经济活动的综合反映，不熟悉被审计单位的经济业务和生产经营实务，仅局限于有关的会计资料，就可能发现不了某些错误。

6. 提取风险基金或购买责任保险

在西方国家，投保充分的责任保险是会计师事务所一项极为重要的保护措施。尽管保险不能免除可能受到的法律诉讼，但能防止或减少诉讼失败时会计师事务所发生的财务损失。我国《注册会计师法》也规定了会计师事务所应当按规定建立职业风险基金，办理职业保险。

7. 聘请熟悉注册会计师法律责任的律师

在审计过程中如遇重大法律问题，注册会计师应同本所的律师或外聘律师详细讨论所有潜在的危险情况，并仔细考虑律师的建议。一旦发生法律诉讼，也应请有经验的律师参与诉讼。

本 章 小 结

我国注册会计师职业规范体系包括注册会计师职业道德原则、注册会计师执业准则和注册会计师继续教育准则三部分。

注册会计师职业道德原则的基本内容包括：独立、客观、公正原则，专业胜任能力与技术规范，对客户的责任，对同行的责任，业务承揽中的职业道德。独立、客观、公正是注册会计师职业道德中三个最重要的概念，也是对注册会计师职业道德的三条最重要的要求。

注册会计师执业准则是注册会计师职业规范体系的核心部分。制定和实施注册会计师执业准则的目标主要有：建立注册会计师执业的权威性标准，促使各会计师事务所和注册会计师按照统一的执业准则执业，明确注册会计师的执业责任，建立与国际审计准则趋同的中国注册会计师执业准则。注册会计师执业准则由中国注册会计师鉴证业务准则、中国注册会计师相关服务准则和会计师事务所质量控制准则三部分构成。鉴证业务准则由以下两个层次组成：第一个层次为鉴证业务基本准则；第二个层次为具体准则，包括审计准则、审阅准则和其他鉴证业务准则。

注册会计师职业继续教育基本准则的主要内容有：职业继续教育的一般原则、职业继续教育的内容与形式、职业继续教育的组织与实施、职业继续教育的检查与考核。

注册会计师法律责任是指注册会计师在履行职责的过程中，由于自身的原因而导致被审计单位或其他有利益关系的第三方损失而承担的后果。通常情况下，注册会计师可能因违约、过失、欺诈而承担法律责任。

错误、舞弊、违法行为，都是被审计单位的行为，由被审计单位负直接责任，如果经审计的财务报表存在以上三种行为导致的重大错报，审计人员不承担直接责任，只有当注册会计师存在过错行为时，才应当承担法律责任。

注册会计师因违约、过失或欺诈给被审计单位或其他利害关系人造成损失的，按照有关法律的规定，可能被判负行政责任、民事责任或刑事责任。这三种责任可以单处，也可以并处。

自 测 题

1. 简述注册会计师执业准则的框架结构。
2. 什么是会计责任和审计责任?
3. 注册会计师法律责任产生的原因有哪些？法律责任的形式又有哪些？
4. 什么是独立性？具体包括哪些内容?
5. 中国注册会计师职业道德基本原则包括哪些内容?

案 例 分 析

谈银广厦事件中审计方法的缺陷

银广厦作假事件中其管理当局固然要负首要责任，但从有关媒介披露的情况分析来看，中介机构在其审计过程中因未能严格遵循审计原则和方法，未能保持应有的职业谨慎而导致审计失败也应引起相当的重视。

首先，对银广厦进行年报审计的会计师事务所未能对关键证据亲自取证，这些重要的证据如海关报关单、银行对账单、重要出口商品单价等均是由被审计单位提供，进行审计的会计师未能采取必要的审计程序对这些证据的真假作进一步确认。审计准则要求进行审计的注册会计师应对重要的外部证据亲自取证，如对应收账款、银行存款的函证，函证的询证函必须由事务所发出。但在实际操作中，许多事务所为了省事，将询证函交与被审计单位由其发出，甚至于由其收回后交与会计师事务所，这就为被审计单位做假提供了极大的方便，而由此取得的所谓外部证据的真实性也就大打折扣。很显然在银广厦事件中，被审计单位向事务所提供了假报关单及其他虚假的外部证据。而在“活力 28”的年报造假案中，为了制造假报表，被审计单位居然伪造了高达几亿元人民币的银行进账单。姑且不论这些作假者的胆大妄为及其做假伎俩的高超，进行年报审计的会计师如果能在执业过程中恪尽职守，到银行、海关等地亲自取证，所有这些作假行为都是不难发现的。

其次，注册会计师在其审计过程中过分依赖被审计单位提供的会计资料亦可能是银广厦审计失败的原因之一。这里暴露了现在国内审计工作中一个并不罕见的问题——重实质性审计、轻符合性审计。这样做的一个重要弊端就是忽略了管理当局的品性以及对内部控制的充分了解，从而导致对审计风险的低估。有人可能会辩解说重视实质性审计正是为了降低审计风险，但这里有一个问题：如果管理当局提供的重要会计资料都是有意伪造的，这时再一味强调实质性审计岂不是正中了被审计单位为注册会计师设下的圈套。相反，如果审计人员能在审计之初多花点时间到生产、管理现场作符合性审计，与相关的工作人员——操作工、质检员、库管员、统计员、业务员等交谈询问，许多管理漏洞、真实的生产经营及销售情况是不难被发现的。另外，如果有必要，还应该对相关的供应商、代理商、消费者、类似产品的市场竞争者等外部环境进行调查。通过如此全面的调查取证，即使像 ST 黎明那样通过虚开增值税发票以虚增收入的做假行为亦不难发现。现在我们审计工作中的一个重大失误就是到生产、管理现场的时间太少，而大量时间浪费在对会计数据的整理和复核上，这样做的一个重大隐患是：如果被审计单位提供的会计资料严重失真，所有基于这些资料的实质性审计都没有意义。因为我国证券市场不够规范等客观因素使得对国内上市公司的审计风险非常高，这时更应该注意规避由于被审计单位管理当局不诚实所带来的审计风险。

另外，如果银广厦事件中审计的注册会计师没有参与做假，那么这些注册会计师在执业过程中是否保持了其应有的职业谨慎就是一个值得深究的问题。这表现在面对银广厦近乎奇迹般的增长时，主审会计师仍不可思议地、一如既往地相信其管理当局为其提供的所有证据；而另一方面许多“不知情”的股民及关注银广厦的社会人士却不止一次地对其惊人的业绩表示怀疑，以至《财经》的两位记者甘愿为此奔波一年有余。我们不禁要问：为什么凭着普通的逻辑思维得出的结论比专业会计师们通过严密的审计程序得出的结论更为真实呢？这究竟是巧合还是必然？是我们的注册会计师过于疏忽呢，还是我们的审计方法并非如我们想象的那样有用？一个不容忽视的现象是：我们的许多审计人员几乎是为了审计而审计，往往是审计工作底稿做得有板有眼，看起来滴水不漏，而实质上许多更重要的审计工作却有意无意地被疏忽了，如对管理当局的诚信调查，如对银行存款等重要证据的亲自取证。“实质重于形式”是审计工作中一项重要的指导原则，也许是由于人与生俱来的惰性和不求有功但求无过的心理，以致该原则并没有引起足够的重视和更有效的运用。据此也就不难理解为什么所谓的“外行”，如一般股民、《财经》杂志的记者等，会对一个股价上涨 440%的上市公司的业绩深表怀疑，并提出了有力的佐证；而作为专业人员的注册会计师却连续几年对该公司的年报审计发表无保留意见(这里，我们假设签字会计师并没有参与作假)。

如果说会计师对银广厦的审计失败完全是因为重大过失所致，那么这起事件的发生无疑是对我们审计人员的“专业性”的一个绝大讽刺。当然我们不能以偏概全，就此认为所有的审计方法都是无效的，或者认为所有审计工作都有问题，然而毋庸置疑的是现在普遍采用的审计方法和手段确实存在着许多不容忽视的漏洞。正视存在的问题，用更挑剔的眼光审查我们的审计工作应该是每一个有着社会责任感的审计工作者的当务之急。只有这样，我们才能取信于民，才能使那些作假者无处遁形。

(资料来源：中国审计教育网 www.shenji.org，2006-6-25)

第三章 审计目标与业务承接

【学习目标及要点】

通过本章的学习，使学生理解被审计单位管理层对财务报表的认定的内涵及类型，理解审计目标的含义和内容，及其与认定的关系；明确审计过程的阶段划分，了解各阶段主要的工作内容；理解审计业务约定书的含义，掌握审计业务约定书的主要内容。

【引例】A 公司是世界上向企业和个人提供语音和语言识别产品与服务的公司，微软和英特尔都对它有巨额的投资。然而会计丑闻和舞弊案件让该公司的股价大跌，使其不得不在比利时和美国申请破产保护。以下是该公司的销售和应收账款的信息：

(1) 从 20×6 年到 20×7 年，企业合并收入增长为原来的 184%。

(2) 尽管韩国市场非常难进入，但是从 20×8 年第一季度到 20×9 年第一季度，公司在该地区的收入还是从 97 000 美元增长到 59 000 000 美元。

(3) 在 20×9 年第二季度，销售额增长 104%，应收账款增长了 128%。

(4) 在 20×9 年度下半年，应收账款平均周转天数从 138 天增长到 160 天。表明公司急于通过给予客户过宽的付款条件促进销售。或者，表明公司在季度末的时候进行冲刺以获得良好的销售业绩。

思考：(1) 注册会计师最应关注有关销售的哪个审计目标？

(2) 注册会计师最应关注有关应收账款的哪个审计目标？

(资料来源：https://ishare.iask.sina.com.cn/f/1QuuvzWueuAV.html)

第一节 审 计 目 标

审计目标是指在一定的历史环境下，人们通过审计实践活动所期望达到的境地或最终结果。它包括审计总体目标和审计具体目标两个层次，审计的总体目标决定着审计的整个过程，审计的具体目标则是对总体目标的分解。在审计实务中只有确定了审计目标，才能确定适合的审计方法和审计程序，因此，确定审计目标通常被作为审计活动的起点。由于不同的审计主体在审计实践中的侧重点有所不同，因而就会形成不同的审计目标，下面以我国财务报表审计为例，说明审计目标。

一、审计总目标

审计的总目标是指注册会计师为完成整体审计工作而达到的预期目的。审计总目标既要考虑审计环境、审计技术，又要确立必要的原则。在执行财务报表审计工作时，注册会计师的总体目标是：①对财务报表整体是否不存在由于舞弊或错误导致的重大错报获取合理保证，使得注册会计师能够对财务报表是否在所有重大方面按照适用的财务报告编制基础编制发表审计意见；②按照审计准则的规定，根据审计结果对财务报表出具审计报告，并与管理层和治理层沟通。

在评价财务报表是否按照适用的会计准则和相关会计制度的规定编制时，注册会计师应当考虑下列内容：①选择和运用的会计政策是否符合适用的会计准则和相关会计制度，并适用被审计单位的情况；②管理层作出的会计估计是否合理；③财务报表反映的信息是否具有相关性、可靠性、可比性和可理解性；④财务报表是否做出充分披露，使财务报表使用者能够理解重大交易和事项对被审计单位财务状况、经营成果和现金流量的影响。

在评价财务报表是否做出公允反映时，注册会计师应当考虑下列内容：①经管理层调整后的财务报表是否与注册会计师对被审计单位及其环境的了解一致；②财务报表的列报、结构和内容是否合理；③财务报表是否真实地反映了交易和事项的经济实质。

二、财务报表审计中的责任划分

在财务报表审计中，被审计单位管理层和治理层与注册会计师承担着不同的责任，不能相互混淆和替代。明确划分责任，不仅可以督促双方履行各自的责任，为财务报表和审计报告使用者提供有用的经济信息，还可以保护双方的正当权益。

(一)被审计单位管理层与治理层的责任

在现代公司治理结构中，管理层作为会计工作的行为人，对编制财务报表负有直接责任。因此，在被审计单位治理层的监督下，按照适用的会计准则和相关会计制度的规定编制财务报表是被审计单位管理层的责任。管理层通过签署财务报表而确认自身的责任。被审计单位管理层对编制财务报表的责任具体包括以下内容。

1. 选择适用的会计准则和相关会计制度

被审计单位管理层应当根据会计主体的性质和财务报表的编制目的，选择适用的会计准则和相关会计制度，并按照适用的会计准则和相关的会计制度编制和列报财务报表。就会计主体的性质而言，民间非营利组织适用《民间非营利组织会计制度》；事业单位适用《事业单位会计制度》；企业则应根据其规模或行业性质，分别适合采用《企业会计准则》《企业会计制度》《金融企业会计制度》和《小企业会计制度》等。

2. 选择和运用恰当的会计政策

会计政策是指企业在会计确认、计量和报告中所采用的原则、基础和会计处理方法。管理层应根据企业的具体情况，选择和运用恰当的会计政策。

3. 根据企业的具体情况进行合理的会计估计

会计估计是指企业对其结果不确定的交易或事项以最近可利用的信息为基础所作出的判断。财务报表中涉及大量的会计估计，如固定资产的预计使用年限和净残值、应收账款的可收回资金、存货的可变现净值及预计负债的金额等。被审计单位管理层有责任根据企业的实际情况，做出合理的会计估计。

4. 设计、实施和维护与财务报表编制相关的内部控制

为了履行编制财务报表的职责，被审计单位管理层通常设计、实施和维护与财务报表

相关的内部控制，以保证财务报表不存在由于舞弊或错误而导致的重大错报。

(二)注册会计师的责任

按照中国注册会计师审计准则的规定对财务报表发表审计意见是注册会计师的责任。注册会计师作为独立的第三方，对财务报表发表审计意见，有利于提高财务报表的可信赖程度。为此，注册会计师应当遵守职业道德规范，按照审计准则的规定计划和实施审计工作，获取充分适当的审计证据，并得出合理的审计结论，发表恰当的审计意见。注册会计师通过签署审计报告确认其责任。

(三)两种责任不能相互取代

注册会计师执行的财务报表审计不能减轻被审计单位管理层和治理层的责任，注册会计师与审计单位管理层和治理层双方的责任也不可相互取代。财务报表的编制和审计是确保财务信息公开披露制度有效执行的两个重要环节。法律法规要求被审计单位管理层和治理层对编制财务报表承担责任，有利于从源头上保证财务信息质量。管理层和治理层作为内部人员，对企业的情况更为了解，更能做出适合企业特点的会计处理决策和判断。因此，管理层和治理层应对编制财务报表承担完全责任。尽管在审计过程中，注册会计师可能向管理层和治理层提出调整建议，甚至在不违反独立性的前提下为管理层编制财务报表提供协助，但管理层仍然对财务报表承担责任。

如果财务报表存在重大错报，而注册会计师通过审计没有能够发现，也不能因为财务报表已经注册会计师审计这一事实而减轻管理层和治理层对财务报表的责任。

三、被审计单位管理层对财务报表的认定与具体审计目标

由于审计总体目标概括性较强，无法指导具体的审计工作，有必要将审计总体目标分解为具体目标。具体审计目标是对审计总体目标的进一步具体化，是对具体报表项目或业务类别进行审计时所要查明的各项具体问题；具体审计目标的确定有助于注册会计师按照审计准则的要求收集充分、适当的审计证据，并根据对审计证据的要求设计并实施必要的审计程序。

(一)被审计单位管理层对财务报表的认定

在确定具体审计目标时，注册会计师应当考虑被审计单位管理层对财务报表所作出的认定。管理层对财务报表的认定是指被审计单位管理层对其财务报表各组成要素的确认、计量、列报作出的明确或隐含的表达。审计工作其实就是确定被审计单位管理层对财务报表的认定是否恰当。根据我国注册会计师审计准则，被审计单位管理层对财务报表的认定包括以下两个方面。

管理层对财务报表的认定.mp4

1. 关于各类交易、事项及相关披露的认定

注册会计师对所审计期间的各类交易、事项及相关披露运用的认定通常分为下列几类。

(1) 发生：记录或披露的交易和事项已发生，且与被审计单位有关。

(2) 完整性：所有应当记录的交易和事项均已记录，所有应当包括在财务报表中的相关披露均已包括。

(3) 准确性：与交易和事项有关的金额及其他数据已恰当记录，相关披露已得到恰当计量和描述。

(4) 截止：交易和事项已记录于正确的会计期间。

(5) 分类：交易和事项已记录于恰当的账户。

(6) 列报：交易和事项已被恰当地汇总或分解且表述清楚，相关披露在适用的财务报告编制基础下是相关的、可理解的。

例如，A 公司主营业务收入账户记录本月收入 100 万元，即意味着 A 公司管理层认定：本月实现主营业务收入为 100 万元；本月实现的主营业务收入都已记入主营业务收入账户；记录的金额 100 万元是正确的；记录的时间是恰当的；记录的账户也是恰当的。

2. 关于期末账户余额及相关披露的认定

注册会计师对期末账户余额及相关披露运用的认定通常分为下列几类。

(1) 存在：记录的资产、负债和所有者权益是存在的。

(2) 权利和义务：记录的资产由被审计单位拥有或控制，记录的负债是被审计单位应当履行的偿还义务。

(3) 完整性：所有应当记录的资产、负债和所有者权益均已记录，所有应当包括在财务报表中的相关披露均已包括。

(4) 准确性、计价和分摊：资产、负债和所有者权益以恰当的金额包括在财务报表中，与之相关的计价或分摊调整已恰当记录，相关披露已得到恰当计量和描述。

(5) 分类：资产、负债和所有者权益已记录于恰当的账户。

(6) 列报：资产、负债和所有者权益已被恰当地汇总或分解且表述清楚，相关披露在适用的财务报告编制基础下是相关的、可理解的。

例如，A 公司的短期投资账户余额为 100 万元，则表明 A 公司管理层对短期投资账户余额作了如下认定：短期投资存在；入账的短期投资都归 A 公司所有；A 公司所有的短期投资都已入账；入账的金额 100 万元是恰当的，并已包括在资产负债表中。

(二)具体审计目标

在明确了审计总体目标和管理层对财务报表的认定之后，注册会计师就可以据此确定每个项目的具体审计目标，并以此作为评估重大错报风险以及设计和实施进一步审计程序的基础。

具体审计目标 1.mp4

具体审计目标 2.mp4

1. 与各类交易、事项及相关披露相关的审计目标

与各类交易、事项及相关披露相关的审计目标具体如下。

(1) 发生：由发生认定推导出的审计目标是确认已记录的交易是真实的。真实性目标直接指向被审计单位管理层将不曾发生的交易或事项列入财务报表的错误。

(2) 完整性：由完整性认定推导出的审计目标是确认已发生的交易确实已经记录。完整性目标直接指向被审计单位管理层漏记已经发生的交易或事项的错误。

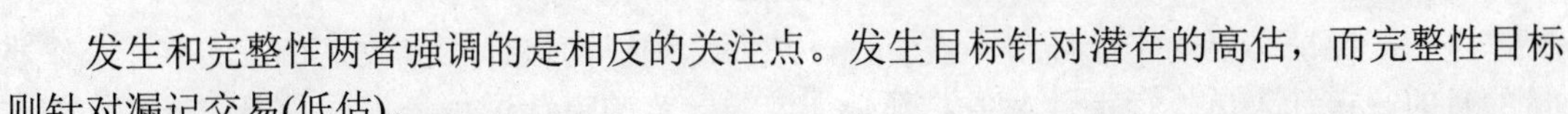

发生和完整性两者强调的是相反的关注点。发生目标针对潜在的高估，而完整性目标则针对漏记交易(低估)。

(3) 准确性：由准确性认定推导出的审计目标是确认已记录的交易是按正确金额反映的。准确性目标直接指向被审计单位管理层在处理交易过程中发生的金额计算上的错报。

准确性与发生、完整性之间存在区别。例如，若已记录的销售交易是不应当记录的(如发出的商品是寄销商品)，则即使发票金额是准确计算的，仍违反了发生目标。再如，若已入账的销售交易是对正确发出商品的记录，但金额计算错误，则违反了准确性目标，没有违反发生目标。在完整性与准确性之间也存在同样的关系。

(4) 截止：由截止认定推导出的审计目标是确认接近于资产负债表日的交易记录与恰当的会计期间。截止目标直接指向被审计单位人为调节交易确认期间的错报。

(5) 分类：由分类认定推导出的审计目标是确认被审计单位记录的交易经过适当的分类。分类目标直接指向被审计单位在交易处理中分类上的错报。

(6) 列报：由列报认定推导出的审计目标是确认被审计单位的交易和事项已被恰当地汇总或分解且表述清楚，相关披露在适用的财务报告编制基础下是相关的、可理解的。

2. 与期末账户余额及相关披露相关的审计目标

与期末账户余额及相关披露相关的审计目标具体如下。

(1) 存在：由存在认定推导出的审计目标是确认记录的金额确实存在。存在目标直接指向被审计单位管理层将并不存在的资产、负债和所有者权益列入资产负债表的错报。

(2) 权利和义务：由权利和义务认定推导出的审计目标是确认资产归属于被审计单位，负债属于被审计单位的义务。权利和义务目标直接指向被审计单位管理层将并不属于被审计单位的资产或非被审计单位的义务的负债列入资产负债表的错报。

(3) 完整性：由完整性认定推导出的审计目标是确认已存在的金额均已记录。完整性目标直接指向被审计单位管理层漏记实际存在的资产、负债和所有者权益的错报。

(4) 准确性、计价和分摊：资产、负债和所有者权益以恰当的金额包括在财务报表中，与之相关的计价或分摊调整已恰当记录。

(5) 分类：资产、负债和所有者权益已记录于恰当的账户。

(6) 列报：资产、负债和所有者权益已被恰当地汇总或分解且表述清楚，相关披露在适用的财务报告编制基础下是相关的、可理解的。

由上述介绍可知，被审计单位管理层对财务报表的认定是确定具体审计目标的基础。在审计过程中，审计人员通常将被审计单位管理层对财务报表的认定转化为能够通过审计程序予以实现的审计目标。并针对财务报表每一项目所表现出的各项认定，相应地确定一项或多项审计目标，然后紧紧围绕审计目标通过执行一系列审计程序，获取充分、适当的审计证据以对整个财务报表的合法性、公允性发表意见，从而最终实现审计总体目标。

第二节 审 计 过 程

审计过程是指审计人员对审计项目从开始到结束的整个过程。正确确定审计过程，遵循审计的工作步骤，可以使审计工作有组织、有计划、有条不紊地顺利进行，能随时掌握工作进度，保证必要的审计环节不被忽视，从而达到提高审计工作效率和保证审计工作质量的目的。审计人员执行审计业务，都必须遵循一定的审计过程。根据我国审计工作的实践，审计过程大致可分为以下几个阶段。

一、审计的计划阶段

审计的计划阶段也被称为审计准备阶段，是审计人员从准备接受任务开始到具体实施外勤工作之前的整个准备过程。它是整个审计工作的起点和基础。准备阶段的工作做得认真细致，考虑得周到全面，拟订的审计计划就切合实际，也就为整个审计工作有的放矢、有序进行打下了良好的基础。其主要工作包括：初步了解业务环境并考虑是否接受业务委托、与被审计单位签订审计约定书、初步评估重大错报风险、确定重要性水平、分析审计风险、编制审计计划等。

(一)初步了解业务环境并考虑是否接受业务委托

接受或保持客户关系和具体审计业务是注册会计师开展业务活动的第一个环节，也是防范业务风险的重要环节。会计师事务所应当按照执业准则的规定，谨慎决定是否接受或保持客户关系和具体审计业务。在接受新客户的业务之前，或决定是否保持现有业务或考虑接受现有客户的新业务时，会计师事务所应当根据具体情况获取如下信息：①考虑客户的诚信，没有信息表明客户缺乏诚信；②具体执行业务必要的素质、专业胜任能力、时间和资源；③能够遵守职业道德规范。

许多事实证明，会计师事务所接受一个错误的客户带来的损失，远远高于来源于这个客户的收费。由于客户原因导致的审计失败，使得会计师事务所陷于诉讼和声誉下降等带来的无形损失难以估算和无法弥补。因此，会计师事务所要加强在客户承接和保持上的管理，不轻易接受不符合条件的客户。

审计人员在接受审计委托之前，应当初步了解业务环境。业务环境包括业务约定事项、鉴证对象特征、使用的标准、预期使用者的需求、责任方及其环境的相关特征，以及可能对审计业务产生重大影响的事项、交易、条件和惯例等其他事项。在初步了解业务环境后，审计人员应当考虑承接该业务是否符合独立性和专业胜任能力等相关职业道德规范的要求，从而作出是否接受审计委托的决定。

(二)签订审计约定书

一旦决定接受业务委托，会计师事务所应当与客户就审计约定条款达成一致意见。对于连续审计，会计师事务所应当考虑是否需要根据具体情况修改业务约定书条款，以及是否需要提醒客户注意现有的业务约定书。

签订审计业务约定书可以为注册会计师执行审计业务提供依据，可以促进会计师事务所和委托人之间的相互了解和合作，可以为可能发生的相关法律诉讼提供明确责任的证明。因此，会计师事务所必须慎重签约。

(三)了解被审计单位及其环境并评估重大错报风险

注册会计师应当了解被审计单位及其环境，以能够识别和评估财务报表重大错报风险，设计和实施进一步审计程序。了解被审计单位及其环境是一个连续和动态地收集、更新与分析信息的过程，贯穿整个审计过程的始终，在审计的准备阶段为注册会计师确定重要性水平、设计和实施进一步审计程序等关键环节作出职业判断提供了重要基础。

注册会计师应当从下列方面了解被审计单位及其环境：行业状况、法律环境与监管环境以及其他外部因素；被审计单位的性质；被审计单位对会计政策的选择和运用；被审计单位的目标、战略以及相关经营风险；被审计单位财务业绩的衡量和评价；被审计单位的内部控制等。

重大错报风险是指财务报表在审计前存在重大错报的可能性。注册会计师应当从财务报表层次以及各类交易、账户余额和披露认定层次考虑重大错报风险。

注册会计师在识别和评估重大错报风险时，应当实施下列审计程序。

(1) 在了解被审计单位及其环境的整个过程中识别风险，并考虑各类交易、账户余额和披露。

(2) 将识别的风险与认定层次可能发生错报的领域相联系。

(3) 考虑识别的风险是否重大。

(4) 考虑识别的风险导致财务报表发生重大错报的可能性。

(四)确定重要性水平

重要性取决于在具体环境下对错报金额和性质的判断。如果一项错报单独或连同其他错报可能影响财务报表使用者依据财务报表作出的经济决策，则该项错报是重大的。

在审计计划阶段，注册会计师在确定审计程序的性质、时间和范围时，需要考虑计划的重要性水平。在计划审计工作时，注册会计师应当考虑导致财务报表发生重大错报的原因，并应当在了解被审计单位及其环境的基础上，确定一个可接受的重要性水平，即首先为财务报表层次确定重要性水平，以发现金额上的重大错报。同时，注册会计师还应当评估各类交易、账户余额及披露认定层次的重要性，以便确定进一步审计程序的性质、时间和范围，将审计风险降至可接受的低水平。

(五)分析审计风险

审计风险是指会计报表中存在重大错报或漏报，审计人员审计后发表不恰当审计意见的可能性。审计风险水平是衡量和控制审计质量的一个重要指标。如果审计人员要确保发表的审计报告有 96%的把握是正确的，那么，他就应当将审计风险控制在 4%以下，并据此在审计计划中设计适当的审计程序，以便将审计风险控制在 4%以下。因此，审计风险也是审计人员编制审计计划的重要依据。

(六)编制审计计划

审计计划是根据审计任务和具体情况所拟订审计工作的具体行为方案。审计计划是否切合实际、是否具体可行、是否科学合理、是否满足审计目的要求是审计工作成败的关键。因此，编制一个好的审计计划可使审计工作有计划、有目的地顺利开展，可保证合理的审计成本，提高审计工作的效率和质量。对审计人员而言，不论什么审计项目，也不论其业务繁简，审计计划都是至关重要的。

审计计划分为总体审计策略和具体审计计划两个层次。总体审计策略用以确定审计范围、时间和方向，并指导制定具体审计计划。具体审计计划比总体审计策略更加详细，其内容包括为获取充分、适当的审计证据以将审计风险降至可接受的低水平，项目组成员拟实施的审计程序的性质、时间和范围。

计划审计工作不是审计业务的一个孤立阶段，而是一个持续的、不断修正的过程，贯穿于整个审计过程的始终。

二、审计的实施阶段

审计风险导向方法要求，注册会计师在审计过程中必须实施风险评估程序，但实施风险评估程序本身不足以为发表审计意见提供充分、适当的审计证据，注册会计师还应当实施进一步审计程序，包括实施控制测试和实质性程序。因此，在审计实施阶段，注册会计师评估重大错报风险后，应当运用职业判断，针对评估的财务报表层次重大错报风险确定总体应对措施，并针对评估的认定层次重大错报风险设计和实施进一步审计程序，以将审计风险降至可接受的低水平。

审计的实施阶段是审计全过程的中心环节，也是整个审计工作的关键阶段。审计人员根据审计计划的要求，进行审计取证和评价，借以形成审计结论。其主要工作包括：对被审计单位内部控制的建立及遵守情况进行控制测试，根据测试结果修订审计计划；对会计报表项目的数据执行实质性程序，根据测试结果进行评价和鉴定。

(一)控制测试

控制测试指的是测试控制运行的有效性。当存在下列情形之一时，注册会计师应当实施控制测试：①在评估认定层次重大错报风险时，预期控制的运行是有效的；②仅实施实质性程序不足以提供认定层次充分、适当的审计证据。

在测试控制运行的有效性时，注册会计师应当从下列几个方面获取关于控制是否有效运行的审计证据。

(1) 控制在所审计期间的不同时点是如何运行的。

(2) 控制是否得到一贯执行。

(3) 控制由谁执行。

(4) 控制以何种方式运行。

(二)实质性程序

实质性程序是指注册会计师针对评估的重大错报风险实施的直接用以发现认定层次重大错报的审计程序。实质性程序包括对各类交易、账户余额、披露的细节测试以及实质性分析程序。

由于注册会计师对重大错报风险的评估是一种判断，可能无法充分识别所有的重大错报风险，并且由于内部控制存在固有局限性，无论评估的重大错报风险结果如何，注册会计师都应当针对所有重大的各类交易、账户余额、披露实施实质性程序。

注册会计师实施的实质性程序应当包括下列与财务报表编制完成阶段相关的审计程序。

(1) 将财务报表与其所依据的会计记录相核对。

(2) 检查财务报表编制过程中作出的重大会计分录和其他会计调整。

三、审计的终结阶段

审计人员在实施阶段各项工作完成以后，就转入审计的终结阶段的审计工作。终结阶段是形成审计意见的关键阶段，表明实质性的项目审计工作结束。做好终结阶段的工作，对于体现整个审计工作的成果，考核审计工作的质量，有其重要的意义。这个阶段的工作主要包括：整理评价审计证据；复核审计工作底稿；形成审计意见，编制审计报告。

(一)整理评价审计证据

为了有效评价被审计单位的经济活动，根据审计目的作出正确的审计结论和意见就必须将在实施阶段中所收集的分散的、个别的审计证据予以整理、分析、归纳，去伪存真、去粗取精，形成具有充分证明力的证据，作为编写审计报告的合理依据。

(二)复核审计工作底稿

审计工作底稿，是指注册会计师对制定的审计计划、实施的审计程序、获取的相关审计证据以及得出的审计结论作出的记录。

审计工作底稿是审计证据的载体，是审计人员形成审计结论和意见的极为重要的依据。但是由于审计工作底稿是各审计人员根据自己的取证记录独立编写的，因而难免存在主观性和片面性，也不可能是分类、归纳有序的记录。为了保证审计质量，有必要对审计工作底稿进行复核，以最终确定其可靠性。经过审计小组的讨论，取得基本一致意见就可以对被审计单位的经济活动作出基本评价。

(三)编制审计报告

审计报告，是指审计人员在实施审计工作的基础上对被审计单位财务报表发表审计意见的书面文件。审计报告表明了审计工作的最终成果，体现了审计工作的质量。

第三节　会计师事务所业务承接

在计划审计工作阶段，注册会计师需要做出的最重要的决策之一就是是否接受或保持客户。这一决策对未来审计风险的大小以及审计人员在审计工作结束后所承担的法律责任都会产生重要的影响。因此，注册会计师在决定是否接受客户的业务委托时，应当进行充分、谨慎的考虑。

一、接受业务委托

尽管注册会计师行业的竞争越来越激烈，但按照执业准则的规定，注册会计师及会计

师事务所对于是否接受或保持和客户的合作关系仍然应当做出谨慎决策。因为如果会计师事务所接受了缺乏诚信或高风险的客户，一旦发生审计失败，这些客户给会计师事务所带来的损失可能远比其带来的收益更大。对客户的接受和续约主要应当考虑以下几个因素。

(一)被审计单位的基本情况

注册会计师及会计师事务所在接受新客户之前，首先应了解被审计单位及其环境。注册会计师在对被审计单位基本情况进行了解后，既可以确定是否接受委托，还可以根据掌握的情况考虑如何安排进一步的审计工作。其中，应了解的被审计单位基本情况包括：业务性质、经营规模和组织结构；经营情况和经营风险；以前年度接受审计的情况；财务会计机构及工作组织；其他与签订业务约定书相关的事项。

(二)评价自身的独立性和专业胜任能力

独立性是注册会计师执业的灵魂和基石，它要求注册会计师在提供审计和其他鉴证业务时应当保持实质上和形式上的独立性，而专业胜任能力是高质量审计的技术保障。我国审计准则中对胜任能力提出了要求：审计工作应由具备专门学识与经验并经过适当专业训练的人担任。独立性和专业胜任能力共同保证了审计质量。我国职业道德守则要求会计师事务所和注册会计师不得承办不能胜任的业务，并要求注册会计师自身对该业务的独立性进行充分评价，会计师事务所在配备审计人员时也必须仔细考虑独立性因素。因此，会计师事务所自身评价的主要内容包括以下三个方面：一是评价执行审计业务的能力，由此确定审计小组的关键成员并考虑在审计过程中是否需要借助外部专家的协助。二是评价独立性，即会计师事务所及注册会计师应当从实质上和形式上两方面判断独立性。评价实质上的独立性是指评价注册会计师能否不受损害职业判断因素的影响，做到诚信行事、遵循客观和公正原则以及保持职业怀疑态度。评价形式上的独立性是指注册会计师的业务实施能否使一个理性且掌握充分信息的第三方在权衡所有相关事实的情况后，认为其没有损害诚信、客观、公正原则或职业怀疑态度。三是评价保持应有谨慎性的能力。

审计人员除评价自身的独立性和专业胜任能力之外，有时还需要考虑是否能获得计算机专业技术人员以及熟悉法律、工程等方面的专家的协助，以便解决审计过程中的特殊问题。在计划利用专家工作时，审计人员应当对专家的专业胜任能力和独立性进行评价。审计人员在评价专家的专业胜任能力时，应当考虑其专业资格、专业经验与声望等。在评价专家的独立性时，应当考虑专家与被审计单位是否存在重大经济利益关系，专家及其直系亲属在被审计单位的有关部门是否担任重要职务等。

除此之外，会计师事务所还应当考虑是否有足够的时间和资源完成该客户所委托的业务。如果会计师事务所并不具备足够的时间和资源，则不应当贸然接受业务委托。

(三)与前任注册会计师的沟通

承接一个新客户之前，会计师事务所除了直接获取客户信息之外，还可以通过与前任注册会计师的沟通获取信息。《中国注册会计师审计准则第 1153 号——前任注册会计师和后任注册会计师的沟通》规定，会计师事务所在接受委托前，后任注册会计师应当与前任注册会计师进行必要沟通，并对沟通结果进行评价，以确定是否接受委托。

后任注册会计师应当提请被审计单位以书面方式同意前任注册会计师对其询问作出充分答复。如果被审计单位不同意前任注册会计师作出答复，或限制答复的范围，后任注册会计师应当向被审计单位询问原因，并考虑是否接受委托。后任注册会计师向前任注册会计师询问的内容应当合理、具体，至少包括以下几个方面：是否发现被审计单位管理层存在正直和诚信方面的问题；前任注册会计师与管理层在重大会计、审计等问题上存在的意见分歧；前任注册会计师向被审计单位治理层通报的管理层舞弊、违反法律法规行为以及值得关注的内部控制缺陷；前任注册会计师认为导致被审计单位变更会计师事务所的原因等。

(四)与老客户续约

会计师事务所每年都应对老客户进行评价以确定是否存在不再审计的理由。以前年度审计工作中如在审计范围、所出具的意见类型或审计收费方面存在分歧，则可能会导致会计师事务所终止与被审计单位的业务关系。

除此之外，会计师事务所也可能因为被审计单位的风险过高而决定不再为其继续提供审计服务。例如，会计师事务所可能认为政府机构与被审计单位之间在管制上存在很大的冲突风险，进而会导致被审计单位遭遇财务失败并最终使会计师事务所面临法律诉讼。在这种情况下，会计师事务所即使接受该客户会带来很大的短期收益，但由于其长期风险可能超过接受该业务带来的短期利益而使得会计师事务所拒绝接受该业务委托。

(五)特别因素的考虑

注册会计师在决定是否接受或保留客户时还应当考虑一些特别因素，如被审计单位是否面临某些特殊的风险、客户是否正陷入主管机构或政府部门的调查、是否涉及违反银行债务契约而受到起诉、主要管理人员正在接受司法部门的调查等。上述特别因素将对审计风险造成影响，因此在接受委托时必须慎重考虑。

二、确定审计的前提条件

审计的前提条件是指管理层在编制财务报表时采用可接受的财务报告编制基础以及管理层对注册会计师执行审计工作的前提的认同。《中国注册会计师审计准则第 1111 号——就审计业务约定条款达成一致意见》规定，为了确定审计的前提条件是否存在，注册会计师应当确定管理层在编制财务报表时采用的财务报告编制基础是否为可接受的，并就管理层认可并理解其责任与管理层达成一致意见。

(一)确定财务报告编制基础

《中国注册会计师鉴证业务基本准则》指出适当的标准是承接鉴证业务的条件之一。适当的标准使注册会计师能够运用职业判断对鉴证对象作出合理一致的评价或计量。因此，“适当的标准”对承接鉴证业务来说至关重要。

对于通用目的财务报表而言，在注册会计师确定财务报告编制基础是否可接受时，注册会计师通常需要考虑诸多因素，主要包括：被审计单位的性质、财务报表的目的、财务报表的性质以及法律法规是否规定了适用的财务报告编制基础。而对特殊目的财务报表而言，注册会计师还应当了解财务报表的编制目的、预期使用者以及管理层为确定财务报告编制基础在具体情况下的可接受性所采取的措施。

(二)就管理层的责任达成一致意见

审计准则除了对财务报表的编制基础作出具体规范之外，还对管理层责任的具体内容作出了一定说明。其中，审计准则规定管理层的责任应当包括：按照适用的财务报告编制基础编制财务报表，并使其实现公允反映(如适用)；设计、执行和维护必要的内部控制，以使财务报表不存在由于舞弊或错误导致的重大错报；向注册会计师提供必要的工作条件，包括允许注册会计师接触与编制财务报表相关的所有信息(如记录、文件和其他事项)，向注册会计师提供审计所需要的其他信息，允许注册会计师在获取审计证据时不受限制地接触其认为必要的内部人员和其他相关人员。

在审计实施之前，管理层认可并理解其责任对注册会计师执行审计工作至关重要。按照《中国注册会计师审计准则第1341号——书面声明》中的规定，注册会计师应当要求管理层就其已履行的某些责任提供书面声明。因此，注册会计师需要获取针对管理层责任的书面声明、其他审计准则要求的书面声明以及在必要时需要获取用于支持其他审计证据(用以支持财务报表或者一项或多项具体认定)的书面声明。如果管理层不认可其责任或不同意提供书面声明，则注册会计师承接此类业务是不恰当的。如果法律法规要求承接此类业务，注册会计师可能还需要向管理层解释出具书面声明的重要性以及对审计报告的影响。

三、签订审计业务约定书

审计业务约定书是指会计师事务所与被审计单位签订的，用以记录和确认审计业务的委托与受托关系、审计目标和范围、双方的责任以及报告的格式等事项的书面协议。

会计师事务所承接任何审计业务，都应与被审计单位签订审计业务约定书。签订审计业务约定书，有利于明确约定双方的责任与义务，有利于促进双方遵守约定事项并加强合作，有利于保护审计组织与被审计单位之间的利益。

(一)审计业务约定书的基本内容

审计业务约定书的具体内容可能因被审计单位的不同而存在差异，但应当包括下列主要方面：

① 财务报表审计的目标与范围；

② 注册会计师的责任；

③ 管理层的责任；

④ 指出用于编制财务报表所适用的财务报告编制基础；

⑤ 提及注册会计师拟出具的审计报告的预期形式和内容，以及对在特定情况下出具的审计报告可能不同于预期形式和内容的说明。

审计业务约定书可参考以下格式。

审计业务约定书

甲方：

乙方：

兹由甲方委托乙方进行××××审计，经双方协商，达成如下约定：

一、业务范围与审计目标

1. 乙方接受甲方委托，对甲方按照企业会计准则及《企业会计制度》编制的×年×月×日的资产负债表，×年度的利润表和现金流量表以及财务报表附注(以下统称财务报表)进行审计。

2. 乙方通过执行审计工作，对财务报表的下列方面发表审计意见：①财务报表是否按照企业会计准则及《企业会计制度》的规定编制；②财务报表是否在所有重大方面公允反映甲方的财务状况、经营成果和现金流量。

3. 乙方对甲方的×年度经营情况进行审计。

二、甲方的责任与义务

(一)甲方的责任

1. 根据《中华人民共和国会计法》及《企业财务会计报告条例》，甲方及甲方负责人有责任保证会计资料的真实性和完整性。因此，甲方管理层有责任妥善保存和提供会计记录(包括但不限于会计凭证、会计账簿及其他会计资料)，这些记录必须真实、完整地反映甲方的财务状况、经营成果和现金流量。

2. 按照企业会计准则的规定编制财务报表是甲方管理层的责任，这种责任包括：

(1) 设计、实施和维护与财务报表编制相关的内部控制，以使财务报表不存在由于舞弊或错误而导致的重大错报；

(2) 选择和运用恰当的会计政策；

(3) 作出合理的会计估计。

(二)甲方的义务

1. 及时为乙方提供其所要求的全部会计资料和其他有关资料(在×年×月×日之前提供审计所需的全部资料)，并保证所提供资料的真实性和完整性。

2. 确保乙方不受限制地接触任何与审计有关的记录、文件和所需的其他信息。

3. 甲方管理层对其作出的与审计有关的声明予以书面确认。

4. 为乙方派出的有关工作人员提供必要的工作条件和协助，主要事项将由乙方于外勤工作开始前提供清单。

5. 按本约定书的约定及时足额支付审计费用以及乙方人员在审计期间的交通、食宿、询证等其他相关费用。

三、乙方的责任和义务

(一)乙方的责任

1. 乙方的责任是在实施审计工作的基础上对甲方发表审计意见。乙方按照中国注册会计师审计准则(以下简称审计准则)的规定进行审计。审计准则要求注册会计师遵守职业道德规范，计划和实施审计工作，以对财务报表是否不存在重大错报获取合理保证。

2. 审计工作涉及实施审计程序，以获取有关财务金额和披露的审计证据。选择的审计

程序取决于乙方的判断，包括对由于舞弊或错误导致的财务重大错报风险的评估。在进行风险评估时，乙方考虑与财务报表编制相关的内部控制，以设计恰当的审计程序，但目的并非对内部控制的有效性发表意见。审计工作还包括评价管理层选用会计政策的恰当性和作出会计估计的合理性，以及评价财务报表的总体列报。

3. 乙方需要合理计划和实施审计工作，以使乙方能够获取充分、适当的审计证据，为甲方财务报表是否不存在重大错报获取合理保证。

4. 乙方有责任在审计报告中指明，所发现的甲方在某重大方面没有遵循《企业会计准则》编制财务报表且未按乙方的建议进行调整的事项。

5. 由于测试的性质和审计的其他固有限制，以及内部控制的固有局限性，不可避免地存在着某些重大错报在审计后可能仍然未被乙方发现的风险。

6. 在审计过程中，乙方若发现甲方内部控制存在乙方认为的重要缺陷，应向甲方提交管理建议书。但乙方在管理建议书中提出的各种事项，并不代表已全面说明所有可能存在的缺陷或已提出所有可行的改善建议。甲方在实施乙方提出的改善建议前应全面评估其影响。未经乙方书面许可，甲方不得向任何第三方提供乙方出具的管理建议书。

7. 乙方的审计不能减轻甲方及甲方管理层的责任。

(二)乙方的义务

1. 按照约定时间完成审计工作，出具审计报告。乙方应于××××年××月××日前出具审计报告。

2. 除下列情况外，乙方应当对执行业务过程中知悉的甲方信息予以保密:

(1) 取得甲方的授权;

(2) 根据法律法规的规定，为法律诉讼准备文件或提供证据，以及向监管机构报告发现的违反法规行为;

(3) 接受行业协会和监管机构依法进行的质量检查;

(4) 监管机构对乙方进行行政处罚(包括监管机构处罚前的调查、听证)以及乙方对此提起行政复议。

四、商定的沟通对象

双方商定，乙方在根据审计准则的规定与治理层沟通时，主要与甲方董事会或执行董事进行沟通。同时，乙方保留针对特定事项或在特定情形下与甲方董事会沟通的权利。

五、审计收费

1. 乙方预计本次审计服务的费用为××××。

2. 甲方应于本约定书签署之日起××日内预支付××%的审计费用，其余款项于提交审计报告时结清。

3. 由于无法预见的原因，致使乙方从事本约定书所涉及的审计服务实际时间较本约定书签订时预计的时间有明显的增加或减少时，甲、乙双方应通过协商。

4. 如果由于无法预见的原因，致使本约定书所涉及的审计服务不再进行，如上述情况发生于乙方人员完成现场审计工作，并离开甲方的工作现场之后，甲方应向乙方支付人民币壹万元的补偿费，该补偿费应于甲方收到乙方的收款通知之日起五日内支付。

5. 与本次审计有关的其他费用(包括交通费、食宿费、询证费等)由甲方承担。

六、审计报告的出具及使用限制

1. 乙方按《中国注册会计师审计准则第1501号——审计报告》和《中国注册会计师审

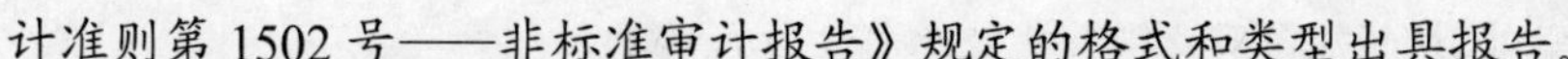

计准则第 1502 号——非标准审计报告》规定的格式和类型出具报告。

2. 乙方向甲方致送审计报告一式×份。

3. 甲方在提交或对外公布审计报告时，不得修改乙方出具的审计报告及其后附的已审计财务报表。当甲方认为有必要修改会计数据、报表附注和所作的说明时，应当事先通知乙方，乙方将考虑有关的修改对审计报告的影响，必要时，将重新出具审计报告。

七、本约定书的有效期间

本约定书自签署之日起生效，并在双方履行完毕本约定书约定的所有义务后终止。

八、约定事项的变更

如果出现不可预见的情况，影响审计工作如期完成，或需要提前出具审计报告，甲、乙双方均可要求变更约定事项，但应及时通知对方，并由双方协商解决。

九、终止条款

1. 如果根据乙方的职业道德及其他有关专业职责、适用的法律法规或其他任何法定的要求，乙方认为已不适宜继续为甲方提供本约定书约定的审计服务时，乙方可以采取向甲方提出合理通知的方式终止履行本约定书。

2. 在终止业务约定的情况下，乙方有权就其于本约定书终止之日前对约定的审计服务项目所做的工作收取合理的审计费用。

十、违约责任

甲、乙双方按照《中华人民共和国合同法》的规定承担违约责任。

十一、适用法律和争议解决

本约定书的所有方面均应适用中华人民共和国法律进行解释并受其约束。本约定书履行地为乙方出具审计报告所在地，因本约定书所引起的或与本约定书有关的任何纠纷或争议(包括关于本约定书条款的存在、效力或终止，或无效之后果)，双方选择以下第 1 种解决方式：1. 向有管辖权的人民法院提起诉讼；　2. 提交×仲裁委员会仲裁。

十二、双方对其他有关事项的约定

本约定书一式两份，甲、乙方各执一份，具有同等法律效力。

甲方：	乙方：
法定代表人 (或其授权代表)：	法定代表人 (或其授权代表)：
签约日期：　　年　　月　　日	签约日期：　　年　　月　　日

(二)审计业务约定书的特殊考虑

审计业务约定书的特殊考虑具体如下。

1. 考虑特定需要

如果情况需要，注册会计师还应当考虑在审计业务约定书中列明下列内容：

(1) 详细说明审计工作的范围，包括提及适用的法律法规、审计准则，以及注册会计师协会发布的职业道德守则和其他公告；

(2) 对审计业务结果的其他沟通形式；

(3) 说明由于审计和内部控制的固有限制，即使审计工作按照审计准则的规定得到恰当的计划和执行，仍不可避免地存在某些重大错报未被发现的风险；

(4) 计划和执行审计工作的安排，包括审计项目组的构成；

(5) 管理层确认将提供书面声明；

(6) 管理层同意向注册会计师及时提供财务报表草稿和其他所有附带信息，以使注册会计师能够按照预定的时间表完成审计工作；

(7) 管理层同意告知注册会计师在审计报告日至财务报表报出日之间注意到的可能影响财务报表的事实；

(8) 收费的计算基础和收费安排；

(9) 管理层确认收到审计业务约定书并同意其中的条款；

(10) 在某些方面对利用其他注册会计师和专家工作的安排；

(11) 对审计涉及的内部审计人员和被审计单位其他员工工作的安排；

(12) 在首次审计的情况下，与前任注册会计师(如存在)沟通的安排；

(13) 说明对注册会计师责任可能存在的限制；

(14) 注册会计师与被审计单位之间需要达成进一步协议的事项；

(15) 向其他机构或人员提供审计工作底稿的义务。

2. 组成部分的审计

如果母公司的注册会计师同时也是组成部分注册会计师，需要考虑相关因素，决定是否向组成部分单独致送审计业务约定书。

3. 连续审计

对于连续审计，注册会计师应当根据具体情况评估是否需要对审计业务约定条款作出修改，以及是否需要提醒被审计单位注意现有的条款。注册会计师可以决定不在每期都递送新的审计业务约定书或其他书面协议。

4. 审计业务约定条款的变更

审计业务约定条款的变更具体如下。

(1) 变更审计业务约定条款的要求。在完成审计业务前，如果被审计单位或委托人要求将审计业务变更为保证程度较低的业务，注册会计师应当确定是否存在合理理由予以变更。

下列原因可能导致被审计单位要求变更业务：环境变化对审计服务的需求产生影响；对原来要求的审计业务的性质存在误解；无论是管理层施加的还是其他情况引起的审计范围受到限制。上述第一项和第二项通常被认为是变更业务的合理理由，但如果有迹象表明该变更要求与错误的、不完整的或者不能令人满意的信息有关，注册会计师不应认为该变更是合理的。

如果没有合理的理由，注册会计师不应同意变更业务。如果注册会计师不同意变更审计业务约定条款，而管理层又不允许继续执行原审计业务，注册会计师应当：在适用的法律法规允许的情况下，解除审计业务约定；确定是否有约定义务或其他义务向治理层、所

有者或监管机构等报告该事项。

(2) 变更为审阅业务或相关服务业务的要求。在同意将审计业务变更为审阅业务或相关服务业务前，接受委托按照审计准则执行审计工作的注册会计师，除考虑上述(1)中提及的事项外，还需要评估变更业务对法律责任或业务约定的影响。

如果注册会计师认为将审计业务变更为审阅业务或相关服务业务具有合理理由，截至变更日已执行的审计工作可能与变更后的业务相关，相应地，注册会计师需要执行的工作和出具的报告会适用于变更后的业务。为避免引起报告使用者的误解，对相关服务业务出具的报告不应提及原审计业务和在原审计业务中已执行的程序。只有将审计业务变更为执行商定程序业务，注册会计师才可在报告中提及已执行的程序。

本章小结

审计目标包括总体审计目标及具体审计目标。注册会计师的总体目标是：①对财务报表整体是否不存在由于舞弊或错误导致的重大错报获取合理保证，使得注册会计师能够对财务报表是否在所有重大方面按照适用的财务报告编制基础编制发表审计意见；②按照审计准则的规定，根据审计结果对财务报表出具审计报告，并与管理层和治理层沟通。在确定具体审计目标时，注册会计师应当考虑被审计单位管理层对财务报表所作出的认定。管理层对财务报表的认定是指被审计单位管理层对其财务报表各组成要素的确认、计量、列报作出的明确或隐含的表达。具体审计目标包括：

(1) 与各类交易、事项及相关披露相关的审计目标；

(2) 与期末账户余额及相关披露相关的审计目标。

审计过程是指审计人员对审计项目从开始到结束的整个过程。审计过程大致可分为以下几个阶段。

(1) 审计的计划阶段，包括：初步了解业务环境并考虑是否接受业务委托，签订审计约定书，了解被审计单位及其环境并评估重大错报风险，确定重要性水平，分析审计风险，编制审计计划。

(2) 审计的实施阶段，包括控制测试及实质性程序。

(3) 审计的终结阶段，包括整理评价审计证据，复核审计工作底稿，编制审计报告。

注册会计师在决定是否接受客户的业务委托时，涉及以下内容。

(1) 接受业务委托，需要考虑以下几点内容：被审计单位的基本情况，评价自身的独立性和专业胜任能力，与前任注册会计师的沟通，与老客户续约，特别因素的考虑。

(2) 确定审计的前提条件，需要确定财务报告编制基础和就管理层的责任达成一致意见。

(3) 签订审计业务约定书。

自　测　题

1. 什么是审计过程？审计过程包括哪几个阶段？各阶段的具体工作包括哪些？

2. 审计业务约定书包括哪些内容？

3. 注册会计师的总体审计目标是什么？

4. 注册会计师的具体审计目标包括哪两个方面？每一方面具体有哪些内容？

案例分析

宝信会计师事务所审计业务承接案例

美联股份有限公司是纺织行业的上市公司，2011 年发行社会公众股并上市交易，受政府的优惠政策的支持，业绩相当不错，上市当年的每股收益为 0.433 元，但在 2012 年企业开始出现下滑的趋势，每股收益为 0.200 元。公司目前在准备 2015 年的年度审计，并打算聘请宝信会计师事务所进行年度审计。宝信会计师事务所在接受该公司委托前通过公开渠道了解到如下信息：

① 2013 年、2014 年两年的业绩相当不理想，每股收益分别为 0.155 元和 0.100 元。

② 2015 年未经审计的中期报表的每股收益为 0.090 元。

③ 2015 年 12 月 5 日公告了其进行资产重组的消息。

④ 2013 年、2014 年从事该公司年度报表审计的事务所是大胜会计师事务所。

⑤ 公司在 2015 年 2 月 26 日宣布组建电子商务网络公司，并处于控股地位。

(1) 在接受委托前，作为注册会计师，有两项工作要进行。

首先，在征得客户美联公司同意之后，向前任的大胜会计师事务所进行了解与询问，寻找美联公司更换会计师事务所的理由。如果美联公司不同意与前任会计师事务所接触，或者大胜会计师事务所是因坚持会计原则而被上市公司更换的话，则宝信会计师事务所就要考虑是否放弃与美联公司的签约。

其次，从上市公司近两年的年报及当年的中报来看，通过分析性程序，经营业绩持续下降，要考虑美联公司在经营过程中，是否出现无法持续经营的情况。如果经过判断，认为美联公司很有可能出现无法持续经营的情况，注册会计师就要事先与上市公司商讨，就公司目前状况，很可能会被出具非标准审计报告，并在签约书中有所表示。

(2) 在制定审计计划过程中，要重点对 12 月份发生的资产重组事件进行关注，并进行专项审计。要查明该项资产重组是否实质上完成。要防止上市公司利用资产重组进行盈余管理。对美联公司宣布组建电子商务网络公司一事，注册会计师除了要查清所有的合同、文件以及董事会纪要之外，还要求公司在会计报表中以附注的形式予以中肯的说明。注册会计师在审计计划中，还要对上述资料予以重点复核。并要求在审计报告中，用解释段再一次强调。特别是进展程度及其可行性。

(资料来源：doc.docsou.com)

第四章　计划审计工作

【学习目标及要点】

通过本章的学习，应了解总体审计策略和具体审计计划的内容及基本要求，掌握重要性的含义，掌握财务报表层次重要性水平的确定方法，理解评价审计结果时对重要性的运用，掌握审计风险的含义及要素，理解识别和评估重大错报风险的审计程序，正确理解审计重要性与审计风险的关系。

【引例】如何发现审计预警信号

华兴玩具公司是国内最大的玩具生产厂家之一。多年来，这家公司的经营非常成功，利润稳定增长。但在 2015 年，随着行业竞争的加剧及生产线的扩张，华兴玩具公司的盈利能力和资金流动性出现了问题。当 2016 年玩具业的销售遭受重大挫折时，华兴玩具公司发现面临威胁，除非可以筹集到额外的资金，否则公司将面临资金周转的危机，并可能拖欠债务。

华兴玩具公司管理层认为，如果 2016 年度财务报表上能够显示公司利润在以前年度的基础上仍有所增长，就有办法筹集到资金。为了达到利润增长的目的，华兴玩具公司的财务主管伙同主管市场的副总，编制了一组 12 月的销售数据，仅 12 月的最后一个星期六，公司就对外发运了超过 1 800 万元的玩具，并编制了配套的原始凭证：订货单、销售单、发货单和销售发票。客户是真实的，但销售和发运均为子虚乌有。在管理层“创造利润”的不懈努力下，华兴玩具公司 2016 年度的财务报表显示出稳定增长的财务状况。

思考：在本案例的风险评估中，分析审计人员应当发现哪些预警信号，什么程序能够帮助审计人员发现这些预警信号。

(资料来源：李晓慧. 审计案例与实训. 北京：中国人民大学出版社，2017)

第一节　审 计 计 划

注册会计师在接受审计委托后，应当计划审计工作。古语说：“凡事预则立，不预则废。”也就是说任何工作有计划则成，无计划则失败，审计工作也是如此。《中国注册会计师审计准则第 1201 号——计划审计工作》第一章指出：“注册会计师应当计划审计工作，使审计业务以有效的方式得到执行。”计划审计工作对于注册会计师顺利完成审计工作和控制审计风险具有非常重要的意义。合理的审计计划有助于注册会计师关注重点审计领域、及时发现和解决潜在问题并恰当地组织和管理审计工作，以使审计工作更加有效。在计划审计工作时，注册会计师需要在进行初步业务活动的基础上，制定总体审计策略和具体审计计划。在此过程中，需要作出很多关键决策，包括确定可接受的审计风险水平和重要性、配置项目人员等。

一、审计计划的含义与作用

(一)审计计划的含义

审计计划是指注册会计师为了完成各项审计业务、达到预期的审计目标，在具体执行审计程序之前编制的工作计划。

审计计划仅是对审计工作的一种预先规划，并不是一成不变的。审计计划在执行过程中，情况会不断发生变化，往往会产生预期计划与实际不一致的情况。例如，在审计过程中通过检查，发现被审计单位某些内部控制执行效果不佳，导致原来确定的审计程序和时间预算需要改变时，就应及时对审计计划进行修订和补充。对审计计划的修订、补充贯穿于整个审计过程。注册会计师在整个审计过程中，应当按照审计计划执行审计业务。

(二)审计计划的作用

计划审计工作通常由审计项目负责人在接受审计委托后开始审计工作之前编制，是对审计工作的一种预先规划。其作用主要有以下几个方面。

(1) 充分的审计计划有助于注册会计师关注重点审计领域。

(2) 充分的审计计划有助于注册会计师及时发现和解决潜在问题。

(3) 充分的审计计划有助于注册会计师合理地分配工作和提供指导监督和复核。

(4) 充分的审计计划有助于注册会计师协调其他注册会计师和专家的工作。

(5) 充分的审计计划有助于注册会计师提高审计工作的有效性。

因此，对于任何一个审计项目，对于任何一家会计师事务所，计划审计工作都是至关重要的，很多关键的决策往往在这个阶段作出。值得注意的是，由于存在被审计单位的规模及审计业务复杂程度的不同，注册会计师应结合实际，确定审计计划的详略程度。此外在审计过程中，情况还会发生变化，比如说出现一些原本没有预料到的事项、条件发生变化或在实施审计程序过程中获取的审计证据等原因，注册会计师应及时对审计计划进行必要的更新和修改。

二、审计计划的内容

计划审计工作包括针对审计业务制定总体审计策略和具体审计计划，对审计工作做出合理安排。注册会计师应当针对总体审计策略中所识别的不同事项，制定具体审计计划，并考虑通过有效利用审计资源以实现审计目标。值得注意的是，虽然制定总体审计策略的过程通常在具体审计计划之前，但是两项计划具有内在紧密联系，对其中一项的决定可能会影响甚至改变对另外一项的决定。例如，注册会计师在了解被审计单位及其环境的过程中，注意到被审计单位对主要业务的处理依赖复杂的自动化信息系统，因此计算机信息系统的可靠性及有效性对其经营、管理、决策以及编制可靠的财务报告具有重大影响。对此，注册会计师可能会在具体审计计划中制定相应的审计程序，并相应调整总体审计策略的内容，做出利用信息风险管理专家的工作的决定。

(一)总体审计策略的内容

总体审计策略用以确定审计范围、时间安排和审计方向，并指导具体审计计划的制定。在制定总体审计策略时，应当考虑以下主要事项。

1. 审计范围

在确定审计范围时，需要考虑下列具体事项：注册会计师应当确定审计业务的特征，包括采用的会计准则和相关会计制度、特定行业的报告要求、被审计单位组成部分的分布、注册会计师拟信赖内部审计工作的程度等，以界定审计范围。

2. 报告目标

为计划报告目标、时间安排和所需沟通，需要考虑下列事项：审计业务的报告目标，包括提交审计报告的时间要求；被审计单位对外报告的时间；预定与管理层和治理层沟通的重要日期等，以计划审计工作的时间安排和所需沟通的性质。

3. 审计方向

注册会计师应当考虑影响审计业务的重要因素，以确定项目组的工作方向，包括确定适当的重要性水平，初步识别可能存在较高的重大错报风险的领域，初步识别重要的组成部分和账户余额，评价是否需要针对内部控制的有效性获取审计证据，识别被审计单位、所处行业、财务报告要求及其他相关方面最近发生的重大变化等。

4. 审计资源

注册会计师应当在总体审计策略中清楚地说明审计资源的规划和调配，包括确定执行审计业务所必需的审计资源的性质、时间安排和范围。

(1) 向具体审计领域调配的资源，包括向高风险领域分派有适当经验的项目组成员，就复杂的问题利用专家工作等。

(2) 向具体审计领域分配资源的数量，包括分派到重要地点进行存货监盘的项目组成员的数量，向高风险领域分配的审计时间预算等。

(3) 何时调配这些资源，包括是在期中审计阶段还是在关键的截止日期调配资源等。

(4) 如何管理、指导、监督这些资源，包括预期何时召开项目组预备会和总结会，预期项目合伙人和经理如何进行复核，是否需要实施项目质量控制复核等。

总体审计策略的详略程度应当随被审计单位的规模及该项审计业务复杂程度的不同而不同。总体审计策略格式参见表 4-1。

(二)具体审计计划

具体审计计划比总体审计策略更加详细，其内容包括为获取充分、适当的审计证据以将审计风险降至可接受的低水平，项目组成员拟实施的审计程序的性质、时间和范围。具体审计计划应当包括风险评估程序、计划实施的进一步审计程序和其他审计程序。

表 4-1　总体审计策略

被审计单位：________　索引号：________
项目：________　财务报表截止日/期间：________
编制：________　复核：________
日期：________　日期：________

一、审计范围

报告要求	
适用的财务报告编制基础	
适用的审计准则	
与财务报告相关的行业特别规定	例如：监管机构发布的有关信息披露法规、特定行业主管部门发布的与财务报告相关的法规等
需审计的集团内组成部分的数量及所在地点	
制定总体审计策略需考虑的其他事项	

二、审计时间安排

(一)报告时间安排要求

审计工作	时间
1. 提交审计报告草稿	
2. 签署正式审计报告	
3. 公布已审计报表和审计报告	
……	

(二)执行审计工作的时间安排

审计工作	时间
1. 制定总体审计策略	
制定具体审计计划	
执行存货监盘	
……	

(三)沟通的时间安排

所需沟通	时间
与管理层的沟通	
与治理层的沟通	
项目组会议(包括预备会和总结会)	
与专家或有关人士的沟通	
与前任注册会计师的沟通	
……	

三、影响审计业务的重要因素

(一)重要性

确定的重要性水平	索引号

(二)可能存在较高重大错报风险的领域

可能存在较高重大错报风险的领域	索引号

(三)重要的组成部分和账户余额

重要的组成部分和账户余额	索引号
1．重要的组成部分	
……	
2．重要的账户余额	
……	

四、人员安排

项目组主要成员的责任

职位	姓名	主要职责

注：在分配职责时可以根据被审计单位的不同情况按会计科目划分，或按交易类别划分。

1. 风险评估程序

具体审计计划应当包括按照《中国注册会计师审计准则第 1211 号——通过了解被审计单位及其环境识别和评估重大错报风险》的规定，为了充分识别和评估财务报表重大错报风险，注册会计师计划实施的风险评估程序的性质、时间和范围。

2. 计划实施的进一步审计程序

按照《中国注册会计师审计准则第 1231 号——针对评估的重大错报风险采取的应对措

施》的规定，针对评估的认定层次的重大错报风险，注册会计师应计划实施进一步审计程序的性质、时间和范围。进一步审计程序包括控制测试和实质性程序。

通常，注册会计师计划的进一步审计程序可分为进一步审计程序的总体方案和拟实施的具体审计程序(包括进一步审计程序的性质、时间和范围)两个层次。

(1) 总体方案主要是指注册会计师针对各类交易、账户余额和披露决定采用的总体方案(包括实质性方案或综合性方案)。

(2) 具体审计程序则是对进一步审计程序的总体方案的延伸和细化，它通常包括控制测试和实质性程序的性质、时间和范围。

3. 计划实施的其他审计程序

具体审计计划应当包括根据审计准则的规定，注册会计师针对审计业务需要实施的其他审计程序。计划的其他审计程序可以包括上述进一步审计程序的计划中没有涵盖的、根据其他审计准则的要求注册会计师应当执行的既定程序。

(三)总体审计策略与具体审计计划的关系

制定总体审计策略和具体审计计划的过程是紧密联系的，并且两者内容也紧密相关。

(1) 总体审计策略的编制通常在具体审计计划之前，但两者活动并非孤立、不连续的过程，而是有内在紧密联系的，对其中一项的决定可能会影响甚至改变对另外一项的决定。

(2) 注册会计师在实施具体审计计划过程中，可能会对总体审计策略的内容予以调整。

在实务中，注册会计师将制定总体审计策略和具体审计计划结合进行，可能会使计划审计工作更有效率和效果。

(四)审计过程中对计划的更改

计划审计工作并非审计业务的一个孤立阶段，而是一个持续的、不断修正的过程，贯穿于整个审计业务的始终。由于未预期事项、条件的变化或在实施审计过程中获取的审计证据等原因，注册会计师应当在审计过程中对总体审计策略和具体审计计划作必要的更新和修改。

审计过程可以分为不同的阶段，通常前面阶段的工作结果会对后面阶段的工作计划产生一定影响，而后面阶段的工作过程中又可能发现需要对已制定的相关计划进行相应的更新和修改，通常这些更新和修改涉及比较重要的事项。

此外，考虑存在被审计单位的规模和复杂程度、审计领域、重大错报风险和成员的专业素质、胜任能力等因素的影响，注册会计师还应针对对项目组成员工作的指导、监督与复核的性质、时间和范围制订计划。

三、对计划审计工作的记录

注册会计师应当记录总体审计策略和具体审计计划，包括在审计工作过程中作出的任何重大更改。

1. 对总体审计策略的记录

注册会计师对总体审计策略的记录，应当包括为恰当计划审计工作和向项目组传达重大事项而作出的关键决策。例如，注册会计师可以备忘录的形式记录总体审计策略，包括对审计的范围、时间及执行所作出的关键决策。

2. 对具体审计计划的记录

注册会计师对具体审计计划的记录，应当能够反映下列内容。

(1) 针对实施的风险评估程序的性质、时间和范围的记录。

(2) 针对评估的重大错报风险计划实施的进一步审计程序的性质、时间和范围的记录。

注册会计师对具体审计计划的记录可以使用标准的审计程序表或审计工作完成核对表，但应当根据具体审计业务的情况作出适当修改。

3. 对计划重大修改的记录

注册会计师应当记录对总体审计策略和具体审计计划作出的重大更改及其理由，以及对导致此类更改的事项、条件或审计程序结果采取的应对措施。如果只是针对某一项或某几方面更改审计计划，注册会计师只需要将对审计计划的重大修改情况记录在进一步的审计程序表和重大事项概要中。如果对计划的修改涉及整个审计计划的各个方面，以及多个类别的交易、账户余额和披露，注册会计师可考虑重新编制总体审计策略和具体审计计划。

第二节　审计重要性

审计重要性是审计学的一个基本概念，审计重要性概念的运用贯穿整个审计过程。在计划审计工作时，注册会计师应当考虑导致财务报表发生重大错报的原因，并应当在了解被审计单位及其环境的基础上，确定一个可接受的重要性水平，以发现在金额上重大的错报。在确定审计意见类型时，注册会计师也需要考虑重要性水平。

一、重要性的含义

审计重要性取决于在具体环境下对错报金额和性质的判断。如果一项错报单独或连同其他错报可能影响财务报表使用者依据财务报表作出的经济决策，则该项错报是重大的。

通常而言，重要性概念可从下列几个方面进行理解。

1. 重要性概念中的错报包含漏报

财务报表错报包括财务报表金额的错报或漏报和财务报表披露的错报或漏报。

2. 重要性包括对数量和性质两个方面的考虑

所谓数量方面，是指错报的金额大小；性质方面则是指导致错报的事项性质。一般而言，金额大的错报比金额小的错报更重要。在有些情况下，某些金额的错报从数量上看并不重要，但从性质上考虑则可能是重要的；对某些财务报表披露的错报，难以从数量上判断是否重要，应从性质上考虑其是否重要。

金额不重要的错报从性质上有可能是重要的。注册会计师在判断错报的性质是否重要时，应该考虑错报对遵守法律法规要求的影响程度、错报对遵守债务契约或其他合同要求的影响程度、错报掩盖收益或其他趋势变化的程度等方面因素。注册会计师在判断重要性时参考这些因素，但不能以存在这些因素而必然认为错报是重大的。

3. 重要性概念是针对财务报表使用者决策的信息需求而言的

判断一项错报重要与否，应视其对财务报表使用者依据财务报表作出经济决策的影响程度而定。如果财务报表中的某项错报足以改变或影响财务报表使用者的相关决策，则该项错报就是重要的，否则就不重要。

4. 重要性的确定离不开具体环境

由于不同的被审计单位面临不同的环境，不同的报表使用者有着不同的信息需求，因此注册会计师确定的重要性也不相同。某一金额的错报对某被审计单位的财务报表来说是重要的，而对另一个被审计单位的财务报表来说可能不重要。例如，10 万元的错报对于一个小公司来说可能是重要的，而对于一个具备一定规模的大公司来说则可能不重要。

5. 对重要性的评估需要运用职业判断

影响重要性的因素很多，注册会计师应当根据被审计单位面临的具体环境，并综合考虑其他因素，合理确定重要性水平。不同的注册会计师在确定同一被审计单位财务报表层次和认定层次的重要性水平时，得出的结果可能不同。主要是因为对影响重要性的各因素的判断存在差异。因此，注册会计师需要运用职业判断来合理评估重要性。

二、重要性水平的确定

重要性水平的确定.mp4

在计划审计工作时，注册会计师应当确定一个合理的重要性水平，以发现在金额上重大的错报。注册会计师在确定计划的重要性水平时，需要考虑对被审计单位及其环境的了解、审计的目标、财务报表各项目的性质及其相互关系、财务报表项目的金额及其波动幅度。同时，还应当从性质和数量两个方面考虑合理确定重要性水平。

(一)确定计划的重要性水平时考虑的因素

注册会计师在确定计划的重要性水平时，应考虑以下几个主要因素。

1. 对被审计单位及其环境的了解

被审计单位的行业状况、法律环境与监管环境等其他外部因素以及被审计单位业务的性质，对会计政策的选择和应用，被审计单位的目标、战略及相关的经营风险，被审计单位的内部控制等因素，都将影响注册会计师对重要性的判断。

2. 审计的目标包括特定报告要求

信息使用者的要求等因素影响注册会计师对重要性水平的确定。例如，对特定财务报表项目进行审计的业务，其重要性水平可能需要以该项目金额，而不是以财务报表的一些汇总性财务数据为基础加以确定。

3. 财务报表各项目的性质及其相互关系

财务报表使用者对不同的报表项目的关注程度不同。一般而言，如果认为流动性较高的项目出现较小金额的错报就会影响报表使用者的决策，注册会计师应当对此从严确定重要性水平。由于财务报表各项目之间是相互联系的，注册会计师在确定重要性水平时，需要考虑这种相互联系。

4. 财务报表项目的金额及其波动幅度

财务报表项目的金额及其波动幅度可能促使财务报表使用者作出不同的反应。因此，注册会计师在确定重要性水平时，应当深入研究这些项目的金额及其波动幅度。

总之，影响预期财务报表使用者决策的因素，都可能对重要性水平产生影响。注册会计师应当在计划阶段充分考虑这些因素，并采用合理的方法，确定重要性水平。

(二)考虑重要性的层次

重要性包括两个层次，一是财务报表层次的重要性；二是各类交易、账户余额、列报认定层次的重要性。在审计过程中，注册会计师应当考虑财务报表层次和各类交易、账户余额、列报认定层次的重要性水平。由于财务报表审计的目标是注册会计师通过执行审计工作对财务报表发表审计意见，因此，注册会计师应当考虑财务报表层次的重要性。只有这样，才能得出财务报表是否公允反映的结论。注册会计师在制定总体审计策略时，应当确定财务报表层次的重要性水平。另外，由于财务报表提供的信息由各类交易、账户余额、列报认定层次的信息汇集加工而成，注册会计师只有通过各类交易、账户余额、列报认定层次实施审计，才能得出财务报表是否公允反映的结论。因此，注册会计师还应当考虑各类交易、账户余额、列报认定层次的重要性。

(三)财务报表层次重要性水平的确定

确定财务报表中含有多大的错报会影响到财务报表使用者做出的决策，是注册会计师运用职业判断的结果。很多注册会计师根据所在会计师事务所的惯例及自己的经验，考虑重要性水平。注册会计师通常先选择一个恰当的基准，再选用适当的百分比乘以该基准，从而得出财务报表层次的重要性水平。

在实务中，有许多汇总性财务数据可以用作确定财务报表层次重要性水平的基准，如总资产、净资产、营业收入、费用总额、毛利等。在选择适当的基准时，注册会计师应当考虑的因素包括：第一，财务报表的要素(如资产、负债、所有者权益、收入和费用等)；第二，对某被审计单位而言，是否存在财务报表使用者特别关注的财务报表项目(如特别关注与评价经营成果相关的信息)；第三，被审计单位的性质以及所处行业和经济环境；第四，被审计单位的规模、所有权结构和融资方式；第五，基准的相对波动性。

注册会计师对基准的选择取决于被审计单位的具体情况。例如，对于以盈利为目的的被审计单位，来自经营性业务的税前利润可能是一个适当的基准；对资产管理公司，净资产可能是一个适当的基准。注册会计师通常选择一个相对稳定、可预测且能够反映被审计单位正常规模的基准。由于营业收入和总资产具有相对稳定性，注册会计师经常将其作为确定计划重要性水平的基准。

在确定恰当的基准后，注册会计师通常运用职业判断合理选择百分比，据以确定重要性水平。以下是一些参考数值的举例。

(1) 对以盈利为目的的企业，来自经常性业务的税前利润的5%或总收入的0.5%。在适当情况下，也可以采用总资产或净资产的一定比例等。

(2) 对非营利组织，费用总额或总收入的0.5%。

(3) 对共同基金公司，净资产的0.5%。

当根据不同的基准计算出不同的重要性水平时，注册会计师应当根据实际情况决定采用何种计算方法更为恰当。许多会计师事务所并没有预先确定百分比的取值范围，而是根据具体情况选用不同的比率。一般情况下规模越大的企业，允许的错报或漏报金额的比率越小，这种做法被称为变动比率法；相应地将上述有预先确定的百分比取值的做法称为固定比率法。

如果同一会计期间各财务报表的重要性水平不同时，注册会计师应当取其最低者作为财务报表层次的重要性水平。

【例4-1】

A和B注册会计师对XYZ股份有限公司2019年度财务报表进行审计，其未经审计的有关报表项目金额如下：

财务报表项目名称	金额(万元)	重要性百分比(%)
资产总计	180 000	0.5
股东权益合计	88 000	0.5
营业收入	240 000	0.5
税前利润	24 120	5

XYZ股份有限公司2019年度报表层次的重要性水平如下。

按资产计算：180 000 × 0.5% = 900(万元)

按股东权益计算：88 000 × 0.5% = 440(万元)

按营业收入计算：240 000 × 0.5% = 1 200(万元)

按税前利润计算：24 120 × 5% = 1 206(万元)

应选择金额最小的440万元作为报表层次的重要性水平。

(四)各类交易、账户余额、披露认定层次重要性水平的确定

各类交易、账户余额、披露认定层次的重要性水平称为“可容忍错报”。可容忍错报的确定以注册会计师对财务报表层次重要性水平的初步评估为基础，它是在不导致财务报表存在重大错报的情况下，注册会计师对各类交易、账户余额、披露确定的可接受的最大错报。例如，如果注册会计师决定将总额为50万元的重要性初步判断金额中的20万元分配给存货，则存货的可容忍错报就是20万元。这就意味着，只要存货中的错报不超过20万

元，注册会计师就可认为存货是公允反映的。由于为各类交易、账户余额、披露确定的重要性水平，即可容忍错报对审计证据数量有直接的影响，因此，注册会计师应当合理确定可容忍错报。

确定各类交易、账户余额、披露认定层次的重要性水平之所以重要，是因为审计证据是针对各报表项目收集的，而不是针对财务报表整体收集的。如果注册会计师对每一项报表项目都有重要性的初步判断，将有助于确定应收集的审计证据的数量。注册会计师在确定各类交易、账户余额、披露认定层次的重要性水平时，应当考虑以下主要因素：①各类交易、账户余额、披露的性质及错报的可能性；②各类交易、账户余额、披露的重要性水平与财务报表层次重要性水平的关系。

各类交易、账户余额、披露的重要性水平的确定方法，既可以采用分配的方法，也可以采用不分配的方法。①分配的方法：在确定财务报表层次的重要性水平后，将财务报表层次的重要性水平同比例分配到各账户或各类交易，得出每个账户或各类交易的重要性水平。②不分配的方法：根据各类交易或账户的性质及错报或漏报的可能性，确定各类交易、账户余额、披露认定层次的重要性水平，而不是将财务报表层次的重要性分配到各账户或各类交易。

三、重要性与审计风险的关系及其影响

注册会计师应当考虑重要性与审计风险之间的关系，因为审计风险的高低往往取决于注册会计师对重要性的判断和确定。如果注册会计师确定的重要性水平较低，审计风险就会增加。因此，注册会计师必须通过实施有关审计程序以降低审计风险。

(一)重要性与审计风险的关系

1. 重要性和审计风险之间存在反向关系

注册会计师判断和确定的重要性水平越高，审计风险越低；反之，重要性水平越低，审计风险越高。所谓重要性水平的高低，指的是金额的大小。比如，10 000 元的重要性水平比 2 000 元的重要性水平高。如果重要性水平是 10 000 元，则意味着低于 10 000 元的错报不会影响财务报表使用者的判断和决策，注册会计师只需要通过实施有关审计程序审计出高于 10 000 元的错报。如果重要性水平是 2000 元，则意味着金额在 2000 元以上的错报都会影响财务报表使用者的判断和决策，注册会计师需要通过实施有关审计程序审计出金额在 2000 元以上的错报。显然，重要性水平为 10 000 元时的审计风险要比重要性水平为 2000 元时的审计风险低。

2. 重要性和审计证据之间存在反向关系

重要性水平和审计证据的数量之间存在反向关系。一般而言，重要性水平越高，所需获取的审计证据越少；重要性水平越低，所需获取的审计证据越多。例如，为保证应收账款账户的错报不超过 10 000 元所需获取的审计证据，比为了保证该账户错报不超过 2000 元所需获取的审计证据要少。

注册会计师应当考虑被审计单位的具体环境，在综合考虑其他因素的前提下，保持应

有的职业谨慎，运用职业判断合理确定重要性水平。由于重要性和审计风险之间存在反向关系，如果原本10 000元的错报才会影响到财务报表使用者的判断和决策，但注册会计师若将重要性水平确定为2000元，这时注册会计师就会扩大审计程序的范围或追加审计程序，而实际上没有必要，只能是浪费时间和人力。如果原本2000元的错报就会影响财务报表使用者的判断和决策，但注册会计师将重要性水平确定为10 000元，这时注册会计师所实施的审计程序要比原本应当实施的审计程序少、审计范围要小，这会导致注册会计师得出错误的审计结论。所以，重要性水平偏高或偏低均对注册会计师不利，注册会计师应当保持应有的职业谨慎，合理确定重要性水平。

(二)考虑两者关系对审计程序的影响

注册会计师在整个审计过程中都应当考虑重要性和审计风险，不同的审计阶段，重要性与审计风险的关系都会对审计程序产生影响。

(1) 在审计计划阶段，注册会计师在确定审计程序的性质、时间和范围时，需要考虑重要性与审计风险之间的反向关系。

在计划审计工作时，注册会计师应当考虑导致财务报表发生重大错报的原因，并应当在了解被审计单位及其环境的基础上确定一个可接受的重要性水平。随着审计过程的推进，评价对重要性的判断是否仍然合理。注册会计师应当对各类交易、账户余额、列报认定层次的重要性进行评估，以有助于确定进一步审计程序的性质、时间和范围，将审计风险降至可接受的低水平。

(2) 在审计执行阶段，如果注册会计师决定接受更低的重要性水平，审计风险将增加。注册会计师应当选用下列方法将审计风险降至可接受的低水平。

① 如有可能，通过扩大控制测试范围或实施追加的控制测试，降低评估的重大错报风险，并支持降低后的重大错报风险水平。

② 通过修改计划实施的实质性程序的性质、时间和范围，降低检查风险。

(3) 在评价审计程序结果时，注册会计师确定的重要性和审计风险，可能与计划审计工作时评估的重要性和审计风险存在差异。在这种情况下，注册会计师应当重新确定重要性和审计风险，并考虑实施的审计程序是否充分。

四、评价审计结果时对重要性的考虑

(一)尚未更正错报的汇总数

注册会计师在评价审计结果时，应当汇总已发现但尚未更正的错报，以考虑其数量和性质是否对财务报表的反映产生重大影响。注册会计师在汇总尚未更正错报时，应当包括已经识别的具体错报和推断误差，并考虑期后事项和或有事项是否已进行适当处理。也就是说，在完成审计工作时，为确定被审计单位财务报表是否合法、公允，注册会计师应当汇总尚未更正的错报，并评估其影响是否重大。

1. 已经识别的具体错报

已经识别的具体错报是指注册会计师在审计过程中发现的，能够准确计量的错报，包括以下两类。

(1) 对事实的错报。这类错报产生于被审计单位收集和处理数据的错误，对事实的忽略或误解，或故意舞弊。例如，注册会计师在实施细节测试时发现最近购入存货的实际价值为15 000元，但账面记录的金额却为10 000元。因此，存货和应付账款分别被低估了5000元，这里被低估的5000元就是已识别的对事实的具体错报。

(2) 涉及主观决策的错报。这类错报产生于两种情况：一是管理层和注册会计师对会计估计值的判断差异。例如，由于包含在财务报表中的管理层作出的估计值超过了注册会计师确定的一个合理范围，导致出现判断差异。二是管理层和注册会计师对选择和运用会计政策的判断差异。由于注册会计师认为管理层选用会计政策造成错报，管理层却认为选用会计政策适当，导致出现判断差异。

2. 推断误差

推断误差也称“可能误差”，是注册会计师对不能明确、具体地识别的其他错报的最佳估计数。推断误差通常包括：

(1) 通过测试样本估计出的总体的错报减去在测试中发现的已经识别的具体错报。例如，应收账款年末余额2000万元，注册会计师抽查样本发现金额有100万元的高估，高估部分为账面金额的20%，据此注册会计师推断总体的错报金额为400万元(即2000×20%)，那么上述100万元就是已识别的具体错报，其余300万元是推断误差。

(2) 通过实质性分析程序推断出的估计错报。例如，注册会计师根据客户的预算资料及行业趋势等要素，对客户年度销售费用独立地作出估计，并与客户账面金额比较，发现两者间有 50%的差异；考虑到估计的精确性有限，注册会计师根据经验认为 10%的差异通常是可接受的，而剩余 40%的差异需要有合理解释并取得佐证性证据；假定注册会计师对其中20%的差异无法得到合理解释或不能取得佐证，则该部分差异金额即为推断误差。

(二)评估尚未更正错报的汇总数

为了全面地评价错报的影响，注册会计师应当将审计过程中已识别的具体错报和推断误差进行汇总。注册会计师需要在出具审计报告之前，评估尚未更正错报的汇总数是否重大。评估时应注意以下几点。

(1) 应当从特定的某类交易、账户余额、列报认定层次和财务报表层次考虑这些错报的金额和性质以及这些错报发生的特定环境。

(2) 应当从数量和性质两个方面考虑每项错报对财务报表的影响。

(3) 不仅考虑每项错报对财务报表的单独影响，而且需要考虑所有错报对财务报表的累积影响及其形成原因，尤其是一些金额较小的错报，虽然单个看起来并不重大，但是其累计数却可能对财务报表产生重大影响。

(三)错报汇总数的影响评价与处理

尚未更正错报的汇总数与财务报表层次的重要性水平相比较，可能出现以下两种情况。

1. 尚未更正错报的汇总数低于重要性水平

如果尚未更正错报汇总数低于重要性水平，对财务报表的影响不重大，注册会计师可以发表无保留意见的审计报告。

2. 尚未更正错报的汇总数超过或接近重要性水平

如果尚未更正错报汇总数超过了重要性水平，对财务报表的影响可能是重大的，注册会计师应当考虑通过扩大审计程序的范围或要求管理层调整财务报表降低审计风险。

在任何情况下，注册会计师都应当要求管理层就已识别的错报调整财务报表。如果管理层拒绝调整财务报表，并且扩大审计程序范围的结果不能使注册会计师认为尚未更正错报的汇总数不重大，注册会计师应当考虑出具保留意见或否定意见的审计报告。

如果尚未更正错报汇总数接近重要性水平，注册会计师应当考虑该汇总数连同尚未发现的错报是否可能超过重要性水平，并考虑通过实施追加的审计程序，或要求管理层调整财务报表降低审计风险。

第三节　审 计 风 险

根据《中国注册会计师审计准则第 1101 号——注册会计师的总体目标和审计工作的基本要求》第三十条规定，为了获取合理保证，注册会计师应当获取充分、适当的审计证据，以将审计风险降至可接受的低水平，使其能够得出合理的结论，作为形成审计意见的基础。

一、审计风险的含义及其组成要素

审计风险.mp4

审计风险是指财务报表存在重大错报而注册会计师发表不恰当审计意见的可能性。审计风险取决于重大错报风险和检查风险，其中重大错报风险是指财务报表在审计前存在重大错报的可能性。检查风险是指某一认定存在错报，该错报单独或连同其他错报是重大的，但注册会计师未能发现这种错报的可能性。

审计风险和重大错报风险、检查风险的关系可用数学模型表示如下：

$$审计风险=重大错报风险\times检查风险$$

例如，注册会计师可接受的审计风险为5%，被审计单位的重大错报风险评估为40%，则注册会计师要控制的检查风险计算如下：

$$\begin{aligned}检查风险&=审计风险/重大错报风险\\&=5\%/40\%\\&=12.5\%\end{aligned}$$

在既定的审计风险水平下，可接受的检查风险水平与认定层次重大错报风险的评估结果成反向关系。评估的重大错报风险越高，可接受的检查风险越低；评估的重大错报风险越低，可接受的检查风险越高。

重大错报风险包括两个层次：财务报表层次和各类交易、账户余额、列报认定层次的重大错报风险。在设计审计程序以确定财务报表整体是否存在重大错报时，注册会计师应当从财务报表层次和各类交易、账户余额、列报认定层次考虑重大错报风险。

财务报表层次重大错报风险与财务报表整体存在广泛联系，它可能影响多项认定。此类风险通常与控制环境有关，如管理层缺乏诚信、治理层形同虚设而不能对管理层进行有效监督等；也可能与其他因素有关，如经济萧条、企业所处行业处于衰退期。此类风险难

以被界定于某类交易、账户余额、列报的具体认定，相反此类风险增加了一个或多个不同认定发生重大错报的可能性，往往与由舞弊引起的风险特别相关。

注册会计师应当识别、评估财务报表层次的重大错报风险，并根据评估结果确定总体应对措施，包括向项目组分派更有经验或具有特殊技能的审计人员、利用专家的工作或提供更多督导等。注册会计师应当评估认定层次的重大错报风险，并根据既定的审计风险和评估的认定层次重大错报风险，确定可接受的检查风险水平。检查风险取决于审计程序设计的合理性和执行的有效性。注册会计师应当合理设计审计程序的性质、时间和范围，并有效执行审计程序，以控制检查风险。通过实施审计程序获取认定层次充分、适当的审计证据，以便在完成审计工作时，能够以可接受的低审计风险对财务报表整体发表审计意见。

二、确定可接受的审计风险

可接受的审计风险是注册会计师在计划阶段运用职业经验判断确定的能够保证审计质量，并能最大限度地提高审计效率的审计风险水平。它是注册会计师进行风险控制的目标，是制定审计计划的重要依据。确定可接受的审计风险，需要在了解被审计单位及其环境的基础上，根据注册会计师确定的报表层次重要性水平、报表使用者对财务报表的信赖程度和被审计单位遭受财务困难的可能性，以及被审计单位管理层的正直性等来确定。下面具体说明这些影响因素。

1. 报表层次重要性水平的高低

报表层次的重要性水平与可接受审计风险成反向关系。这里，重要性水平的高低指的是金额的大小。重要性水平是注册会计师从财务报表使用者的角度进行职业判断的结果。在被审计单位财务报表中的错报一定的情况下，注册会计师确定的重要性水平越低，实际存在的错报金额超过重要性水平的可能性就越大，审计风险就越高，需要注册会计师实施的审计程序的规模就越大。注册会计师在确定可接受审计风险时，应当考虑重要性水平与审计风险之间的这种关系，并保持职业谨慎。因为重要性的确定和审计风险的评估都需要很多职业判断，这两者的判断失误都将造成审计结论出错或审计资源浪费，影响审计质量或审计效率。

2. 外部使用者对财务报表的信赖程度

如果外部使用者较大程度地信赖财务报表，降低可接受审计风险水平就是适当的。因为在使用者较大程度地信赖财务报表情况下，财务报表中的重大错报若没有发现，就会造成很大的社会影响。影响外部使用者对财务报表信赖程度的因素有：①被审计单位的规模。被审计单位的经营规模越大，其财务报表的用途越广，被审计单位规模将影响审计风险的可接受水平。②报表使用范围。公开上市公司的财务报表，其使用者往往要多于不公开上市的公司，其使用者包括证监会、财务分析专家、投资者等。③负债的性质和数额。财务报表所列负债的数额较大时，使用财务报表的现有或潜在债权人就可能比债务少时要多。

3. 审计报告日后被审计单位陷入财务困境的可能性

在注册会计师认为被审计单位财务失利或损失的可能性较大时，就应降低审计风险的可接受水平。虽然很难事先预料财务失利，但是可将以下因素看作这种可能性增加的标志：

①流动性状况。如被审计单位总缺乏现金或营运资本，表明它可能无法支付有关款项，则注册会计师必须评估流动性状况变化的可能性和重要性。②以前年度的盈利状况。如果被审计单位的利润连年急剧下降或连续亏损，注册会计师就应当意识到被审计单位将面临的偿债问题。③管理层的能力。有能力的管理层能随时警惕潜在的财务困境并及时调整经营策略，减轻短期经营困难的影响。

4. 注册会计师对管理层正直性的评价

如果被审计单位管理层的正直性值得怀疑，注册会计师应评估可接受审计风险为低水平。管理层正直性较差的公司往往在处理一些经营事项上与公司股东、规章制定者、客户产生矛盾。这些矛盾会令报表使用者怀疑审计质量，并导致法律诉讼及其他分歧。

此外，在确定可接受的审计风险时，还应考虑法律环境和注册会计师的风险观念。如果国家有关的法律、法规对审计工作要求较高、较严，表明注册会计师承担的审计责任较重，则可接受审计风险应定得低一些。如注册会计师对审计风险的态度是谨慎保守的，则可接受审计风险应定得低一些。一般来说，初次接受委托，对被审计单位不熟悉，往往将审计风险确定得低一些，针对老客户可以适当考虑确定得稍高一些。

目前，审计职业界还未能对可接受审计风险水平提供具体的指南和依据。英国实务界一般采用4%～6%的可接受风险水平，大多数会计师事务所将可接受的审计风险确定为5%的水平。

三、识别和评估重大错报风险

《中国注册会计师审计准则第1101号——注册会计师的总体目标和审计工作的基本要求》要求注册会计师在审计过程中贯彻风险导向审计的理念，围绕重大错报风险的识别、评估和应对，计划和实施审计工作。其中，如何识别和评估重大错报风险，构成了注册会计师应对重大错报风险的前提。

(一)识别和评估重大错报风险的审计程序

注册会计师应当识别和评估财务报表层次以及各类交易、账户余额、列报认定层次的重大错报风险。在识别和评估重大错报风险时，注册会计师应当实施下列审计程序：

(1) 在了解被审计单位及其环境的整个过程中识别风险，并考虑各类交易、账户余额、列报。

(2) 将识别的风险与认定层次可能发生错报的领域相联系。

(3) 考虑识别的风险是否重大。

(4) 考虑识别的风险导致财务报表发生重大错报的可能性。

注册会计师应当利用实施风险评估程序获取的信息，包括在评价控制设计和确定其是否得到执行时获取的审计证据，作为支持风险评估结果的审计证据。注册会计师应当根据风险评估结果，确定实施进一步审计程序的性质、时间和范围。

(二)可能表明被审计单位存在重大错报风险的事项和情况

注册会计师应当关注可能表明被审计单位存在重大错报风险的下列事项和情况：

(1) 在经济不稳定的国家或地区开展业务。

(2) 持续经营和资产流动性出现问题，包括重要客户流失。

(3) 融资能力受到限制。

(4) 行业环境发生变化。

(5) 开发新产品或提供新服务，或进入新的业务领域。

(6) 重大的关联方交易。

(7) 缺乏具备胜任能力的会计人员。

(8) 关键人员变动。

(9) 内部控制薄弱。

(10) 安装新的与财务报告有关的重大信息技术系统。

(11) 经营活动或财务报告受到监管机构的调查。

(12) 按照管理层特定意图记录的交易。

(13) 应用新颁布的会计准则或相关会计制度。

(14) 会计计量过程复杂。

(15) 事项或交易在计量时存在重大不确定性。

(16) 存在未决诉讼和或有负债。

注册会计师应当充分关注可能表明被审计单位存在重大错报风险的上述事项和情况，并考虑由于上述事项和情况导致的风险是否重大，以及该风险导致财务报表发生重大错报的可能性。

(三)两个层次的重大错报风险

在对重大错报风险进行识别和评估后，注册会计师应当确定，识别的重大错报风险是与特定的某类交易、账户余额、披露的认定相关，还是与财务报表整体广泛相关，进而影响多项认定。

财务报表层次的重大错报风险很可能源于薄弱的控制环境。例如，被审计单位治理层、管理层对内部控制的重要性缺乏认识，没有建立必要的制度和程序。薄弱的控制环境带来的风险可能对财务报表产生广泛影响，难以限于某类交易、账户余额和披露，注册会计师应当采取总体应对措施。

在评估重大错报风险时，注册会计师应当将所了解的控制活动与特定认定相联系。这是由于控制活动有助于防止或发现并纠正认定层次的重大错报。控制活动可能与认定直接或间接相关；关系越间接，控制对防止或发现并纠正认定错报的效果越小。注册会计师应当考虑对识别的各类交易、账户余额、披露认定层次的重大错报风险予以汇总和评估，以确定进一步审计程序的性质、时间和范围。

(四)需要特别考虑的重大错报风险

特别风险，是指注册会计师识别和评估的、根据判断认为需要特别考虑的重大错报风险。

作为风险评估的一部分，注册会计师应当运用职业判断，确定识别的风险哪些是需要特别考虑的重大错报风险(以下简称特别风险)。

1. 确定特别风险时应考虑的事项

在判断哪些风险是特别风险时，注册会计师应当考虑下列事项：

(1) 风险是否属于舞弊风险。

(2) 风险是否与近期经济环境、会计处理方法或其他方面的重大变化相关。

(3) 交易的复杂程度。

(4) 风险是否涉及重大的关联方交易。

(5) 财务信息计量的主观程度，特别是计量结果是否具有高度不确定性。

(6) 风险是否涉及异常或超出正常经营过程的重大交易。

2. 非常规交易和判断事项导致的特别风险

日常的、不复杂的、经正规处理的交易不太可能产生特别风险。特别风险通常与重大的非常规交易和判断事项有关。

非常规交易是指由于金额或性质异常而不经常发生的交易，如企业购并、债务重组、重大或有事项等。其具有以下特征：第一，管理层更多地干预会计处理；第二，数据收集和处理进行更多的人工干预；第三，复杂的计算或会计处理方法；第四，非常规交易的性质可能使被审计单位难以对由此产生的特别风险实施有效控制。

判断事项通常包括作出的会计估计。如资产减值准备金额的估计、需要运用复杂估值技术确定的公允价值计量等。其具有以下特征：第一，对涉及会计估计、收入确认等方面的会计原则存在不同的理解；第二，所要求的判断可能是主观和复杂的，或需要对未来事项作出假设。

对特别风险，注册会计师应当评价相关控制的设计情况，并确定其是否已经得到执行。由于与重大非常规交易或判断事项相关的风险很少受到日常控制的约束，注册会计师应当了解被审计单位是否针对该特别风险设计和实施了控制。如果管理层未能实施控制以恰当应对特别风险，注册会计师应当认为内部控制存在重大缺陷，并考虑其对风险评估的影响。

(五)仅通过实质性程序无法应对的重大错报风险

作为风险评估的一部分，如果认为仅通过实质性程序获取的审计证据无法应对认定层次的重大错报风险，注册会计师应当评价被审计单位针对这些风险设计的控制，并确定其执行情况。

在被审计单位对日常交易采用高度自动化处理的情况下，审计证据可能仅以电子形式存在，其充分性和适当性通常取决于自动化信息系统相关控制的有效性，注册会计师应当考虑仅通过实施实质性程序不能获取充分、适当的审计证据的可能性。如果认为仅通过实施实质性程序不能获取充分、适当的审计证据，注册会计师应当考虑依赖的相关控制的有效性，并对其进行了解、评估和测试。

(六)对风险评估的修正

注册会计师对认定层次重大错报风险的评估，可能随着审计过程中不断获取审计证据而作出相应的变化。如果通过实施进一步审计程序获取的审计证据与初始评估获取的审计证据相矛盾，注册会计师应当修正风险评估结果，并相应修改原计划实施的进一步审计程序。

因此，评估重大错报风险与了解被审计单位及其环境一样，也是一个连续和动态地收集、更新与分析信息的过程，贯穿于整个审计过程的始终。

四、控制检查风险

如前所述，审计风险取决于重大错报风险和检查风险。对于重大错报风险，注册会计师只能进行识别和评估，只有检查风险是注册会计师可以控制的风险。重大错报风险和检查风险两个要素之间存在密切关系，注册会计师对重大错报风险的识别和评估决定着注册会计师可接受的检查风险。在既定的审计风险水平下，可接受的检查风险水平与认定层次重大错报风险的评估结果成反向关系。评估的重大错报风险越高，可接受的检查风险越低；评估的重大错报风险越低，可接受的检查风险越高。

注册会计师应当合理设计审计程序的性质、时间和范围，并有效执行审计程序，以控制检查风险。鉴于重大错报风险的评估对检查风险有直接影响，重大错报风险的水平越高，可接受的检查风险越低，注册会计师就应实施越详细的实质性程序，以降低检查风险。可接受的检查风险水平和实质性程序的性质、时间和范围的关系如表 4-2 所示。

表 4-2 检查风险水平与实质性程序的性质、时间和范围的关系

可接受的检查风险	实质性程序的性质	实质性程序的时间	实质性程序的范围
高	实质性分析程序和细节测试结合运用	期中审计为主	较小样本、较少证据
中	细节测试为主，实质性分析程序结合运用	期中审计和期末审计结合运用	适中样本、适量证据
低	细节测试为主	期末审计为主	较大样本、较多证据

本章小结

注册会计师在接受审计委托后，应当计划审计工作。合理的审计计划有助于注册会计师关注重点审计领域、及时发现和解决潜在问题并恰当地组织和管理审计工作，以使审计工作更加有效。在计划审计工作时，注册会计师需要在进行初步业务活动的基础上，制定总体审计策略和具体审计计划。

审计重要性取决于在具体环境下对错报金额和性质的判断。如果一项错报单独或连同其他错报可能影响财务报表使用者依据财务报表作出的经济决策，则该项错报是重大的。重要性包括对数量和性质两个方面的考虑。审计中运用重要性水平对于保证审计质量和提

高审计效率具有重要的意义。重要性和审计风险之间存在反向关系，注册会计师确定的重要性水平越高，审计风险越低；反之，重要性水平越低，审计风险越高。

审计风险是指财务报表存在重大错报，而注册会计师审计后发表不恰当审计意见的可能性。审计风险取决于重大错报风险和检查风险。审计风险及其组成要素之间的相互关系可以表述为：审计风险=重大错报风险×检查风险。在审计风险一定的条件下，重大错报风险与检查风险之间存在反向关系。在运用审计风险模型时，一般包括以下四个方面的内容：确定可接受的审计风险；识别、评估重大错报风险；运用审计风险模型确定计划的检查风险；合理设计审计程序。

自 测 题

1. 什么是计划审计工作？计划审计工作有何意义？
2. 什么是总体审计策略？它包括哪些主要内容？
3. 应从哪些方面理解重要性的含义？
4. 如何确定财务报表层次的重要性水平？
5. 重要性与审计风险有什么关系？
6. 简述审计风险的含义及其组成要素的关系。
7. 检查风险与实质性程序的关系如何？

案 例 分 析

确定重要性水平及其应用的案例

华兴公司的2013年度资产负债表和利润表(简表)如下所示：

华兴公司资产负债表

2013年12月31日　　　　单位：万元

货币资金	8000	应付账款	33 000
应收账款	21 000	长期负债	141 000
存货	86 000	实收资本	82 000
固定资产	147 000	未分配利润	6000
资产总额	262 000	负债及权益总额	262 000

华兴公司利润表

2013年　　　　单位：万元

营业收入	110 000
营业成本	80 000
毛利	30 000
销售管理费用	31 000
净收益(损失)	(1000)

注册会计师在审计中，部分发现及其处理如下：

(1) 没有实质经济内容支持的华兴公司与其出资者晋美公司之间的预付货款 10 万元、其他应收款 15 万元，注册会计师认为其均低于重要性水平，没有继续查证，也没有适当披露。

(2) 注册会计师抽取样本对存货计价进行测试时，发现存货 A 少计了 200 万元，存货 B 多计了 150 万元，据此推断存货总体的错报为 500 万元，于是，注册会计师在工作底稿中建议华兴公司对此进行调整。

(3) 注册会计师发现华兴公司 2013 年度有一笔资产价值恢复，冲回了原来计提的资产减值准备，追查发现企业在盈利年度多计提资产减值准备 50 万元，以备出现亏损时恢复资产调整盈亏，注册会计师建议公司调整，公司拒绝调整，最后由于该笔金额不大(低于重要性水平)，注册会计师发表了无保留意见的审计报告。

问题：

(1) 如果判断重要性水平的参考数值为净利润的 5%，资产总额的 0.5%，净资产的 1%，营业收入的 0.5%，则应该将华兴公司 2013 年财务报表层次重要性水平设定为多少？请说明原因。

(2) 对于财务报表各个项目，具有哪些属性的项目应当严格确定重要性水平？具有哪些属性的项目可以考虑把重要性水平确定得高一些？

(3) 如果有人认为由于审计人员应当谨慎执业，因此应当低估重要性水平而不能高估重要性水平，你赞同吗？为什么？

(4) 讨论当注册会计师已经明显感到公司利用计提准备调节盈亏，是否能够出具无保留意见的审计报告。

(资料来源：李晓慧. 审计学. 北京：中国人民大学出版社，2014)

第五章　审计证据与审计工作底稿

【学习目标及要点】

通过本章的学习，应理解审计证据的含义及分类，掌握审计证据的特征，掌握审计证据获取的基本方法和技能，了解审计证据整理、鉴定和综合的方法，理解审计工作底稿的概念和作用，熟悉审计工作底稿的基本内容，了解审计工作底稿的保管及审计档案的管理，掌握审计工作底稿的编制与复核方法。

【引例】人们凭什么相信审计报告

2017 年华兴公司收购了晋美公司，收购价主要是以 2016 年已审计的财务报表为基础确定的，但收购后华兴公司发现晋美公司 2016 年财务报表显示的资产不实、收入虚假，这给华兴公司造成很大损失。于是，华兴公司在提出收购赔偿的诉讼中，把审计晋美公司 2016 年财务报表的今明会计师事务所追加为被告。律师调阅了晋美公司 2016 年审计工作底稿并向该项目的项目经理李浩询问取证，发现：

(1) 归档保管的晋美公司 2016 年审计工作底稿多数是晋美公司原始凭证和记账凭证的复印件，即便是注册会计师自己编制的审计工作底稿，也是数字多，文字描述少，不能通过审计工作底稿看出注册会计师当时做过的工作。

(2) 对于 2016 年晋美公司资产和收入的审计，注册会计师仅仅执行了一些常规的审计程序获取审计证据，很多证据是注册会计师直接从晋美公司获取后归入审计工作底稿，没有进一步查证的痕迹；一些底稿有矛盾和不相符的地方，也没有进一步追查的证据。

对于今明会计师事务所出具的以上述审计工作底稿所承载的审计证据来支持的审计报告，人们能够相信吗？如果让人们相信审计报告，支持审计报告的审计工作底稿和审计证据应当具有什么特征？

(资料来源：李晓慧，韩晓梅.审计学：理论与案例. 大连：东北财经大学出版社，2017)

第一节　审 计 证 据

审计证据是审计理论的重要组成部分，审计证据的获取、鉴定和综合是审计实务的核心工作，也是实现审计目标、完成审计任务的重要资料。在审计工作中，审计人员应当运用恰当的审计方法，获取充分、适当的审计证据，以得出合理的审计结论，作为形成审计意见的基础。

一、审计证据的含义和作用

(一)审计证据的含义

审计证据是指注册会计师为了得出审计结论、形成审计意见而使用的所有信息。审计

证据包括构成财务报表基础的会计记录所含有的信息和其他信息。注册会计师必须在每项审计工作中获取充分、适当的审计证据，以满足发表审计意见的要求。

1. 会计记录中含有的信息

依据会计记录编制财务报表是被审计单位管理层的责任，注册会计师应当测试会计记录以获取审计证据。会计记录主要包括原始凭证、记账凭证、总分类账和明细分类账、未在记账凭证中反映的对财务报表的其他调整，以及支持成本分配、计算、调节和披露的手工计算表和电子数据表。上述会计记录是编制财务报表的基础，构成注册会计师执行财务报表审计业务所需获取的审计证据的重要部分。这些会计记录通常是电子数据，因而要求注册会计师对内部控制予以充分关注，以获取这些记录的真实性、准确性和完整性。

会计记录取决于相关交易的性质，它既包括被审计单位内部生成的手工或电子形式的凭证，也包括从与被审计单位进行交易的其他企业收到的凭证。除此之外，会计记录还可能包括以下几项资料。

(1) 销售发运单和发票、客户对账单以及汇款通知单。

(2) 附有验收单的订购单、购货发票和对账单。

(3) 考勤卡和其他工时记录、工薪单、个别支付记录和人事档案。

(4) 支票存根、电子转移支付记录、银行存款单和银行对账单。

(5) 合同记录，例如租赁合同和分期付款销售协议。

(6) 记账凭证。

将这些会计记录作为审计证据时，其来源和被审计单位内部控制的相关强度(对内部生成的证据而言)都会影响注册会计师对这些原始凭证的信赖程度。

2. 其他信息

会计记录中含有的信息本身并不足以提供充分的审计证据作为对财务报表发表审计意见的基础，注册会计师还应当获取用作审计证据的其他信息。可用作审计证据的其他信息包括注册会计师从被审计单位内部或外部获取的会计记录以外的信息，如被审计单位会议记录、内部控制手册、询证函的回函、分析师的报告、与竞争者的比较数据等；通过询问、观察和检查等审计程序获取的信息，如通过检查存货获取存货存在的证据等；以及自身编制或获取的可以通过合理推断得出结论的信息，如注册会计师编制的各种计算表、分析表等。

财务报表依据的会计记录中包含的信息和其他信息共同构成了审计证据，两者缺一不可。如果没有前者，审计工作将无法进行；如果没有后者，可能无法识别重大错报风险。只有将两者结合在一起，才能将审计风险降至可接受的低水平，为注册会计师发表审计意见提供合理基础。

注册会计师要获取不同来源和不同性质的审计证据，不过，审计证据很少是绝对的。因此，注册会计师需要将不同来源和不同性质的审计证据综合起来考虑，这样能够反映出结果的一致性，从而佐证会计记录中记录的信息。如果审计证据不一致，而且这种不一致可能是重大的，注册会计师应当扩大审计程序的范围，直到不一致得到解决。

(二)审计证据的作用

在审计工作中，审计人员形成任何审计结论和审计意见都必须以充分、适当的审计证据为依据，审计证据在整个审计工作中占有特殊地位，是影响审计结论、形成审计意见的重要因素，审计证据的质量在很大程度上决定着审计工作的质量。具体来讲，审计证据在审计工作中的重要作用主要表现在以下几方面。

1. 审计证据是得出审计结论、形成审计意见的基础

任何公正、正确的审计意见都必须有相应的审计证据来支持，任何客观、公正的审计结论也都必须以相应的审计证据为基础，才能使审计意见和审计结论建立在可靠的客观事实基础上。没有审计证据而形成的审计意见，可能是审计人员的主观判断、估计或推测，没有审计证据得出的审计结论，也往往容易被否定。

2. 审计证据是解除或追究被审计人经济责任的依据

审计人员根据审计工作中收集的证据，来证明被审计单位或被审计人员履行其经济责任的情况，从而作出追究或解除其经济责任的决定。

3. 审计证据是衡量和控制审计工作质量的保证

审计证据的质量在很大程度上决定着审计工作质量。审计质量的高低最终体现在审计人员能否将审计风险降低至可接受的低水平。审计人员只有获取到充分、适当的审计证据，才能以积极方式对财务报表整体发表审计意见，提供高水平的合理保证，从而将审计风险控制在可接受的低水平。

二、审计证据的基本特征

审计证据的特征.mp4

审计证据的基本特征包括审计证据的充分性和适当性。在审计工作中，审计人员应当保持职业怀疑态度，运用职业判断，评价审计证据是否充分、适当。

(一)审计证据的充分性

审计证据的充分性是对审计证据数量的衡量，它是指审计证据的数量要足以证明被审计事项的真相以及支持审计意见。

客观公正的审计意见必须建立在足够数量的审计证据的基础上。没有审计证据或审计证据不充分，则不足以形成正确的审计意见，从而影响审计效果，增加审计风险。但审计证据的充分性并不是说审计证据的数量越多越好，收集过多的审计证据，势必会增加审计时间，提高审计成本，形成人力和物力的浪费，影响审计工作效率。审计证据的充分性要求审计人员在收集审计证据时，应确定形成审计意见的审计证据的最低数量。评价审计证据的充分性应考虑的因素主要有：财务报表重大错报风险、具体审计项目的重要性程度、审计人员的执业经验、审计证据的类型和取得途径、审计过程中是否发现错误或舞弊、报表项目的总体规模等。

(二)审计证据的适当性

审计证据的适当性是对审计证据质量的衡量，即审计证据在支持审计意见所依据的结论方面具有的相关性和可靠性。相关性和可靠性是审计证据适当性的核心内容，只有相关

且可靠的审计证据才是高质量的。

1. 审计证据的相关性

审计证据的相关性是指审计证据应该和审计目标相关，应与具体的被审计事项相关。评价审计证据的相关性时应考虑以下几个方面。

(1) 特定的审计程序可能只为某些认定提供相关的审计证据，而与其他认定无关。例如，库存商品监盘表只能够证明库存商品是否存在，而不能证明库存商品的所有权和计价情况。

(2) 针对同一项认定可以从不同来源获取审计证据或获取不同性质的审计证据。例如，审计人员可以通过分析应收账款账龄和应收账款的期后收款情况，获取与坏账准备计价有关的审计证据。

(3) 只与特定认定相关的审计证据并不能代替与其他认定相关的审计证据。例如，有关存货实物存在的审计证据并不能替代与存货计价相关的审计证据。

2. 审计证据的可靠性

审计证据的可靠性是指审计证据的可信程度。审计证据的可靠性受其来源和性质的影响，并取决于获取审计证据的具体环境。评价审计证据的可靠性时一般应遵循下列几项原则。

(1) 从外部独立来源获取的审计证据比从其他来源获取的审计证据更可靠。从外部独立来源获取的审计证据由完全独立于被审计单位以外的机构或人士编制并提供，未经被审计单位有关人员之手，从而减少了伪造、更改凭证或业务记录的可能性，因而其证明力最强，如银行询证函回函、应收账款询证函回函、保险公司等机构出具的证明等。

(2) 内部控制有效时内部生成的审计证据比内部控制薄弱时内部生成的审计证据更可靠。如果被审计单位有着健全的内部控制且在日常管理中得到一贯的执行，会计记录的可信赖程度将会增加。反之，如果被审计单位的内部控制薄弱，甚至不存在任何内部控制，被审计单位内部凭证记录的可靠性就大为降低。

(3) 直接获取的审计证据比间接获取或推论得出的审计证据更可靠。间接获取的证据有被涂改伪造的可能性，降低了可信赖程度。推论得出的审计证据，其主观性较强，人为因素较多，可信赖程度也会受到影响。

(4) 以文件、记录形式(包括纸质、电子或其他介质)存在的审计证据比口头形式的审计证据更可靠。例如，会议的同步书面记录比讨论事项事后的口头表述更可靠。口头证据本身并不足以证明事实的真相，仅仅提供了一些重要线索，为进一步调查确认所用。

(5) 从原件获取的审计证据比从复印件或传真件获取的审计证据更可靠。审计人员可以审查原件是否有被涂改或伪造的迹象，从而排除伪证，提高证据的可信赖度。而复印件或传真件容易被伪造，可靠性较低。

审计人员在运用上述原则评价审计证据的可靠性时，还应该注意可能出现的重要例外情况。例如，审计证据虽然是从独立的外部来源获得的，但如果该证据是由不知情或不具备资格者提供，则该项证据也可能是不可靠的；如果审计人员不具备评价证据的专业能力，那么即使是直接获取的证据，也可能不可靠。

审计证据的充分性和适当性是审计证据在数量和质量两个方面应具备的基本特征，是形成审计意见缺一不可的必备条件。审计人员只有获取到充分、适当的审计证据后，才能据以得出审计结论和形成审计意见，出具审计报告。

(三)充分性和适当性的关系

充分性和适当性是审计证据的两个重要特征，两者缺一不可，只有充分且适当的审计证据才是有证明力的。

审计证据的充分性与适当性密切相关，通常情况下，审计人员需要获取的审计证据的数量受审计证据质量的影响，审计证据质量越高，即审计证据的相关程度与可靠程度越高，需要获取的审计证据数量可能越少。但是如果审计证据的质量存在缺陷，审计人员仅靠获取更多的审计证据可能无法弥补其质量上的缺陷。

(四)评价充分性和适当性应考虑的其他因素

1. 对文件记录可靠性的考虑

审计工作通常不涉及鉴定文件记录的真伪，但应考虑用作审计证据的信息的可靠性，并考虑与这些信息生成与维护相关控制的有效性。如果在审计过程中识别出的情况使审计人员认为文件记录可能是伪造的，或文件记录中的某些条款已发生变动，审计人员应保持应有的职业谨慎，作进一步调查，包括直接向第三方询证，或考虑利用专家的工作以评价文件记录的真伪。

2. 使用被审计单位生成信息时的考虑

如果在实施审计程序时使用被审计单位生成的信息，审计人员应当就这些信息的准确性和完整性获取审计证据。例如，在审计销售收入项目时，应考虑就被审计单位提供的价格信息和销售数量信息的可靠性获取审计证据。

3. 审计证据相互矛盾时的考虑

如果针对某项认定从不同来源获取的审计证据或获取的不同性质的审计证据不一致，表明某项审计证据可能不可靠，审计人员应当追加必要的审计程序。

4. 获取审计证据时对成本的考虑

审计人员收集审计证据时，可以考虑获取审计证据的成本与所获取信息的有用性之间的关系，但不应以获取审计证据困难和成本高为理由减少不可替代的审计程序。如，存货监盘是证实存货存在认定的不可替代的审计程序，审计人员在审计中不得以检查成本高和难以实施为由而不执行该程序。

三、审计证据的种类

审计证据的种类.mp4

对审计证据进行合理的分类，有助于审计人员按照审计事项和审计目标更有效地收集审计证据，提高审计效率。在审计实务中，审计人员通常是针对管理层的认定来获取审计证据，不同的审计证据可用来证实管理层的不同认定。因此，

审计人员有必要了解审计证据的种类，以针对不同性质的认定来选择最适当的审计程序，获取充分、适当的审计证据。审计证据可以按照不同的标准进行分类，下面主要介绍按审计证据的外形特征、支持审计结论的程度和审计证据的来源等标准所进行的分类。

(一)审计证据按外形特征分类

审计证据按外形特征，可以分为实物证据、书面证据、口头证据和环境证据四类。

1. 实物证据

实物证据是指通过实际观察或清查盘点所取得的，用以确定某些实物资产是否确实存在的证据。例如，审计人员通过监盘，可以验证库存现金、有价证券等实物资产的实有数量；通过监盘和观察，可以证明存货、固定资产等是否确实存在。实物证据通常是证明实物资产是否存在及其存在的数量的最具证明力的证据。但它不能完全证明被审计事项的所有权归属，也不能证实被审计事项价值的正确性。又如，审计人员在审计固定资产时虽然能通过实际观察确定固定资产的存在，但并不能保证固定资产归被审计单位所有，固定资产有可能是抵押或租来的。再如，审计人员监盘的存货中可能包括某些未被发现的废品、次品，这就不能证明资产负债表上所列金额是正确的。在审计实践中，对于资产的所有权归属及其价值状况还应结合其他途径获取的审计证据加以证实。

2. 书面证据

书面证据是审计人员通过各种渠道获取的以书面文件形式存在的、并以其记载内容证明审计事项的证据。主要包括与审计事项有关的各种凭证、账簿、财务报表、合同、协议、会议记录、函件等。书面证据品种多，涉及范围广，在审计实践中，审计人员往往要大量地获取和利用书面证据。因此，书面证据是审计证据的主要组成部分，在审计证据中占有重要的地位。

收集书面证据时，审计人员应考虑其可靠程度。分析书面证据的可靠性主要应关注两个方面：一是看书面证据是否容易被涂改或伪造，若易于涂改、伪造，则可靠性较差；二是考虑书面证据的来源，书面证据的来源不同，其可靠程度也不同。相对而言，来自被审计单位外部的书面证据比来自内部的书面证据可靠性要高。

3. 口头证据

口头证据是指审计人员在审计过程中，通过询问从被审计单位有关人员那里取得的与被审计事项相关的口头说明或答复所形成的证据。由于口头证据往往夹杂着个人观点和意见，因此其证明力较弱，往往需要得到其他相关证据的支持。一般来说，口头证据并不足以证明事实的真相，审计人员不能单凭口头证据就得出审计结论。但审计人员往往可以通过口头证据挖掘出一些重要线索，从而有利于对某些情况做进一步的调查。在审计工作中，审计人员应及时将各种重要的口头证据做成记录，并注明是何人、何时、何地、在何种情况下提供的，必要时还应获得陈述者的签名确认。

4. 环境证据

环境证据是指对被审计单位产生影响的各种环境事实，又称为状况证据。主要包括被

审计单位所处的地理环境、内部控制状况、经营条件、管理人员及员工的素质以及各种管理条件、管理水平等。外部经济环境也是重要的环境证据，如被审计单位所处的行业状况、法律环境和监管环境等。环境证据是一种辅助证据，证明力较弱，不能直接用来形成和发表审计意见，但它可以帮助审计人员了解被审计单位的总体经济活动和所处的环境，是审计人员进行判断所必须掌握的资料。

(二)审计证据按支持审计结论的程度分类

审计证据按其支持审计结论的程度，可以分为基本证据和辅助证据两类。

1. 基本证据

基本证据是指对审计人员得出审计结论、形成审计意见具有直接影响的，起主要支持作用的审计证据。例如，证实被审计单位的应收账款是否存在、期末余额是否正确时，通过向被审计单位的债务人发函询证，收到的询证函回函就是基本证据。审计人员如果离开了基本证据，就无法得出审计结论和形成审计意见。

2. 辅助证据

辅助证据是指对审计人员得出审计结论、形成审计意见，起辅助支持作用的审计证据。辅助证据是基本证据的一种必要补充，例如，当审计人员了解到被审计单位有着良好的内部控制制度，且经营管理又一贯地遵守其内部控制中有关的规定时，就可以认为被审计单位的内部控制为财务报表项目的可靠性提供了强有力的支持，但是仍然不能直接证明财务报表不存在重大错报。

(三)审计证据按来源分类

审计证据按其来源不同可分为外部证据、内部证据和亲历证据三类。

1. 外部证据

外部证据是指由被审计单位以外的机构或人员编制和提供的证据。一般分为两类：一是由被审计单位以外的机构或人员编制，并且由其直接提交给审计人员的证据，如应收账款询证函回函等；二是由被审计单位以外的机构或人员编制，但为被审计单位持有，并且由其提交给审计人员的证据，如银行对账单、购货发票等。在以上两类外部证据中，第一类证据的可靠性强于第二类证据，因为第一类证据未经被审计单位有关人员之手，排除了伪造、更改凭证的可能性。一般来说外部证据的可靠程度较高，具有较强的证明力，但审计人员在判断其可靠性时，还应该考虑提供证据的机构或人员的诚信度。

2. 内部证据

内部证据是指由被审计单位内部的机构或人员编制和提供的审计证据，如被审计单位编制的会计记录、合同、销售单、管理层声明书、会议记录等。内部证据的可靠程度取决于是否经过了外部流转以及被审计单位内部控制有效性的强弱。

3. 亲历证据

亲历证据是指审计人员通过目击或亲自动手编制取得的审计证据。例如，审计人员重新计算产品成本取得的审计证据、审计人员观察被审计单位经济业务执行情况取得的审计证据等。亲历证据源于审计人员自身，独立性强，因而可靠性较强，有着较强的证明力。

四、审计证据的获取、整理、鉴定和综合

(一)审计证据的获取

注册会计师获取审计证据的程序分为总体审计程序和具体审计程序。

1. 总体审计程序

总体审计程序包括风险评估程序、控制测试和实质性程序。

(1) 风险评估程序。注册会计师在进行审计时，应当实施风险评估程序，以了解被审计单位及其环境，并以此作为评估财务报表层次和认定层次重大错报风险的基础。风险评估程序包括：询问被审计单位管理层和内部其他相关人员；分析程序；观察和检查。风险评估程序是一个收集证据的过程，审计人员应该利用实施风险评估程序获取的信息，作为支持风险评估结果的审计证据。

(2) 控制测试。注册会计师在实施风险评估程序后，当存在下列情况之一时，应当实施控制测试：一是在评估认定层次重大错报风险时，预期控制的运行是有效的；二是仅实施实质性程序不足以提供有关认定层次的充分、适当的审计证据。注册会计师应当实施控制测试程序以支持评估结果，并获取内部控制有效性的审计证据。测试控制运行的有效性与实施风险评估程序过程中确定控制是否得到执行所需获取的审计证据是不同的。在实施风险评估程序时审计人员应当确定某项控制是否存在、被审计单位是否正在使用。在测试控制运行的有效性时，审计人员应当从控制在所审计期间的相关时点是如何运行的、控制是否得到一贯执行、控制由谁执行三个方面获取关于控制是否有效运行的审计证据。

(3) 实质性程序。注册会计师应当针对评估的重大错报风险设计和实施实质性程序，以发现认定层次的重大错报。实质性程序包括对各类交易、账户余额和披露的细节测试以及实质性分析程序。注册会计师对重大错报风险的评估仅仅是一种职业判断，可能无法充分识别所有的重大错报风险，而且由于被审计单位的内部控制存在固有的局限性，因此，无论对重大错报风险的评估结果如何，审计人员都应当针对所有重大类别的交易、账户余额和披露实施实质性程序。实质性程序是注册会计师为了获取充分、适当的审计证据而必须要实施的程序。

2. 具体审计程序

审计人员在实施风险评估程序、控制测试和实质性程序时，可以根据需要单独或综合运用各种具体审计程序，以获取充分、适当的审计证据。具体审计程序包括：检查记录或文件、检查有形资产、观察、询问、函证、重新计算、重新执行、分析程序等。

(1) 检查记录或文件。检查记录或文件是指审计人员对被审计单位内部或外部生成的，以纸质、电子或其他介质形式存在的记录或文件进行审查。

(2) 检查有形资产。检查有形资产是指审计人员对实物资产进行审查。检查有形资产程序主要适用于库存现金、有价证券、存货、应收票据、固定资产等。

(3) 观察。观察是指审计人员察看相关人员正在从事的活动或实施的程序。观察常用于对生产经营管理、财产保管等内部控制执行情况以及劳动效率、劳动纪律等方面情况的考察。

(4) 询问。询问是指审计人员以书面或口头方式，向被审计单位内部或外部的知情人员获取财务信息和非财务信息，并对答复进行评价的过程。

(5) 函证。函证是指审计人员为了获取影响财务报表或相关披露认定的项目的信息，通过直接来自第三方的对有关信息和现存状况的声明，获取和评价审计证据的过程。

(6) 重新计算。重新计算是指审计人员以人工方式或使用计算机辅助审计技术，对记录或文件中的数据计算的准确性进行核对。

(7) 重新执行。重新执行是指审计人员以人工方式或使用计算机辅助审计技术，重新独立执行作为被审计单位内部控制组成部分的程序或控制。

(8) 分析程序。分析程序是指审计人员通过研究不同财务数据之间以及财务数据与非财务数据之间的内在关系，对财务信息作出评价。

在审计实务中，究竟采用哪些具体审计程序收集审计证据，需要针对被审计单位财务数据和其他相关数据的生成和储存方式的具体情况进行分析。事实上，在收集某一特定审计目标所需要的审计证据时，往往是几种方法结合使用。

(二)审计证据的整理、鉴定与综合

审计证据是随着审计程序的进行逐步收集的，因此是分散的、个别的，只具有潜在证明力，还需要对收集到的证据进行整理、鉴定与综合，才能使审计证据具有充分的证明力，从而据以形成正确的审计结论和审计意见。

1. 审计证据的整理

审计证据的整理没有固定的模式。由于审计的项目及目标不同，审计证据的种类不同，其整理的方法也有所不同。一般来讲，注册会计师主要运用以下几种方法对审计证据加以整理。

(1) 分类：分类是将各种审计证据根据某种特点、属性或标准进行排列，使其系统化、条理化。审计证据的正确分类能够帮助审计人员更加深入地了解被审计事项，有助于审计人员对被审计事项形成正确的审计结论。一般来讲，对审计证据的分类主要是将各种审计证据按其与审计目标关系的密切程度或按其证明力的强弱分门别类地排列成序。

(2) 比较：审计证据的比较有两个方面的含义。一是要将各种审计证据进行反复比较，从中分析出被审计单位经济业务的变动趋势及其特征；二是要与审计目标进行比较，判断其是否符合要求，是否需要补充收集有关的审计证据。

(3) 归纳：审计证据的归纳是指在分类、比较的基础上，对审计证据进行归纳、总结，得出具有说服力的审计结论。

2. 审计证据的鉴定

审计证据鉴定的内容主要包括以下几个方面。

(1) 相关性鉴定：相关性鉴定有两个方面的含义。一是判断审计证据与被审计事项是否相关，是否有内在联系，能否在一定程度上直接或间接地证明被审计事项；二是判断证据与证据之间是否相关，能否相互印证。

(2) 可靠性鉴定：可靠性鉴定就是判断审计证据本身的真实、可靠程度。证据的真实可靠性受许多因素的影响。一般来讲，证据受个人支配程度越小，被篡改和伪造的机会越少，就越真实可靠。

(3) 重要性鉴定：重要性鉴定就是判断审计证据的内容是否重要，对证明被审计事项是否有用，是否有重要意义。一般来讲，金额大的证据比金额小的证据重要；揭露涉及舞弊行为的证据比由于会计技术上的失误而导致差错的证据重要。

除此之外，审计人员还需要对审计证据的合法性、充分性等加以鉴定。审计人员对于审计证据的收集和鉴定，有时是同时进行的，即审计人员在收集证据的同时就对其效用做出判断，以便收集更为有效的证据。

3. 审计证据的综合

经过鉴定的审计证据具有现实证明力，但仍然是分散的、个别的证据。要使其形成具有充分证明力的证据，还需要对证据进行综合评价。鉴定是对个别证据的评价，而综合是从相关证据总体上，对证据加以整理、归纳、分析，使其条理化、系统化。综合的过程就是选出最适宜的、充分的、有说服力的证据，逐步形成审计结论和审计意见的过程。综合既是从证据整体上进行分析、研究和整理的过程，也是审计人员完成对被审计事项从个别到全面、从表面到本质的认识上的飞跃。

第二节　审计工作底稿

一、审计工作底稿的含义和作用

(一)审计工作底稿的含义

审计工作底稿是指注册会计师对制定的审计计划、实施的审计程序、获取的相关审计证据，以及得出的审计结论作出的记录。

审计工作底稿是审计证据的载体，形成于审计工作的全过程。即从承接审计业务开始，到审计业务约定或规定事项全部完成，出具审计报告为止的全部过程，通常包括审计业务约定书、总体审计策略、具体审计计划、分析表、询证函回函、核对表、问题备忘录、重大事项概要、项目组内部或与被审计单位举行的会议记录、与其他人士(如其他注册会计师、律师、专家等)的沟通文件、错报汇总、管理层声明书、有关重大事项的往来信件(包括电子邮件)以及对被审计单位文件记录的摘要或复印件等。

审计工作底稿的形成方式有编制与获取两种。一方面，审计工作底稿可以是由审计人员根据所收集到的审计证据和作出的专业判断编制而成的工作记录；另一方面，也可以是由审计人员从被审计单位及其他部门获取到的资料。

审计工作底稿可以纸质、电子或其他介质形式存在。

(二)审计工作底稿的作用

审计工作底稿在审计工作中占有十分重要的地位，对审计工作有极为重要的作用，主要表现在以下几个方面。

1. 审计工作底稿是联系整个审计工作的纽带

审计项目小组一般由多人组成，小组内要进行合理的分工，不同的审计程序、不同报表项目的审计往往由不同的审计人员来执行，而最终形成审计结论和发表审计意见时，则主要针对被审计单位的财务报表整体进行。因此，必须把不同人员的审计工作有机地联结起来，以便对整体财务报表发表意见，而这种联结只能借助于审计工作底稿来完成。

2. 审计工作底稿是出具审计报告的基础

审计工作底稿是审计人员对所做工作的记录，其中包含了用以说明审计目标、审计范围、审计程序、取证途径、所获取的具体审计证据，以及审计人员对被审计事项所做专业判断的有关资料。审计结论和审计意见是根据审计人员获取的各种审计证据以及审计人员一系列的专业判断形成的，而审计人员所收集到的审计证据和作出的专业判断，都完整地记录在审计工作底稿中。因此，审计工作底稿是审计人员在撰写审计报告时确定审计意见的依据，为审计报告中记载的事项提供支持，是出具审计报告的基础。

3. 审计工作底稿是考评审计人员专业能力和工作业绩的重要依据

每一位审计人员在审计过程中是否已按照审计准则和相关法律法规的规定执行了审计工作，所实施的审计程序是否恰当、合理，所作出的专业判断是否正确等都反映在审计工作底稿中。因此，审计工作底稿是审计人员工作成果的一种体现，通过对审计工作底稿的检查、复核可以了解和考核审计人员的专业能力和工作业绩。另外，一旦对某项审计业务有异议时，还可以通过审核执行该项业务的审计人员编写的审计工作底稿来明确其责任。

4. 审计工作底稿是审计质量控制和监督的主要依据

审计工作底稿可以清晰地反映出全部审计工作的轨迹，因此，无论是审计项目组内部的督导人员详细复核助理人员的工作，项目合伙人对审计业务项目的总体复核，会计师事务所实施的项目质量控制复核，还是其他一些外部监督机构和注册会计师协会根据相关法律法规或其他相关要求，对会计师事务所进行执业质量检查，往往将审计工作底稿作为主要依据，对审计质量进行控制和监督。

5. 审计工作底稿对未来审计业务具有参考备查价值

审计工作底稿中记录了被审计单位的概况、审计计划、审计程序、审计方法，以及审计人员所做的分析和得出的结论等，汇集了审计人员的工作经验。将这些材料积累起来进行比较研究，对未来审计业务具有一定的参考备查作用。审计业务有一定的连续性，同一被审计单位前后年度的审计业务具有众多联系或共同点。因此，当年度的审计工作底稿是后续年度审计业务可以借鉴的重要参考资料。同时也有助于改善和规范审计工作，总结和发展审计理论。

二、审计工作底稿的种类

审计工作底稿按其性质和作用分类，通常可以分为综合类工作底稿、业务类工作底稿和备查类工作底稿三类。

(一)综合类工作底稿

综合类工作底稿是指审计人员在审计计划和审计报告阶段，为规划、控制和总结整个审计工作，并发表审计意见所形成的审计工作底稿。主要包括被审计单位基本概况表、审计业务约定书、审计计划、审计报告未定稿、审计工作总结、审计差异调整表、试算平衡表、管理层声明书，以及审计人员对整个审计过程进行组织管理的综合性审计工作记录。这类工作底稿体现了审计工作的全过程，可以有效地反映审计人员对整个审计工作的规划和控制作用，并体现审计结论和审计意见。

(二)业务类工作底稿

业务类工作底稿是指审计人员在审计实施阶段，执行具体审计程序所编制和取得的工作底稿。业务类工作底稿主要包括审计人员对各个业务循环或审计项目所作的控制测试或实质性程序的记录和资料，如审计程序表、审定表、各种抽查表、测试表等。这类工作底稿主要记录审计人员在审计实施阶段针对被审计事项所获取的审计证据、审计人员的审计轨迹、所作专业判断及审计结论等。业务类工作底稿可以反映出审计人员执行审计计划的具体情况和实施过程。

(三)备查类工作底稿

备查类工作底稿是指审计人员在审计过程中形成的，对审计工作仅具有参考、备查作用的审计工作底稿。主要包括被审计单位设立的法律性文件，如批准文件、章程、重要的会议记录、营业执照等原始资料的复印件；被审计单位设立以外的有关法律性文件，如经济合同、协议、会议记录等原始资料的复印件；被审计单位组织机构和管理人员结构有关的资料，如组织机构图、管理部门的职责与分工、管理人员的简介等。

审计工作底稿还可以按其他不同标准进行分类，如按格式可分为专用审计工作底稿和通用审计工作底稿；按使用期限的长短可以分为永久性工作底稿和当期工作底稿等。

三、审计工作底稿的基本内容和编制要求

(一)审计工作底稿的基本内容

审计人员编制的审计工作底稿，通常应该包括以下基本内容。

(1) 被审计单位名称。即财务报表编制单位的名称，若财务报表编报单位为某一集团的下属公司，则应同时写明下属公司的名称。

(2) 审计项目名称。即某一财务报表的具体项目名称或某一审计程序及实施对象的名称，如“应收账款”“销售与收款循环”等。若具体审计项目是某一明细科目，则应同时写明该明细科目，如“存货——原材料”等。

(3) 审计项目时点或期间。即某一资产负债表项目的报告时点或某一利润表项目的报告期间。

(4) 审计过程记录。审计人员应将其实施审计程序而达到审计目标的过程记录在审计工作底稿中。审计过程记录包括：被审计单位的未审情况，如被审计单位的内部控制情况、有关会计账项的未审计发生额或期末余额；审计过程的记录，如审计人员实施的具体审计程序及获取的资料；实施审计程序的时间安排和范围等。

(5) 审计结论。即审计人员通过实施必要的审计程序后，对某一审计事项所作的专业判断。审计人员需要根据所执行审计程序及获取的审计证据得出结论，并以此作为对财务报表形成审计意见的基础。在记录审计结论时需注意，在审计工作底稿中记录的审计程序和审计证据是否足以支持所得出并记录的审计结论。

(6) 审计标识及其说明。审计标识是审计人员为便于表达审计含义而采用的符号。审计人员可以在审计工作底稿中使用各种标识，但应说明其含义，并保持前后一致。常用的审计标识如表 5-1 所示。

表 5-1　常用的审计标识

序　号	审计标识	标识含义	序　号	审计标识	标识含义
1	∧	纵加核对	6	S	与明细账核对一致
2	<	横加核对	7	T/B	与试算平衡表核对一致
3	B	与上年结转数核对一致	8	C	已发询证函
4	T	与原始凭证核对一致	9	C\	已收回询证函
5	G	与总分类账核对一致	10	?	疑问待查

在审计实务中，审计人员也可以依据实际情况运用更多的审计标识。

(7) 索引号及页次。索引号是指某一审计项目审计工作底稿的特定编号。一个审计项目编一个索引号，一般用大写英文字母加数字表示，索引号可以由会计师事务所确定。页次指同一索引号下不同审计工作底稿的顺序编号，一般用分数形式表示。相关审计工作底稿之间应保持清晰的钩稽关系，相互引用时，要在审计工作底稿中交叉注明索引号。

(8) 编制者姓名及编制日期。为了明确审计责任，审计人员应在其编制的审计工作底稿上签名和签署编制日期。

(9) 复核者姓名及复核日期。为了明确复核责任，审计工作底稿的复核人员应在其复核过的审计工作底稿上签名和签署复核日期。若有多级复核，每级复核者均应签名和签署复核日期。

(10) 其他应说明事项。其他应说明事项是指审计人员根据其专业判断，认为应当在审计工作底稿中予以记录的其他相关事项。

表 5-2 所示为存货类别明细表的审计工作底稿参考格式。

表 5-2　存货类别明细表

被审计单位：________	索引号：________
项目：存货类别明细表	财务报表截止日/期间：________
编制：________	复核：________
日期：________	日期：________

存货类别	名称及规格	期初余额	本期增加	本期减少	期末余额
原材料					
材料成本差异					
材料采购					
低值易耗品					
库存商品					
在产品					
合 计					

审计说明：

(二)审计工作底稿的编制要求

1. 编制审计工作底稿的总体要求

审计人员编制的审计工作底稿应当使得未曾接触该项审计工作的有经验的专业人士清楚了解以下几个方面：

(1) 按照审计准则和相关法律法规的规定实施审计程序的性质、时间和范围；

(2) 实施审计程序的结果和获取的审计证据；

(3) 就审计事项得出的结论。

有经验的专业人士是指对审计过程、审计准则和相关法律法规的规定、被审计单位所处的经营环境、与被审计单位所处行业相关的会计和审计问题有合理了解的人士。

2. 编制审计工作底稿的具体要求

审计工作底稿是形成审计结论的原始性文件，必须按照审计工作的特点和档案编制的要求进行编制，应做到资料翔实、完整；标识一致；记录清晰；结论明确。具体来说应当做到以下几点。

(1) 真实、准确、完整地记载所有的有关审计业务的重要事项。

(2) 注明资料来源出处。

(3) 审计结论明确。

(4) 审计工作底稿的文字必须简明扼要，数字应准确无误。编制审计工作底稿的文字应当使用中文。少数民族自治地区可以同时使用少数民族文字。中国境内的中外合作会计师事务所、国际会计公司成员所和联系所可以同时使用某种外国文字。会计师事务所执行涉外业务时，可以同时使用某种外国文字。

(5) 编制审计工作底稿的手续要完备，并符合技术规范。具体做法是：每张审计工作底稿应冠以适当的标题并标明审计项目；不同的审计事项不能写在一张底稿上；每张审计工作底稿应由编制人员、复核人员签名，并注明编写、复核日期；审计工作底稿不能重抄，不能复印，如有特殊需要，必须经过有关人员审核同意后，方可复印。

四、审计工作底稿的复核

在审计工作中，一张审计工作底稿往往由一名专业人员独立完成，编制者对有关资料的引用、对有关事项的判断、对会计数据的计算都有可能出现误差，因此，对审计工作底稿进行复核是十分必要的。遵循准则要求执行复核是确保注册会计师执业质量的重要手段之一。会计师事务所需要按照《质量控制准则第 5101 号——会计师事务所对执行财务报表审计和审阅、其他鉴证和相关服务业务实施的质量控制》和《中国注册会计师审计准则第 1121 号——对财务报表审计实施的质量控制》的相关规定，结合事务所自身组织结构特点，制定相关的质量控制政策和程序，对审计项目复核的级次以及人员、时间、范围和工作底稿记录等作出规定。

(一)项目组内部复核

会计师事务所安排复核工作时，应当由项目组内经验较多的人员复核经验较少的人员的工作。对一些较为复杂、审计风险较高的领域，例如，重大会计估计及其他复杂的会计问题、审核重大合同、持续经营存在的问题等，需要指派经验丰富的项目组成员执行复核，必要时可以由项目合伙人执行复核。

所有的审计工作底稿至少要经过一级复核。执行复核时，复核人员需要考虑的事项包括：审计工作是否已按照审计准则和相关的法律法规的规定执行；重大事项是否已提请进一步考虑；是否需要修改已执行审计工作的性质、时间和范围；已执行的审计工作是否支持形成的结论，并已得到适当的记录；已获取的审计证据是否充分、适当；审计程序的目标是否已实现。

审计项目复核贯穿审计全过程，随着审计工作的开展，复核人员在审计计划阶段、审计实施阶段和审计完成阶段及时复核相应的工作底稿。项目合伙人应当对审计业务项目的总体质量负责，对项目组按照会计师事务所复核政策和程序实施的复核负责。项目合伙人复核的内容包括：对关键领域所作的判断；特别风险；项目合伙人认为重要的其他领域。项目合伙人无须复核所有的审计工作底稿。

(二) 项目质量控制复核

会计师事务所应当制定政策和程序，要求对特定业务(包括所有上市实体财务报表审计)实施项目质量控制复核，以客观评价项目组作出的重大判断以及在编制报告时得出的结论。

会计师事务所在确定质量控制复核人员的资格要求时，需要充分考虑质量控制复核工作的重要性和复杂性，安排经验丰富的注册会计师担任项目质量控制复核人员，例如，有一定执业经验的合伙人，或专门负责质量控制复核的注册会计师等。

项目质量控制复核人员应当客观评价项目组作出的重大判断以及在编制审计报告时得出的结论。评价工作应当涉及的内容包括：与项目合伙人讨论重大事项；复核财务报表和拟出具的审计报告；复核项目组作出的重大判断和得出的结论；评价拟出具审计报告的恰当性。

只有完成了项目质量控制复核，才能签署审计报告。审计报告的日期不得早于注册会计师获取充分、适当的审计证据，并在此基础上对财务报表形成审计意见的日期。

审计工作底稿的复核是进行审计项目质量控制的一项重要程序，必须有严格和明确的规定。复核人员在复核审计工作底稿时，应当做好复核记录，对审计工作底稿中存在的问题和疑点要明确指出，并督促编制人及时修改、完善审计工作底稿，提出书面复核意见并签署复核人的姓名和日期。

五、审计工作底稿的归档和保管

会计师事务所应当建立审计档案归档和保管制度，对审计档案妥善保管，以保证审计档案的安全、完整。

(一)审计工作底稿的归档

会计师事务所应当制定政策和程序，以使审计项目组在出具审计报告以后及时将审计工作底稿归整为最终审计档案。审计工作底稿的归档期限为审计报告日后60天内。如果注册会计师未能完成审计业务，审计工作底稿的归档期限为审计业务中止后的60天内。

在完成最终审计档案的归整工作后，如果发现有必要修改现有审计工作底稿或增加新的审计工作底稿，无论修改或增加的性质如何，审计人员均应当记录下列事项：

(1) 修改或增加审计工作底稿的具体理由；

(2) 修改或增加审计工作底稿的时间和人员，以及复核的时间和人员；

(3) 修改或增加审计工作底稿对审计结论产生的影响。

修改现有审计工作底稿主要是指在保持原审计工作底稿中所记录的信息，即对原记录信息不予删除(包括涂改、覆盖等方式)的前提下，采用增加新信息的方式予以修改。例如，原审计工作底稿中列明存货余额为 100 万元，现改为 120 万元，审计人员可以采用在原工作底稿中增加新的注释方式予以修改。

(二)审计工作底稿的保管

对每项具体的审计业务，审计人员应当将审计工作底稿归整为审计档案。审计档案可以分为永久性档案和当期档案两类。永久性档案是指记录内容相对稳定，具有长期使用价值，并对以后的审计工作具有重要影响和直接作用的审计工作底稿所组成的审计档案。如被审计单位的组织结构、批准证书、章程、营业执照、重要资产的所有权或使用权的证明文件等。若永久性档案中的某些内容已发生变化，应及时更新，被替换下的资料一般也需要保存。当期档案是指记录内容在各年度之间经常发生变化，主要供当期审计使用和下期审计参考的审计工作底稿所组成的审计档案。如控制测试工作底稿、具体报表项目实质性程序的工作底稿等。

会计师事务所应当自审计报告日起，对审计工作底稿至少保存 10 年。如果注册会计师未能完成审计业务，会计师事务所应当自审计业务中止日起，对审计工作底稿至少保存 10 年。在完成最终审计档案的归整工作后，注册会计师不应在规定的保存期届满前删除或废弃审计工作底稿。

审计工作底稿的所有权属于承接该项业务的会计师事务所。会计师事务所应当对审计档案建立严格的保密制度，并落实专人管理。这是因为审计档案中不仅记录了被审计单位的商业机密，而且记录了会计师事务所采用的审计技术和方法。因此，除下列情况外，会计师事务所不得对外泄露审计档案：

(1) 法院、检察院及其他部门因工作需要，在按规定办理了有关手续后的依法查阅；

(2) 注册会计师协会对执业情况进行检查时的查阅；

(3) 在客户书面授权的情况下，后任注册会计师可以调阅前任注册会计师的审计工作底稿。

值得注意的是，审计工作底稿中的内容被调阅者引用后，因调阅者的误用而造成的损失，拥有审计工作底稿的会计师事务所或注册会计师不承担任何责任。

本 章 小 结

本章讲述了审计证据和审计工作底稿的相关内容。获取审计证据和编制审计工作底稿是审计工作重要的环节和核心工作，它们不仅关系到审计报告的意见类型和审计工作的质量，而且反映着审计人员的业务能力。

审计证据是指审计人员为了得出审计结论、形成审计意见而使用的所有信息。审计证据包括编制财务报表所依据的会计记录中含有的信息和其他信息。审计证据具有充分性、适当性的特征。审计人员可以通过检查记录或文件、检查有形资产、观察、询问、函证、重新计算、重新执行、分析程序等具体审计程序来获取审计证据，并通过分类、比较、归纳等方法，对审计证据进行整理、鉴定与综合，使审计证据具有充分的证明力，从而据以形成正确的审计结论和审计意见。

审计工作底稿是指审计人员对编制的审计计划、实施的审计程序、获取的相关审计证

据以及得出的审计结论作出的记录。审计工作底稿形成于审计工作的全过程，是形成审计结论、发表审计意见的直接依据。为了保证审计工作的质量，对审计工作底稿进行复核是十分必要的，审计组织应妥善保管和使用审计工作底稿。

自 测 题

1. 什么是审计证据？它具有哪些主要特征？
2. 获取审计证据的主要方法有哪些？
3. 简述审计工作底稿的概念、作用和种类。
4. 审计工作底稿的要素有哪些？
5. 会计师事务所对审计工作底稿的复核有哪些要求？
6. 审计工作底稿如何归档和保管？

案 例 分 析

【案例 1】

广生公司 2016 年 12 月 31 日财务报表显示，其应收账款余额为 200 000 元，备抵坏账为 6000 元。注册会计师小王运用所确定的审计程序审核了上述两个账户，认为表述恰当，符合企业会计准则的要求，但在 2017 年 1 月 15 日外勤工作尚未结束时，得知广生公司的主要客户隆兴公司因遭受火灾而无力偿还应付广生公司的债务。2016 年 12 月 31 日的账面显示，当时应收隆兴公司的账款金额为 44 000 元。现注册会计师小王与广生公司的财务经理讨论有关火灾情况。小王认为：报表上要调整这一火灾损失，增加提取坏账准备。而财务经理认为不应调整这一损失，因为火灾发生在 2017 年。

(资料来源：百度文库. 审计案例 2. 2017-12-12)

问题：

(1) 小王应如何取得审计证据来证实这一损失确实发生在 2017 年？

(2) 小王应如何处理比较恰当？

【案例 2】

2016 年 12 月 31 日，助理人员小丁经注册会计师王玲的安排，前去广生公司验证存货的账面余额。在盘点前，小丁在过道上听几个工人在议论，得知存货中可能存在不少无法出售的变质产品。对此，小丁对存货进行实地抽点，并比较库存量与最近销量。抽点结果表明，存货数量合理，收发亦较为有序。由于该产品技术含量较高，小丁无法鉴别出存货中是否有变质产品，于是，他不得不询问该公司的存货部高级主管。高级主管的答复是，该产品绝无质量问题。

小丁在监盘工作结束后，开始编制审计工作底稿。在备注中，小丁将听说有变质产品的事填入其中，并建议在下阶段的存货审计程序中，应特别注意是否存在变质产品。王玲在复核工作底稿时，再次向小丁详细了解存货监盘情况，特别是有关变质产品的情况。对此，还特别对当时议论此事的工人进行询问。但这些工人矢口否认了此事。于是，王玲与存货部高级主管商讨后，得出结论，认为“存货价值公允且均可出售”。底稿复核后，王玲在备注栏后填写了“变质产品问题经核实尚无证据，但下次审计时应加以考虑。”由于广生公司总经理抱怨王玲前几次出具了保留意见的审计报告，使得他们贷款遇到了不少麻烦，审计结束后，注册会计师王玲对该年的财务报表出具了无保留意见的审计报告。

两个月后，广生公司资金周转不灵，主要是存货中存在大量变质产品无法出售，致使到期的银行贷款无法偿还。银行拟向会计师事务所索赔，认为注册会计师在审核存货时，具有重大过失。债权人在法庭上出示了王玲的工作底稿，认为注册会计师明知存货高估，但迫于总经理的压力，没有揭示财务报表中存在的问题，因此，应该承担银行的贷款损失。

问题：

(1) 引述工人在过道上关于变质产品的议论是否应列入审计工作底稿？

(2) 注册会计师王玲是否已尽到了责任？

(3) 对于银行的指控，这些工作底稿能否作为支持或不利于注册会计师的抗辩立场？

(4) 银行的指控是否具有充分证据？请说明理由。

(资料来源：百度文库. 审计案例 2. 2017-12-12)

【案例 3】

小张是一家会计师事务所的项目经理。在对 A 公司的审计过程中，A 公司的一位未分管财务工作的副总经理进入审计人员工作的办公室，并翻看了部分审计工作底稿。鉴于礼貌和职权，小张没有制止该副总经理的行为。事后，该副总经理因与总经理之间存在矛盾而利用其看到的审计工作底稿的片断内容，指责总经理存在严重的工作失误。事务所不得不花费大量的时间应对该指责。

请你从对该事件的分析中谈谈注册会计师的保密责任。

(资料来源：王光远，黄京菁. 审计学. 大连：东北财经大学出版社，2018)

第六章　审计方法与抽样技术

【学习目标及要点】

掌握审计取证技术方法的种类及各方法的技术要点;理解审计抽样的含义以及审计抽样与审计风险的关系;理解抽样风险和非抽样风险的含义;明确审计抽样的种类及其应用;掌握样本规模的确定和选取样本的方法;了解审计抽样的基本步骤。

【引例】

A注册会计师负责审计甲公司2019年度财务报表。在了解甲公司内部控制后,A注册会计师决定采用审计抽样的方法对拟信赖的内部控制进行测试,部分做法摘录如下:

(1) 为测试2019年度信用审核控制是否有效运行,将2019年1月1日至11月30日期间的所有销售单界定为测试总体。

(2) 为测试2019年度采购付款凭证审批控制是否有效运行,将采购凭证缺乏审批人员签字或虽有签字但未按制度审批的界定为控制偏差。

(3) 在使用随机数表选取样本项目时,由于所选中的1张凭证已经丢失,无法测试,直接用随机数表另选1张凭证代替。

思考题:

(1) 事项(1)界定的总体是否恰当?

(2) 事项(2)是否属于控制偏差?

(3) 事项(3)的做法是否正确?

(资料来源:百度文库,2016)

第一节　审计取证的基本方法

审计方法是指注册会计师检查和分析审计对象,收集审计证据,并对照审计依据或标准进行评价,从而形成审计结论和意见的各种专门技术手段的总称。全面掌握和正确运用审计方法,对于实现审计的目标和任务,提高审计工作的质量是十分重要的。

目前我国常用的审计方法,分为审计取证的基本方法和审计取证的技术方法。审计取证的基本方法是就审计工作的先后顺序和审计工作的范围或详略程度而进行划分的某种方法,主要包括顺查法和逆查法、详查法和抽样法。审计取证的技术方法是指收集审计证据时应用的技术手段,包括检查记录或文件、检查有形资产、观察、询问、函证、重新计算、重新执行、分析程序等方法。

一、按审计工作的先后顺序划分的方法

审计取证的基本方法,按照审计工作的顺序和会计业务处理程序的关系,有顺查法和逆查法之分。

(一)顺查法

顺查法，又叫正查法，它是指按照会计账务处理的程序，依次对凭证、账簿、报表各环节进行逐一检查核对的一种审核方法。

顺查法的具体操作如下：首先从审查原始凭证开始，在这个环节重点审查原始凭证的填写是否规范，凭证所反映的经济业务是否真实、合理、合法；其次，对记账凭证进行审查，检查项目填写得是否完整、规范，计算是否正确，同时还要和所附的原始凭证进行相互核对，查看所反映的经济业务内容是否一致；再次，对会计账簿进行审查，检查是否按照会计准则的要求设置账簿，账簿的登记是否规范，账簿的记录和所依据的记账凭证的内容是否相符，各种账簿之间的对应关系是否正确等；最后，审查和分析会计报表，检查报表和账簿、报表各项目之间的对应关系是否正确。

顺查法按照会计账务处理的先后顺序，逐项仔细地对记录经济业务的凭证、账簿、报表的每个环节进行检查和核对，因而比较容易发现其中的错误和问题，具有全面、系统、不易发生遗漏、审计结果准确、风险较低等优点。但由于从头到尾每个环节都必须面面俱到，所以存在重点不够突出、工作量大、费时费力、不利于提高审计工作效率等缺点。

顺查法一般适用于规模较小、内部控制不够健全、账目比较混乱、存在问题较多的被审计单位。当某些被审计单位和个人有重大的违纪事项需要予以查实时，也可以使用顺查法。

(二)逆查法

逆查法，又叫倒查法，它是指按照会计账务处理相反的顺序，依次对会计报表、会计账簿、会计凭证各环节进行逐一检查核对的一种审核方法。

逆查法和顺查法恰好相反，首先从审核和分析被审计单位的会计报表开始，通过检查和分析会计报表来判断报表的哪些方面可能存在问题，或哪些项目有异常，在此基础上确定下一步审核的方向和重点。其次根据所确定的审核重点，检查有关的会计账簿，将账簿和报表的相关内容进行核对，看其对应关系是否正确。如果将报表和账簿检查核对后，还不足以说明问题的真实情况，这时就要进一步检查核实相关的记账凭证，检查记账凭证的记录是否能解释说明会计报表和账簿所存在的问题或异常。如果记账凭证还无法为会计报表和账簿所存在的问题提供依据，最后就必须追溯到原始凭证，从经济业务的原始记录入手，来查明事实的真相，用以解释在会计报表中发现的问题和异常。

由于逆查法是先分析会计报表，针对分析报表中发现的问题，再审查账簿和凭证，以找出有问题的账务处理的根源，这样就缩小了检查范围，节约了时间和精力，同时也增强了审计工作的针对性，有利于抓住主要问题，提高审计工作的效率。逆查法也有一定的局限性，采用此法要求审计工作人员必须具有一定的分析判断能力和实际工作经验，才能胜任审计工作。如果注册会计师分析判断能力较差，经验不丰富，特别是初次从事审计工作的人员，往往在审阅报表过程中发现不了问题，或分析判断不正确，以致影响审计的效果。逆查法自身的特点决定了它适合用于大型的企业和一些内部控制制度较好的企业。

应该注意的是，顺查法和逆查法各有优缺点，因此，在审计实务中，有时很难将这两种方法完全分开，而是常常结合起来运用。大多数情况下采用逆查法，在一些局部问题上

则可采用顺查法。总之，应根据具体情况结合起来使用，以求相互之间取长补短，提高审计工作的效率和效果。

二、按审计工作的范围(详略程度)划分的方法

审计取证的基本方法，按照审计工作的范围或详略程度又有详查法和抽查法之分。

(一)详查法

详查法是对被审计单位审计期内的所有凭证、账簿、报表进行全部详细审查的一种审计方法。详查的特点是检查精细，故也叫精查法。

运用详查法法进行审计，掌握的情况比较全面、详细、准确，一般不会有遗漏，审计质量能够较大限度地得到保证。但由于其工作量较大，审计成本较高，实践中一般不宜采用这种方法，只是对某些问题特别严重，如存在重大贪污盗窃或严重违反财经法纪的单位，以及账目极为混乱而非彻底清查不可的单位，才使用这种方法。当然，有些经济活动少、会计业务不多的小型单位，也可使用这种方法。

(二)抽查法

抽查法是指对被审计单位的部分经济业务和会计资料进行检查，并根据检查结果推断总体状况的方法。

使用抽查法，能够使注册会计师从单调、复杂的工作中摆脱出来，极大地提高了审计工作效率，节省了审计资源，可以收到事半功倍的效果。但是，由于抽查法是以部分资料的检查结果去推断总体的状况，因而有可能对审计质量产生影响。尤其是对于那些发生频率不高的错弊行为，该方法的运用具有一定的局限性。

抽查法一般适用于规模较大、经济业务较多、内部控制健全有效、会计基础工作好、组织机构健全的单位。

第二节　审计取证的技术方法

审计取证的基本方法.mp4

审计取证的技术方法是指直接用于收集审计证据的方法。注册会计师在实施风险评估程序、控制测试和实质性程序时，可以根据需要单独或综合运用各种审计取证的技术方法，以获取充分、适当的审计证据。审计取证的技术方法包括：检查记录或文件、检查有形资产、观察、询问、函证、重新计算、重新执行、分析程序等。

1. 检查记录或文件

检查记录或文件是指注册会计师对被审计单位内部或外部生成的，以纸质、电子或其他介质形式存在的记录或文件进行审查。检查记录或文件的目的是对财务报表所包含或应包含的信息进行验证。检查记录或文件可以通过审阅和复核的方法来完成。

2. 检查有形资产

检查有形资产是指注册会计师对实物资产进行审查。检查有形资产程序主要适用于存

货、现金、有价证券、应收票据、固定资产等。检查有形资产可为其存在认定提供可靠的审计证据，但不一定能够为权利和义务或计价认定提供可靠的审计证据。通常情况下，检查有形资产可以通过对被审计单位的资产进行盘点来完成，注册会计师可以现场监督并对重要资产进行抽查。

3. 观察

观察是指注册会计师察看相关人员正在从事的活动或执行的程序。观察常用于对生产经营管理、财产保管等内部控制执行情况以及劳动效率、劳动纪律等方面情况的考察。在审计实践中注册会计师往往采用看、听、闻、摸等方式来评估被审计事项。观察提供的证据仅限于观察发生的时点，并且在相关人员已知被观察时，其从事活动或执行程序可能与日常做法不同，可能会影响注册会计师对真实情况的了解。因此，这种方法常常与其他方法结合使用。

4. 询问

询问是指注册会计师以书面或口头方式，向被审计单位内部或外部的知情人员获取财务信息和非财务信息，并对答复进行评价的过程。知情人员对询问的答复可能会为注册会计师提供尚未获悉的信息或佐证证据，也可能会提供与已获信息有重大差异的信息，注册会计师应当根据询问结果考虑修改审计程序或实施追加的审计程序。询问本身不足以发现认定层次存在的重大错报，也不足以测试内部控制运行的有效性，注册会计师还应当实施其他审计程序以获取充分、适当的审计证据。

5. 函证

函证是指注册会计师为了获取影响财务报表或相关披露认定的项目的信息，通过直接来自第三方的对有关信息和现存状况的声明，获取和评价审计证据的过程。函证提供的证据由注册会计师直接从被审计单位以外的第三方获取，且一般采用书面原件的形式，如果运用得当，通过函证程序获取的审计证据可靠性较高，因此，函证是受到高度重视并经常被使用的一种重要程序。

6. 重新计算

重新计算是指注册会计师以人工方式或使用计算机辅助审计技术，对记录或文件中的数据计算的准确性进行核对。重新计算通常包括：计算销售发票和存货的总金额，加总日记账和明细账，检查折旧费用和预付费用的计算，检查应纳税额的计算等。通常情况下，注册会计师会重新抽出一些凭证及会计记录，就其中的数据进行重新计算，以验证其原记录的正确性。

7. 重新执行

重新执行是指注册会计师以人工方式或使用计算机辅助审计技术，重新独立执行作为被审计单位内部控制组成部分的程序或控制。例如，注册会计师根据被审计单位的银行存款日记账和银行对账单，重新编制银行存款余额调节表，并与被审计单位编制的银行存款余额调节表进行比较。

8. 分析程序

分析程序是指注册会计师通过研究不同财务数据之间以及财务数据与非财务数据之间的内在关系，对财务信息作出评价。分析程序还包括调查识别出的与其他相关信息不一致或与预期数据严重偏离的波动和关系。

第三节　审 计 抽 样

现代审计的重要特征之一就是审计抽样的广泛运用，它大大降低了审计成本，提高了工作效率，是审计理论和实践的重大突破。

一、审计抽样的定义

审计抽样，是指注册会计师对具有审计相关性的总体中低于百分之百的项目实施审计程序，使所有抽样单元都有被选取的机会，为注册会计师针对整个总体得出结论提供合理基础。

审计抽样有两种适用情形：一是当控制的运行留下轨迹时，注册会计师可以考虑使用审计抽样实施控制测试；二是在实施细节测试时，注册会计师可以使用审计抽样获取审计证据，以验证有关财务报表金额的一项或多项认定，或对某些金额作出独立估计。但是在实施实质性分析程序时，注册会计师不宜使用审计抽样的方法。风险评估程序通常也不涉及使用审计抽样。

审计抽样不同于详细审计。详细审计是指审查审计对象总体中的所有项目并根据审计结果形成审计意见。那种从审计对象总体中选取部分项目进行审计，并只对所选项目本身发表意见的方法不属于审计抽样。

审计抽样也不等同于抽查。抽查从其本身讲，仅表明它是一种检查技术，一般用于了解情况，确定审计重点。抽查作为一种技术在使用中无特殊规定的严格要求。但审计抽样作为一种方法，比抽查更有其实质的工作内容，注册会计师要根据审计目的，考虑被审计单位的具体情况，自身审计资源条件、能力等情况作出科学的抽样决策，并严格按照规定的程序和抽样方法要求来完成审计抽样。审计抽样的基本目标是在有限的审计资源条件限制下，收集充分、适当的审计证据，以形成和支持审计结论。

二、审计风险与审计抽样

审计抽样与审计风险.mp4

在获取审计证据时，注册会计师应当运用职业判断，评估重大错报风险，并设计进一步的审计程序，以确保将审计风险降至可接受的低水平。

审计风险取决于重大错报风险和检查风险。抽样风险和非抽样风险可能影响重大错报风险的评估和检查风险的确定。例如，在控制测试中，当总体实际偏差率非常高时，如果注册会计师实施了不适当的审计程序而未能发现样本中的错误，重大错报风险评估水平就会受到非抽样风险的影响；如果注册会计师实施了适当的审计程序而在样本中未发现偏差或仅发现少量偏差，并作出控制运行有效的结论，重大错报风险评估水平则会受到抽样风险的影响。又如，在细节测试中，如果注册会计师实施了不适当的分析程序而得出错误的结论，检查风险水平就会受到非抽样风险的影响；如果总体实际错报高于可容忍错报，注册会计师在细节测试的样本中只发现了很小的错报，导致得出错误的结论，检查风险水平就会受到抽样风险的影响。

(一)抽样风险

抽样风险是指注册会计师根据样本得出的结论，与对总体全部项目实施与样本同样的审计程序得出的结论存在差异的可能性。抽样风险是由于没有对所有项目实施审计程序形成的。抽样风险与样本量成反向关系，样本量越大，抽样风险越低。

注册会计师在进行控制测试时，主要应关注：①信赖过度风险，这是指注册会计师推断的控制有效性高于其实际有效性的风险；②信赖不足风险，这是指注册会计师推断的控制有效性低于其实际有效性的风险。

例如，某一内部控制一年被执行了1000次，设定可容忍偏差率为5%。假设实际情况是1000笔中有200笔失控，即总体实际偏差率为20%，内部控制是不能被信赖的。注册会计师运用审计抽样推断总体的结果：假设注册会计师确定的样本规模为100笔，审查后发现有1笔存在偏差，样本偏差率为1%(样本偏差率是对总体偏差率的最佳估计)，推断总体偏差率为1%，总体可以被接受，内部控制可以被信赖。注册会计师推断的内部控制有效性高于实际内部控制的有效性，这就是信赖过度风险。

某一内部控制一年被执行了1000次，设定可容忍偏差率为5%。假设实际情况是1000笔中有40笔失控，即总体实际偏差率为4%，内部控制是可以被信赖的。注册会计师运用审计抽样推断总体的结果：假设注册会计师确定的样本规模为100笔，审查后发现有30笔存在偏差，样本偏差率为30%(样本偏差率是对总体偏差率的最佳估计)，推断总体偏差率为30%，总体不能被接受，内部控制是不能被信赖的。注册会计师推断的内部控制有效性低于实际内部控制的有效性，这就是信赖不足风险。

注册会计师在实施细节测试时，主要应关注：①误受风险，是指注册会计师推断某一重大错报不存在而实际上存在的风险；②误拒风险，是指注册会计师推断某一重大错报存在而实际上不存在的风险。

例如，有1000笔应收账款，注册会计师通过专业判断、被审计单位的性质或对被审计单位及其环境的了解，认为被审计单位不太可能低估应收账款，高估应收账款的可能性很大，拟通过审计抽样来测试应收账款的总金额是否被高估。假设1000笔应收账款的金额为4000万元，设定高估金额超过70万元(可容忍错报)，结论为总体有重大错报。假设实际情况是4000万元中有1000万元错报，总体不能被接受，应收账款项目存在重大错报。

注册会计师运用审计抽样推断总体的结果：假设注册会计师确定的样本规模为100笔，审查后发现有2万元错报，推断总体错报20万元，20万元低于70万元，总体可以被接受。注册会计师推断的应收账款项目不存在重大错报而实际上存在的风险，这就是误受风险。

误拒风险同理。

上述风险将会影响审计工作的效果和效率。信赖过度风险和误受风险，影响审计的效果，并可能导致注册会计师发表不恰当的审计意见；信赖不足风险和误拒风险，一般会导致注册会计师执行额外的审计程序，降低审计效率。无论是控制测试还是细节测试，注册

会计师都可以通过扩大样本规模降低抽样风险。

(二)非抽样风险

非抽样风险是指注册会计师由于与任何与抽样风险无关的原因而得出错误结论的可能性。非抽样风险包括审计风险中不是由抽样所导致的所有风险。

注册会计师采用不适当的审计程序，或者误解审计证据而没有发现误差等，均可能导致非抽样风险。在审计过程中，可能导致非抽样风险的原因包括下列情况。

(1) 注册会计师选择的总体不适合于测试目标。

(2) 注册会计师未能适当地定义控制偏差或错报，导致注册会计师未能发现样本中存在的偏差或错报。

(3) 注册会计师选择了不适于实现特定目标的审计程序。例如，注册会计师依赖应收账款函证来揭露未入账的应收账款。注册会计师错误解读审计证据也可能导致没有发现误差。

(4) 注册会计师未能适当地评价审计发现的情况。例如，注册会计师对所发现误差的重要性的判断有误，从而忽略了性质十分重要的误差，导致得出不恰当的结论。

(5) 其他原因。在有些情况下，即使对总体中的所有项目实施检查，审计程序也可能无效。

非抽样风险难以量化，但是，注册会计师应当通过适当的指导、监督和复核审计工作，坚持质量控制标准，有效地降低非抽样风险。

三、审计抽样的种类

审计抽样的种类很多，按其抽样决策的依据不同可分为统计抽样和非统计抽样；按其所了解的总体特征的不同可分为属性抽样和变量抽样。

(一)统计抽样和非统计抽样

在对某类交易或账户余额使用审计抽样时，注册会计师可以使用统计抽样方法，也可以使用非统计抽样方法。

1. 统计抽样

统计抽样是指同时具备下列特征的抽样方法。

(1) 随机选取样本。

(2) 运用概率论评价样本结果，包括计量抽样风险。

统计抽样的依据是概率统计原理和健全的内部控制。统计抽样的意义是选取充分有效的审计证据。统计抽样的特点主要有：

(1) 统计抽样能够科学地确定抽样规模。总体中各个项目被抽中的机会是均等的，因而样本的选取可以防止主观判断，能够较客观地反映总体特征。

(2) 统计抽样能够客观地计量抽样风险，并通过调整样本规模精确地控制风险。因为，统计抽样的样本是按注册会计师能够接受的审计风险和可以容忍的总体最大误差，根据概率论计算出来的。这是与非统计抽样最重要的区别。

(3) 抽样结果科学可靠。统计抽样中的总体特征的推断也是根据概率统计原理推算出来的，统计抽样的有效性不受注册会计师的经验和判断能力影响。

(4) 统计抽样便于实行审计工作规范化。

但是统计抽样有可能发生额外的成本。首先，统计抽样需要特殊的专业技能，因此使用统计抽样需要增加额外的支出以培训注册会计师。其次，统计抽样要求单个样本项目符合统计要求，这些也可能需要支出额外的费用。

2. 非统计抽样

不同时具备统计抽样两个基本特征的抽样方法为非统计抽样。

非统计抽样的依据是注册会计师的工作经验和主观判断，它的意义是选取充分有效的审计证据，其特点主要有：

(1) 非统计抽样不能科学地确定抽样规模。抽样规模根据注册会计师的经验和判断确定，总体中各个项目被抽中的机会是不均等的，因而样本的选取往往有一定的主观性，不能够较客观地反映总体特征。

(2) 审计风险较大，并且不可预知、不可控制。风险程度取决于注册会计师的工作经验和职业判断能力。

(3) 抽样结果可靠性较差。抽样的有效性取决于注册会计师的工作经验和职业判断能力。

(4) 非统计抽样简单灵活、易于操作，能充分利用注册会计师的经验。非统计抽样如果设计适当，也能提供与设计适当的统计抽样方法同样有效的结果。

注册会计师执行审计测试，既可用统计抽样技术，也可用非统计抽样技术，还可结合使用这两种抽样技术。究竟应选用哪一种抽样技术，主要取决于注册会计师对成本效果方面的考虑。非统计抽样可能要比统计抽样的成本小，但统计抽样的效果则可能比非统计抽样好得多。注册会计师应当根据具体情况并运用职业判断，确定使用统计抽样或非统计抽样方法，以最有效率地获取审计证据。统计抽样与非统计抽样都要运用注册会计师的经验和职业判断，都能选取适当而有效的审计证据，并且都存在审计风险。

统计抽样和非统计抽样的关系比较如表6-1所示。

表6-1　统计抽样和非统计抽样的关系比较表

项　目	统计抽样	非统计抽样
区别	利用概率法则来量化控制抽样风险	利用经验法则和主观标准
	能使注册会计师量化控制抽样风险	不能使注册会计师量化控制抽样风险
	统计抽样的效果可能比非统计抽样要好得多	非统计抽样可能比统计抽样花费的成本要小
	运用模型确定样本规模(明确承认相关因素)	运用判断确定样本规模(不明确承认相关因素)
	随机选取有代表性的样本	判断选取有代表性的样本
	运用统计法则和职业判断评价样本结果	运用判断评价样本结果
联系(相同点)	①都需合理运用专业判断；②都可以提供审计所要求的充分且适当的证据；③都存在某种程度的抽样风险和非抽样风险；④不影响审计程序的选择；⑤不影响获取单个证据的适当性；⑥不影响对样本错误的反映；⑦统计抽样的产生并不意味着非统计抽样的消亡	

(二)属性抽样和变量抽样

属性抽样是指在精确度界限和可靠程度一定的条件下，为了测定总体特征的发生频率而采用的一种方法，是根据控制测试的目的和特点所采用的审计抽样。

变量抽样是指用来估计总体金额而采用的一种方法，是对审计对象总体的货币金额进行实质性测试所采用的抽样方法，是根据细节测试的目的和特点所采用的审计抽样。

在审计实务中，经常存在同时进行控制测试和细节测试的情况，在此情况下采用的审计抽样称为双重目的抽样。

属性抽样与变量抽样的区别如表 6-2 所示。

表 6-2　属性抽样与变量抽样的区别

项　目	属性抽样	变量抽样
测试种类	控制测试	细节测试
测试目标	估计总体既定控制的偏差率(次数)	估计总体总金额或总体中的错误金额
测试内容	内部控制	报表项目
测试结果	对与错或是与否	错误金额多少

注册会计师在进行控制测试时，可采用固定样本量抽样、停—走抽样、发现抽样等属性抽样方法；在进行细节测试时，通常可采用均值估计抽样、差异估计抽样、比率估计抽样等变量抽样方法。

四、审计抽样的基本步骤

注册会计师在运用审计抽样方法时，需要经过以下四个基本步骤。

(一)样本的设计

围绕样本的性质、样本量、抽样组织方式、抽样工作质量要求所进行的计划工作，称为样本设计。注册会计师在设计样本时，应当考虑以下工作。

1. 确定测试目标

注册会计师在设计样本时，应当首先考虑将要达到的具体审计目的，并考虑将要取得的审计证据的性质、可能存在误差的条件以及该项审计证据的其他特征，以正确地界定误差和审计对象总体，并确定采用何种审计程序。在进行控制测试时，测试的目标是要评价控制是否有效运行，从而支持评估的重大错报风险水平；在细节测试中，测试的目标往往是确定相关认定是否存在重大错报。例如，通过在账户余额中选取项目进行测试，注册会计师可以检查出那些虚构项目、余额中不应包含的项目(分类错误的项目)以及估价错误的项目。

2. 定义审计对象总体与抽样单元

审计对象总体是指注册会计师从中选取样本并期望据此得出结论的整个数据集合。注册会计师在确定审计对象总体时，应当确保总体的适当性和完整性。适当性是指总体必须符合审计目标。例如，若审计目标是要确定应收账款余额是否多计，审计对象总体就是应收账款明细账。完整性是指审计对象总体必须包括被审计经济业务或资料的全部项目。

抽样单元是构成审计对象总体的个别项目。注册会计师应当根据审计目的及被审计单位的实际情况，确定抽样单元。

注册会计师依据不同的要求和方法，从审计对象总体中选取若干抽样单元，便构成不同的样本。

3. 定义偏差构成条件

注册会计师应该运用专业判断对是否构成偏差加以明确的界定。注册会计师必须事先准确定义构成偏差的条件，否则执行审计程序时就没有识别偏差的标准。在定义偏差构成条件时，注册会计师应考虑审计程序的目标。

在控制测试中，偏差是指控制偏差。注册会计师应仔细定义所要测试的控制及可能出现偏差的情况。注册会计师应根据对内部控制的理解，确定哪些特征能够显示被测试控制的运行情况，然后据此定义偏差构成条件。在评估控制运行的有效性时，注册会计师应当考虑其认为必要的所有环节。例如，测试被审计单位销售收入控制时，未经批准开出销货发票、销货退回手续不全、销售收入的会计记录未进行复核等，就属于偏差。

在细节测试中，偏差是指错报，注册会计师要确定是什么构成的错报。例如，在对应收账款存在性的细节测试中(如函证)，客户在函证日之前支付、被审计单位在函证日之后不久收到的款项不构成偏差。

4. 确定样本规模

确定样本规模是样本设计时的一项核心工作。样本是指从总体中抽取的进行审查的并具有代表性项目的集合，组成样本的项目数称为样本规模。在确定样本规模时，注册会计师应当考虑能否将抽样风险降至可接受的低水平。

在审计抽样中，如果样本规模过小，就不能反映出总体的特征，注册会计师就无法获取充分的审计证据，其审计结论的可靠性就会大打折扣，甚至可能得出错误的审计结论；相反，如果样本规模过大，则会增加审计工作量，造成不必要的时间和人力的浪费，降低审计效率，失去审计抽样的意义。注册会计师在确定样本规模时会受到可接受的抽样风险、可信赖程度、可容忍误差、预期总体误差和总体变异性等多种因素的影响。

1) 可接受的抽样风险

样本规模受注册会计师可接受的抽样风险水平的影响，注册会计师在设计样本时，应将风险作为一个重要的因素加以考虑。可接受的风险水平越低，需要的样本规模越大。

2) 可信赖程度

可信赖程度通常用预计抽样结果能够代表审计对象总体特征的百分比来表示。注册会计师对可信赖程度要求越高，需选取的样本量就应越大。例如，抽样结果有 95%的可信赖程度，就是指抽样结果代表总体特征的可能性有 95%，没有代表总体特征的可能性有 5%。

3) 可容忍误差

可容忍误差是注册会计师认为抽样结果可以达到审计目的而愿意接受的审计对象总体的最大误差。注册会计师应当在审计计划阶段，根据审计重要性原则，合理确定可容忍误差。可容忍误差越小，需选取的样本量就应越大。

在控制测试中，可容忍误差是指可容忍偏差率。可容忍偏差率是指注册会计师在不改变其计划评估的控制有效性，从而不改变其计划评估的重大错报风险水平的前提下，愿意接受的对于设定控制的最大偏差率。在确定可容忍偏差率时，注册会计师应考虑计划评估的控制有效性。计划评估的控制有效性越低，注册会计师确定的可容忍偏差率通常越高，所需的样本规模就越小。一个很高的可容忍偏差率通常意味着，控制的运行不会大大降低相关实质性测试的程度。在这种情况下，由于注册会计师预期控制运行的有效性很低，特定的控制测试可能不需进行。反之，如果注册会计师在评估认定层次重大错报风险时预期控制的运行是有效的，注册会计师必须实施控制测试。换言之，注册会计师在风险评估时越依赖控制运行的有效性，确定的可容忍偏差率越低，进行控制测试的范围越大，因而样本规模增加。

在细节测试中，可容忍误差是指可容忍错报。可容忍错报是指在不导致财务报表存在重大错报的情况下，注册会计师对各类交易、账户余额、列报确定的可接受的最大错报金额。可容忍错报的确定是以注册会计师对财务报表层次重要性水平的初步评估为基础。某账户的可容忍错报实际上就是该账户的重要性水平。它是该账户的错报与其他账户的错报汇总起来不会引起财务报表整体重大错报的最大金额。对特定的账户而言，当抽样风险一定时，如果注册会计师确定的可容忍错报降低，所需的样本规模就增加。

4) 预期总体误差

预期总体误差是指注册会计师预计在总体中发生的误差。注册会计师应根据前期审计所发现的误差、客户经营业务和经营环境的变化、对内部控制制度的评价及分析性程序的结果等来确定审计对象总体的预期误差。预期的总体误差与样本量是同向变动关系，如果存在预期误差，则应当选取较大的样本量。

5) 总体变异性

总体变异性是指总体的某一特征(如金额)在各项目之间的差异程度。在控制测试中，注册会计师在确定样本规模时一般不考虑总体变异性。在细节测试中，注册会计师确定适当的样本规模时要考虑特征的变异性。总体项目的变异性越低，通常样本规模越小。注册会计师可以通过分层，将总体分为相对同质的组，以尽可能降低每一组中变异性的影响，从而减小样本规模。未分层总体具有高度变异性，其样本规模通常很大。最有效率的方法是根据预期会降低变异性的总体项目特征进行分层。在实质性测试中，分层的依据通常包括项目的账面金额、与项目处理有关的控制的性质或与特定项目(如更可能包含错报的那部分总体项目)有关的特殊考虑等。分组后的每一组总体被称为一层，每层分别独立选取样本。表 6-3 列示了审计抽样中影响样本规模的因素。

表 6-3　影响样本规模的因素

影响因素	与样本规模的关系
可接受的抽样风险	反向变动
可信赖程度	同向变动
可容忍误差	反向变动

续表

影响因素	与样本规模的关系
预计总体误差	同向变动
总体变异性	同向变动

注册会计师可以使用统计学公式或运用职业判断，确定样本规模。使用统计抽样方法时，注册会计师必须对影响样本规模的因素进行量化，并利用根据统计公式开发的专门的计算机程序或专门的样本量表来确定样本规模。在非统计抽样中，注册会计师可以只对影响样本规模的因素进行定性的估计，并运用职业判断确定样本规模。

(二)选取样本

1. 样本选取的基本要求

在选取样本项目时，注册会计师应当使总体中的所有抽样单元均有被选取的机会，以使样本能够代表总体。只有如此，才能保证由抽样结果推断出的总体特征具有合理性、可靠性、代表性。

在统计抽样中，注册会计师应当随机选取样本项目，以使每个抽样单元以已知的机会被选中。抽样单元可能是实物项目(如发票)或货币单位。

在非统计抽样中，注册会计师应当运用职业判断选取样本项目。由于抽样的目的是对整个总体得出结论，注册会计师应当尽量选取具有总体典型特征的样本项目，并在选取样本时避免偏见。

2. 样本选取的方法

选取样本的基本方法，包括随机选样、系统选样和随意选样。

1) 随机选样

随机选样是指对审计对象总体或次级总体的所有项目，按随机规则选取样本。常用的方法有利用随机数表选样或利用计算机产生随机数选样等。

使用随机数选样需以总体中的每一项目都有不同的编号为前提。注册会计师可以使用计算机生成的随机数，如电子表格程序、随机数码生成程序、通用审计软件程序等计算机程序产生的随机数，也可以使用随机数表获得所需的随机数。

随机数表由0～9的数字组成，每个数出现的机会均等，并任意组成多位数字，常见的为五位数，这一位数也完全随机地纵横排列构成一种数表。表6-4就是五位随机数表的一部分。

表6-4　随机数表(部分列示)

序　号	(1)	(2)	(3)	(4)	(5)
1	10 480	15 011	01 536	02 011	81 647
2	22 368	46 573	25 595	85 313	30 995
3	24 130	48 360	22 527	97 265	76 393
4	42 167	93 093	06 243	61 680	07 856

续表

序　号	(1)	(2)	(3)	(4)	(5)
5	37 570	39 975	81 837	16 656	06 121
6	77 921	06 907	11 008	42 751	27 756
7	99 562	72 905	56 420	69 994	98 872
8	96 301	91 977	05 463	07 972	18 876
9	89 579	14 342	63 661	10 281	17 453
10	85 475	36 857	53 342	53 988	53 060
11	28 018	69 578	88 231	33 276	70 997
12	63 553	40 961	48 235	03 427	49 626
13	09 429	93 069	52 636	92 737	88 974
14	10 365	61 129	87 529	85 689	48 237
15	07 119	97 336	71 048	08 178	77 233

使用随机数表时，首先，要建立总体中项目与随机数表中数字的对应关系。总体的每个项目必须在随机数表中有一个唯一与之对应的随机数。如果总体中多个项目有连续编号的明显标志，就能清楚地在表中找到一个对应位置。但是如果总体的各个项目没有编号或虽有编号却散乱时，应对总体各项目重新编号或采用其他办法使之与随机数表相对应。例如，如果经济事项编号为a1234，b1234，…，注册会计师对a，b，…就需另行编号，例如指定a为1，b为2等，从而实现与随机数表的一一对应。其次，从随机数表上确定一个选号起点和选号路线。选号起点与选号路线可任意选择，随机数表中任何一个数都可随意确定为选号起点，再根据确定的选号起点在随机表上向上下左右选择一条选号路线，按照选样路线依次选样。

现举例说明如何使用随机数表。例如，假定注册会计师对某公司连续编号为300～3000的现金支票进行随机选样，希望选取一组样本量为20的样本。注册会计师决定以第一行第一列为起点，选择路线是由左到右，从上到下，对应关系是表中各数的前4位，则所选择的20个样本号码为：1048，1501，2236，2559，2413，2252，624，785，1665，612，690，1100，2775，546，797，1887，1434，1028，1745，2801。凡前4位数在300以下或3000以上的，由于超出支票号码范围，均不入选。然后，按此数码选取号码与其对应的20张支票作为样本进行审查。

随机数选样不仅使总体中每个抽样单元被选取的概率相等，而且使相同数量的抽样单元组成的每种组合被选取的概率相等。这种方法在统计抽样和非统计抽样中均适用。由于统计抽样要求注册会计师能够计量实际样本被选取的概率，这种方法尤其适合于统计抽样。

2) 系统选样

系统选样，也称等距选样，是指首先计算选样间隔，确定选样起点，然后再根据间隔，顺序选取样本的一种选择方法。

使用等距抽样首先要计算抽样区间，其计算公式为：抽样区间=总体数量/样本规模。假定有5000张现金支票，注册会计师要抽查其中的100张。则抽样区间为5000/100=50。假设随机起点从16开始，则每隔50个项目选取一个样本，样本项目分别为：16，66，116，166，216，…，号支票。

系统选样的优点是使用方便，比其他抽样方法节省时间，并可用于无限总体与无穷大总体。此外，使用此法时，对总体中的项目不需要编号，注册会计师只要简单数出每一个间距即可。而缺点是，当总体不是随机排列时，会产生非随机样本，容易发生较大的偏差。因此，注册会计师应该首先确定总体是否呈现随机排列，如果不是，则不宜使用。

系统选样可以在非统计抽样中使用，在总体随机分布时也可适用于统计抽样。

3) 随意选样

随意选样是指不考虑金额大小、资料取得的难易程度及个人偏好，以随意的方式选取样本。随意选样的缺点在于很难完全无偏见地选取样本项目，即这种方法难以彻底排除注册会计师的个人偏好对选取样本的影响，因而很可能使样本失去代表性。例如，从发票柜中取发票时，某些注册会计师可能倾向于抽取柜子中间位置的发票，这样就会使柜子上面部分和下面部分的发票缺乏相等的选取机会。因此，在运用随意选样方法时，注册会计师要避免由于项目性质、大小、外观和位置等的不同所引起的偏见，尽量使所选取的样本具有代表性。

(三)实施审计程序

选取样本后，注册会计师应当针对选取的每个项目，实施适合于具体审计目标的审计程序。如果选取的项目不适合实施审计程序，注册会计师通常使用替代项目。例如，测试应收账款的金额是否正确时，会采用函证这种审计程序，如果积极式函证未收到回函，注册会计师就会实施审查销售发票等替代程序。

如果因凭证缺失等原因导致注册会计师无法对所选取的项目实施已设计的审计程序，且不能针对该项目实施适当的替代审计程序，注册会计师通常考虑将该项目视作误差。

(四)抽样结果的评价

注册会计师在对样本实施必要的审计后，需要对抽样结果进行评价，其具体程序和内容如下所示。

1. 分析样本误差

注册会计师应当考虑样本的结果、已识别的所有误差的性质和原因，及其对具体审计目标和审计的其他方面可能产生的影响。

注册会计师在分析样本误差时，一般应从以下方面着手。

(1) 根据预先确定的构成误差的条件，确定某一有问题的项目是否为一项误差。例如，在审查应收账款余额时，发现被审计单位将应收账款明细账甲单位记错为乙单位，但它并不影响应收账款的余额，因此，在评价抽样结果时，不能认为这是一项误差。

(2) 注册会计师按照既定的审计程序，无法对样本取得审计证据时，应当实施替代审计程序，以获取相应的审计证据。如肯定式函证应收账款未能收到回函，如果注册会计师无法或者没有执行替代审计程序，则应将该项目视为一项误差。

(3) 如果某些样本误差项目具有共同的特征，如相同的经济业务类型、场所、时间，则应将这些具有共同特征的项目作为一个整体，实施相应的审计程序，并根据审计结果，进行单独的评价。

(4) 在分析抽样中所发现的误差时，还应考虑误差的质的方面，包括误差的性质、原因及其对其他相关审计工作的影响。例如，在控制测试中，对样本误差可作如下的定性分析：①误差是否超过审计范围？是关键的还是非关键的？②分析每一个关键误差的性质和原因，看其是故意的还是非故意的？是系统的还是偶然的？是频繁的还是不频繁的？是否影响到货币金额？③确定这些误差对其他符合性测试以及实质性测试的影响。

2. 推断总体误差

分析样本误差后，注册会计师应根据抽样中发现的误差采用适当的方法，推断审计对象的总体误差。当总体误差划分为几个层次时，应先对每一层次作个别的推断，然后将推断结果加以汇总。由于存在多种抽样方法，注册会计师根据样本误差推断总体误差的方法应与所选用的抽样方法一致。

在细节测试中运用传统变量抽样时，常见的方法有以下三种：均值法、差额法和比率法。每种方法推断总体错报的方法各不相同。

1) 均值法

(1) 计算样本中所有项目审定金额的平均值；

(2) 用样本平均值乘以总体规模得出总体金额的估计值；

(3) 总体估计金额与总体账面金额之间的差额就是推断的总体错报。

例如：A 注册会计师对审计客户 B 公司 2019 年财务报表进行审计，在针对营业收入实施细节测试时，A 注册会计师决定采用传统变量抽样方法实施统计抽样。B 公司 2019 年 12 月 31 日营业收入账面金额合计为 600 000 000 元。A 注册会计师确定的总体规模为 6 000，样本规模为 400，样本账面金额合计为 24 000 000 元，样本审定金额合计为 16 000 000 元。

样本项目的平均审定金额=16 000 000/400=40 000

总体的审定金额=40 000×6 000=240 000 000

推断的总体错报=240 000 000−600 000 000=−360 000 000

2) 差额法

(1) 计算样本平均错报；

(2) 用平均错报乘以总体规模来推断总体错报金额估计数据；

(3) 将总体错报估计数与可容忍错报比较。

例如：A 注册会计师对审计客户 B 公司 2019 年财务报表进行审计，在针对营业收入实施细节测试时，A 注册会计师决定采用传统变量抽样方法实施统计抽样。B 公司 2019 年 12 月 31 日营业收入账面金额合计为 600 000 000 元。A 注册会计师确定的总体规模为 6 000，样本规模为 400，样本账面金额合计为 24 000 000 元，样本审定金额合计为 16 000 000 元。

样本平均错报=(16 000 000−24 000 000)/400=−20 000

推断的总体错报=−20 000×6000=−12 000 000

3) 比率法

(1) 计算样本审定金额与样本账面金额的比率；

(2) 用总体账面金额乘以比率得出估计的总体实际金额；

(3) 估计的总体实际金额与总体账面金额之间的差额就是推断的总体错报。

例如：A 注册会计师对审计客户 B 公司 2019 年财务报表进行审计，在针对营业收入实施细节测试时，A 注册会计师决定采用传统变量抽样方法实施统计抽样。B 公司 2019 年 12 月 31 日营业收入账面金额合计为 600 000 000 元。A 注册会计师确定的总体规模为 6 000，样本规模为 400，样本账面金额合计为 24 000 000 元，样本审定金额合计为 16 000 000 元。

比率=16 000 000/24 000 000=0.67

估计的总体实际金额=600 000 000×0.67=402 000 000

推断的总体错报=402 000 000 −600 000 000= −198 000 000

3. 重估抽样风险

在细节测试中运用审计抽样，推断总体误差后，应将推断的总体误差与可容忍误差进行比较。如果推断的总体误差小于可容忍误差，说明实际情况较好，可以根据样本审查结果作出审计结论；如果推断的总体误差大于可容忍误差，说明总体情况不好，抽样风险不能接受，应追加样本量或执行替代审计程序；如果推断的总体误差约等于可容忍误差，说明总体情况尚可，应考虑是否增加样本量或执行替代审计程序。

在进行控制测试后，注册会计师如果认为抽样误差无法达到对内部控制的预期信赖程度，应考虑增加样本量或修改实质性测试程序。

4. 形成审计结论

注册会计师在抽样结果评价的基础上，应根据所取得的证据，确定审计证据是否足以证实某一审计对象的总体特征，从而得出审计结论。

本 章 小 结

审计方法是指注册会计师检查和分析审计对象，收集审计证据，并对照审计依据或标准进行评价，从而形成审计结论和意见的各种专门技术手段的总称。目前我国常用的审计方法，分为审计取证的基本方法和审计取证的技术方法。

审计取证的基本方法，按照审计工作的顺序和会计业务处理程序的关系，有顺查法和逆查法之分；按照审计工作的范围或详略程度又有详查法和抽查法之分。

审计取证的技术方法包括：检查记录或文件、检查有形资产、观察、询问、函证、重新计算、重新执行、分析程序等。

现代审计的重要特征之一就是审计抽样的广泛运用。审计抽样，是指注册会计师对具有审计相关性的总体中低于百分之百的项目实施审计程序，使所有抽样单元都有被选取的机会，为注册会计师针对整个总体得出结论提供合理基础。审计人员在运用抽样技术进行审计时，存在着两方面的不确定因素，即抽样风险和非抽样风险。抽样风险是指注册会计师根据样本得出的结论，与对总体全部项目实施与样本同样的审计程序得出的结论存在差异的可能性。非抽样风险是指注册会计师由于与任何与抽样风险无关的原因而得出错误结论的可能性。

审计抽样的种类很多，按其抽样决策的依据不同可分为统计抽样和非统计抽样；按其所了解的总体特征的不同可分为属性抽样和变量抽样。

注册会计师在运用审计抽样方法时，需要经过样本设计、选取样本、实施审计程序和评价抽样结果四个基本步骤。

自　测　题

1. 什么是顺查法和逆查法？它们各有什么特点？
2. 何谓抽样风险？抽样风险与非统计抽样风险有何区别？
3. 什么是审计抽样？审计抽样中样本选取的方法主要有哪几种？各自的优缺点有哪些？
4. 影响审计抽样样本规模的因素有哪些？

案例分析

麦克森·罗宾斯药材公司案例——审计史上影响最大的案件

一、案情

麦克森·罗宾斯药材公司于1938年突然宣布倒闭，债权人米利安·汤普森遭受重大损失。作为审计师，普赖斯·沃特豪斯没有对公司负责人的背景进行过了解和调查，却一直对麦克森·罗宾斯药材公司发表“正确、适当”的审计意见。

二、疑点

罗宾斯药材公司最有盈利性的制药原料部门甚至没有现金积累，流动资金亦未见增加，而不得不依靠公司管理者重新调集资金来进行再投资，以维持生产；以前的公司董事会决定减少存货金额，但公司存货不减反增。

三、事实真相

1. 全部资产的20%以上并不存在

罗宾斯药材公司1937年12月31日的合并资产负债表上虚构存货1000万美元、应收账款900万美元和银行存款7.5万美元，相应地虚构销售收入1820万美元和毛利180万美元。

2. 合谋舞弊

总裁PhiliP Musica和他的三个兄弟都是犯有前科的诈骗犯，均用化名混入公司并爬上领导岗位，将亲信安插进来掌管钱财。

3. 伪造存货和应收账款

康涅狄格州Bridge－Port天然药的对外贸易、材料购买虚构了加拿大卖主，天然药销售虚构了代理商Smith有限公司，代收款虚构了蒙特利尔银行。

四、审计中不是问题的问题

一般认为，如果执行了有效的存货监盘和应收账款函证程序，罗宾斯药材公司的财务舞弊很有可能被及时发现。但普赖斯·沃特豪斯会计公司辩称，他们遵循了美国注册会计师协会1936年颁布的《独立注册会计师——对财务报表的检查》的各项规则，罗宾斯药材公司的诈骗是由于经理部门串通舞弊所致。但在证券交易委员会的调停下，普赖斯·沃特豪斯会计公司退出历年来收取的审计费共50万美元，作为对汤普森公司的部分债权损失的赔偿。

五、意义和影响

(1) 暴露了当时审计程序的不足，即只重视账册凭证而轻视实物的审核，只重视内部证据而忽视外部证据的取得。作为回应，美国证券交易委员会于1941年第一次向民间审计界提出了“公认审计准则”的概念。1954年，美国审计程序委员会发表了《公认审计准则——其意义和范围》，被誉为美国注册会计师职业界“宪法”的十条公认审计准则(GAAS)正式出台。

(2) 麦克森·罗宾斯药材公司案例也为建立起现代美国审计的基本模式——在评价内部控制基础上的抽样审计，奠定了基础。

(3) 一般认为，审计委员会制度起源于1938年发生的麦克森·罗宾斯药材公司案例。针对此案，美国证券交易委员会(SEC)和纽约证券交易所(NYSE)均建议“由公司的非执行董事组成一个特殊的委员会来选择公司的审计人员”，即审计委员会。随后，审计委员会制度得到空前的重视，功能也不断拓展。

(资料来源：中国审计教育网 www.shenji.org，2005-11-6)

第七章　内部控制与控制测试

【学习目标及要点】

理解内部控制的含义、局限性;掌握内部控制的整体框架及其内容;掌握了解内部控制的程序和对内部控制了解情况的记录方法;理解和掌握内部控制测试的概念、内容及测试结果对实质性程序的影响。

【引例】

獐子岛2018年1月30日晚发布《2017年度业绩预告修正公告》，公司正在进行底播虾夷扇贝的年末存量盘点，发现部分海域的底播虾夷扇贝存货异常，可能对部分海域的底播虾夷扇贝存货计提跌价准备或核销处理，相关金额将全部计入2017年度，预计可能导致公司2017年度全年亏损。公司预计2017年净利润为亏损5.3亿~7.2亿元。

2月9日晚间，獐子岛发布公告称，如公司因此受到中国证监会行政处罚，并且在行政处罚决定书中被认定构成重大违法行为，或者因涉嫌违规披露、不披露重要信息罪被依法移送公安机关的，公司将因触及《深圳证券交易所股票上市规则(2014年修订)》13.2.1条规定的重大信息披露违法情形，公司股票交易被实行退市风险警示。

尽管獐子岛年度内部控制评价报告显示，“不存在财务报告内部控制重大缺陷和重要缺陷”，但根据包括大连证监局《行政监管措施决定书》等在内的核查文件显示，獐子岛内部控制不规范，是造成此次事件的重要原因之一。

1. 企业整体控制环境存在缺陷

2012年獐子岛公司前高管曾对獐子岛的存货内部管理进行检举，称獐子岛存在“公司治理混乱，业务员违规操作和贝苗播种不足”等情况，甚至存在业务员与个体苗户串通，将贝苗里面掺杂砖头的现象。

该案件虽然最终得到了解决，但却显示出了獐子岛企业整体控制环境的缺陷：从獐子岛的管理层构成来看，其属于家族控制企业，具有家族控制企业用人唯亲，缺乏投产质量数量监控的弊病；獐子岛企业文化建设落后，部分员工缺乏价值观和社会责任感，存在贪污资源的现象；企业聘用员工考核不严，很多员工由外部聘用，缺乏良好的扇贝养殖技能及企业认同感。而企业整体控制环境的缺陷将导致内部控制在实际执行层面效率低下，甚至失效。

2. 风险评估活动不规范，资产盲目扩张

自2006年獐子岛在深交所上市以来，其在播种的海域面积和深度上都快速地扩张。根据《海洋海域虾夷扇贝养殖技术》介绍，虾夷扇贝“自然分布于盐度较高，无淡水注入的底质坚硬，淤沙少和水深不超过 40 米的沿岸海区”。目前我国水产养殖企业对该海域的气候和海水条件普遍缺乏了解。而在深海底播过程中，獐子岛仅由内部职能部门进行了初步调查，借鉴以往的开发经验即作出深海底播决定，未经充分论证和可行性研究，也未进行深海底播实验即大规模投入。由于缺乏对相关养殖海域的养殖风险的有效评估，使其存货大量死亡，计提了大额的存货跌价准备。

3. 控制活动执行不到位，消耗性生物资产(存货)监控形同虚设

此次事件各方最为关注的问题是，獐子岛为何直至今年1月底，才发现扇贝消失？消耗型生物资产(存货)生长阶段风险预警内控失效问题可见一斑。

对于造成底播虾夷扇贝损失的原因，獐子岛2月5日发布公告称，初步归结为降水减少导致扇贝的饵料生物数量下降，长时间处于饥饿状态的扇贝没有得到恢复，最后诱发死亡。

除此之外，按照獐子岛公司的生物资产存货管理规定，其每个月都有对苗种生产情况的调查，如果降水减少导致扇贝的饵料生物数量下降，那么在2017年獐子岛的月存货抽测中，獐子岛应该就能够有所发现。但无论是2017年季度的报告还是半年报中，该公司并未对该事项进行披露。

4. 内部监督壁垒高，审计效果较差

水产养殖业的存货监盘历来就是内审和外审中的一大难题，底播虾夷扇贝，在会计上难以清点实际种苗数量，因此一般直接按照采购清单的数量入账，而底播后其存货数量的监盘变得更加难以控制。

底播养殖这种粗放的养殖方式加上海上养殖极高的专业性与复杂性，使得具体存货数量难以实现第三方审计检测。审计师实地考察，用抽样样本来推测整体样本，这种方式下的审计很难达到真正意义上的准确。

(资料来源：证监会官网《水产养殖业消耗性生物资产内部控制研究——以"獐子岛"为例》，财会月刊2015年第9期)

思考题:

(1) 企业的内部控制制度应当注重哪些方面?

(2) 在对企业进行内部控制测试时应当如何进行?

第一节　内部控制概述

内部控制是管理现代化的必然产物，从其实质上讲，是企业风险管理的一部分。内部控制的产生和发展，促使审计工作从详细审计发展成为以测试内部控制为基础的抽样审计，继而又发展为制度基础审计、风险导向审计。无论是制度基础审计还是风险导向审计，都是以内部控制理论为基础的。可见，现代审计与内部控制之间存在着非常密切的关系，研究与评价被审计单位的内部控制，是审计工作的重要组成部分，是审计进行实质性程序的前提和基础，也是现代审计的重要特征。

一、内部控制的含义

内部控制是指被审计单位为了合理保证财务报告的可靠性、经营的效率和效果以及对法律法规的遵循，由治理层、管理层和其他人员设计和执行的政策和程序。可以从以下几方面理解内部控制。

(1) 内部控制的目标是合理保证：①财务报告的可靠性，这一目标与治理层和管理层履行财务报告编制责任密切相关；②经营的效率和效果，即经济有效地使用企业资源，以最

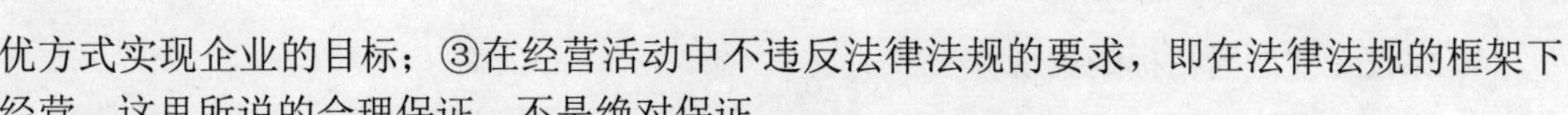

优方式实现企业的目标；③在经营活动中不违反法律法规的要求，即在法律法规的框架下经营。这里所说的合理保证，不是绝对保证。

(2) 设计和实施内部控制的责任主体是治理层、管理层和其他人员，组织中的每一个人都对内部控制负有责任。

(3) 实现内部控制目标的手段是设计和执行控制政策和程序。

内部控制贯穿于企业经营活动的各个方面，只要存在企业经济活动和经营管理，就需要有相应的内部控制。一个良好的内部控制系统对保证企业经营目标的实现，保证财务报告的可靠性、有效防止企业经营风险、提高企业经营效率等都具有重要意义。注册会计师对内部控制还应该有以下几个方面的认识：①建立健全内部控制并监督其有效执行是被审计单位治理层和管理层的责任。注册会计师的责任是评估被审计单位的内部控制风险。②企业管理层是在综合考虑控制成本和效益的基础上建立内部控制的，一些理想的内部控制可能因为成本太高而未被采用。同时，企业在设计控制政策和程序时，也不能牺牲经营效率(如建立复杂的业务处理程序)和影响获利能力(如实行过严的赊销审批制度)。③内部控制存在着固有的局限性。

注册会计师应当了解与审计相关的内部控制，以识别和评估重大错报风险，为设计和实施进一步审计程序的性质、时间和范围奠定基础。

二、内部控制的作用

内部控制的作用是指内部控制的固有功能在生产实践中对企业生产经营活动及外部社会经济活动所产生的影响和效果。具体来说，内部控制的作用主要表现在以下几个方面。

1. 保护财产物资的安全、完整和有效使用

企业的财产物资是生产经营活动正常进行的物质基础，保护财产物资的安全、完整和有效使用，是企业的所有者和经营者的共同要求，涉及国家、企业以及企业所有者和职工的切身利益。内部控制通过设置合理的组织结构和权责岗位，以确保组织内部各个职能部门既各司其职又相互协调和制约；通过设置科学的程序和措施，对企业财产物资的采购、计量、验收、记录、保管等环节进行有效的监督和制约，使财产得到严密控制，从而保证财产的有效使用，防止贪污、盗窃、毁损、浪费等舞弊行为的发生。

2. 保证国家的各项方针政策与经济法规的贯彻落实

贯彻落实国家的各项方针政策与经济法规是企业进行合法经营的先决条件。健全完善的内部控制，可以对企业内部的任何部门、任何流转环节进行有效的监督和控制，对所发生的各类问题，能够及时反映，及时纠正，从而有利于保证企业对各项方针政策和法律法规的贯彻落实。

3. 保证会计资料及其他财务信息的质量

会计记录和其他财务信息反映了企业的财务状况和经营成果，其质量的优劣对企业利益关系人都至关重要。健全有效的内部控制，有利于会计资料真实地反映企业生产活动的真实情况，从而保证会计资料及其他财务信息的质量。

4. 保证企业经营目标的实现

健全的内部控制可以确保企业各项经营活动始终遵循既定的经营方针，及时纠正经营活动中偏离经营方针和经营目标的行为，从而保证企业经营目标的实现。

5. 为现代审计方法提供必要的基础

现代审计的特征是在评价被审计单位内部控制的基础上进行的抽样审计，审计方法从详细审计发展到抽样审计，其根本的支持就是对企业的内部控制进行评价、测试，以内部控制的测评结果作为审计抽样的决策依据。健全的内部控制可以使注册会计师确定合理的审计程序，采取科学的审计方法，从而为现代审计方法提供必要的依据。

6. 有效地防范企业经营风险

在企业的生产经营活动中，企业要实现生存发展的目标，就必须对各类风险进行有效的预防和控制，内部控制作为企业管理的中枢环节，是防范企业风险最为行之有效的一种手段。它通过对企业风险的有效评估，不断加强对企业经营风险薄弱环节的控制，把企业的各种风险消灭在萌芽之中，是企业风险防范的一种最佳方法。

三、与审计相关的内部控制

注册会计师审计的目标是对财务报表是否不存在重大错报发表审计意见，注册会计师需要了解和评价的内部控制只是与财务报表相关的内部控制，并非被审计单位所有的内部控制。与审计相关的内部控制包括以下两个方面。

(一)为实现财务报告可靠性目标设计和实施的控制

为实现财务报告可靠性目标设计和实施的控制属于与审计相关的控制，注册会计师应当运用专业知识，对这些控制是否与重大错报有关作出判断，并决定进一步审计程序的性质、时间和范围。

(二)其他与审计相关的控制

其他与审计相关的控制具体如下。

(1) 如果在设计和实施进一步审计程序时拟利用被审计单位内部生成的信息，注册会计师应当考虑用以保证该信息完整性的控制可能与审计相关。

(2) 如果用以保证经营效率、效果的内部控制以及对法律、法规遵守的控制与实施审计程序时评价或使用的数据相关，注册会计师应当考虑这些控制可能与审计相关。

(3) 用以保护资产的内部控制可能包括与实现财务报告可靠性和经营效率、效果目标相关的控制。注册会计师在了解这些内部控制时，仅需考虑与财务报告可靠性相关的内部控制。

四、内部控制的分类

内部控制可以按不同的标准进行分类。

(一)按控制功能的不同进行分类

1. 预防性控制

预防性控制是为了防止错误和舞弊的发生所实施的控制。该控制是由不同的人员或职能部门在履行各自职责过程中实施的。预防性控制措施包括：授权审批控制、双重控制、职责分工控制等。其优点是能在事前防止损失的发生，降低风险。

2. 察觉性控制

察觉性控制是为了及时查明已发生的错误和舞弊所实施的控制。在缺乏完善可行的预防性控制措施的情况下，察觉性控制是一种有效的监督措施。

3. 纠正性控制

纠正性控制是对那些由察觉性控制查出来的问题的控制。通过实际执行的结果与设计标准的比较，对发现的差异予以适当的纠正。

4. 指导性控制

指导性控制是为了实现有利结果而采取的控制，是由管理层进行的。指导性控制与预防性控制之间存在密切的关系，在实现有利结果的同时，也避免了不利结果的发生。

5. 补偿性控制

补偿性控制是针对某些环节的不足或缺陷而采取的控制措施。实施补偿性措施的目的是把风险暴露限制在一定的范围内。

(二)按控制的目的进行分类

1. 财产物资控制

财产物资控制是为了确保财产物资的安全所实施的控制，如材料的验收和领用制度、固定资产的定期盘点制度等。

2. 会计信息控制

会计信息控制是为了确保会计信息的真实、正确和可靠所实施的控制，如会计记录的定期核对制度、会计凭证的复核制度等。

3. 经营决策控制

经营决策控制是为了确保经营决策的贯彻执行所实施的控制，如预算控制、计划控制、质量控制等。

(三)按控制时间进行分类

1. 事前控制

事前控制是在业务发生之前所实施的控制，如对销售计划、预算方案的制订等。预防

性控制、指导性控制属于事前控制。

2. 事中控制

事中控制是在业务发生过程中所实施的控制，如对成品生产过程的检查、固定资产建造过程中的监控措施等。察觉性控制、纠正性控制属于事中控制。

3. 事后控制

事后控制是经济业务发生后所实施的控制，如工程项目的决算控制等。补偿性控制属于事后控制。

五、内部控制的局限性

内部控制作为企业自我调节和自行制约的内在机制，具有十分重要的作用，可以说没有健全完善的内部控制，就谈不上现代化的企业生产和经营管理。但并不意味着内部控制越健全越好，控制环节越细越好。这是因为，内部控制存在一些固有的、不可避免的局限性，无论如何设计和执行，只能对财务报告的可靠性提供合理保证。因此，注册会计师在确定内部控制的可信赖度时，应保持应有的职业谨慎，充分关注内部控制的固有局限性。

(1) 人为错误。在决策时人为判断可能出现错误或由于人为失误而导致内部控制失效，如被审计单位信息技术人员没有完全理解系统如何处理销售交易，为使系统能够处理新型产品的销售，可能错误地对系统进行更改；或者对系统的更改是正确的，但程序员没能把更改转化为正确的程序代码。

(2) 串通舞弊或管理层凌驾于内部控制之上而被规避。内部控制可能由于两个或更多的人员进行串通而失败；或是由于存在着管理人员避开、或指示其下属避开某些预定程序；或被审计单位管理当局担任控制职能的人员权力过大，导致管理层凌驾于内部控制之上等，而致使内部控制的失败，如出纳和会计相互勾结或作弊。

(3) 成本限制。内部控制的设计和运行受制于成本与效益原则。一般来说控制程序的成本不能超过风险或错误可能造成的损失和浪费，否则再好的控制措施和方法也将失去其降低成本的意义。

由于被审计单位管理当局建立的内部控制只为其财务报表的公允性提供合理的保证，并存在上述局限性，因此，财务报表审计总存在一定的控制风险，即审计风险模型中的控制风险始终应大于零。这就要求注册会计师必须做到，不管被审计单位的内部控制设计和运行得多么有效，都应对财务报表的重要账户或交易类别进行实质性程序。

第二节　内部控制整体框架的内容

一、内部控制思想的历史演进

内部控制理论的发展大致可以划分为内部牵制、内部控制制度、内部控制结构与内部控制整体框架等不同阶段。

内部牵制思想是以账目间的相互核对为主要内容，并实施岗位分离，在早期被认为是

确保所有账目正确无误的一种理想控制方法。

1949 年，美国注册会计师协会(AICPA)下属的 CAP 首次超越了内部牵制思想，提出了内部控制制度概念。此观点认为，内部控制应该分为内部会计控制和内部管理控制(也称内部业务控制)两个部分，前者在于保护资产，检查会计数据的准确性和可靠性；后者在于提高经营效率，促使有关人员遵守既定的管理方针。

20 世纪 80 年代西方学者又提出了内部控制结构的概念，认为企业的内部控制结构包括为合理保证企业特定目标的实现而建立的各种政策和程序，并且明确地将内部控制分为控制环境、会计制度和控制程序三个方面。从对内部控制的“制度二分法”发展为“结构分析法”是内部控制发展史上的一次重大变革，但该概念的提出仅仅依靠 AICPA，并没有得到广泛的认可并达成共识，因而也无法很好地指导实践。

20 世纪 90 年代，美国“反虚假财务报告委员会”(National Commission on Fraudulent Reporting)所属的内部控制专门研究委员会发起机构委员会(Committee of Sponsoring Organizations of the Treadway Commission，简称 COSO 委员会)，提出了内部控制整体框架思想。

二、内部控制整体框架

1992 年，美国 COSO 委员会发布了《内部控制——整体框架》的研究报告，这是内部控制发展史上的又一里程碑。1994 年，COSO 委员会提出对此报告的修改篇，扩大了内部控制涵盖范围，增加了与保障资产安全有关的控制，得到了美国审计署(General Accounting Office，GAO)的认可。与此同时，AICPA 全面接受 COSO 报告的内容，于 1995 年发布了《审计准则公告第 78 号》，并自 1997 年 1 月起取代了《审计准则公告第 55 号》。

COSO 报告指出：内部控制是一个过程，受企业董事会、管理当局和其他员工影响，旨在保证财务报告的可靠性、经营的效果和效率以及对现行法规的遵循。它认为内部控制整体框架主要由控制环境、风险评估过程、信息系统与沟通、控制活动、对控制的监督五项要素构成。

1. 控制环境

控制环境包括治理职能和管理职能，以及治理层和管理层对内部控制及其重要性的态度、认识和措施。控制环境设定了被审计单位的内部控制基调，影响职工对内部控制的认识和态度，塑造了企业文化。良好的控制环境是实施有效内部控制的基础。在评价控制环境的设计时，注册会计师应考虑下列几个要素。

(1) 对诚信和道德价值观念的沟通与落实。

(2) 对胜任能力的重视。

(3) 治理层的参与程度。

(4) 管理层的理念和经营风格。

(5) 组织结构。

(6) 职权与责任的分配。

(7) 人力资源政策与实务。

控制环境对重大错报风险的评估具有广泛影响，但其本身并不能防止或发现并纠正各类交易、账户余额、列报认定层次的重大错报，注册会计师在评估重大错报风险时应当将控制环境连同其他内部控制要素产生的影响一并考虑。

2. 风险评估过程

风险评估是对于经营相关的风险进行预见、识别的过程。该过程包括识别与财务报告相关的经营风险，以及针对这些风险所采取的措施。

在评价被审计单位风险评估过程的设计和执行时，注册会计师应当确定管理层如何识别与财务报告相关的经营风险，如何估计该风险的重要性，如何评估风险发生的可能性，如何采取措施管理这些风险。

3. 信息系统与沟通

信息系统与沟通是收集与交换被审计单位执行、管理和控制业务活动所需信息的过程，包括收集和提供信息(特别是为履行内部控制岗位职责所需的信息)给适当人员，使之能够履行职责。信息系统与沟通的质量直接影响到管理层对经济活动做出正确决策和编制可靠的财务报告的能力。

与财务报告相关的信息系统，包括用以生成、记录、处理和报告交易、事项和情况，对相关资产、负债和所有者权益履行经营管理责任的程序和记录。与财务报告相关的信息系统应当与业务流程相适应。与财务报告相关的信息系统所生成的信息质量，对管理层能否做出恰当的经营管理决策以及编制可靠的财务报告具有重大影响。在了解与财务报告相关的信息系统时，注册会计师应当特别关注由于管理当局凌驾于账户记录控制之上，或规避控制行为而产生的重大错报风险，并考虑被审计单位如何纠正不正确的交易处理。

与财务报告相关的沟通包括使员工了解各自在与财务报告有关的内部控制方面的角色和职责，员工之间的工作关系，以及向适当级别的管理层报告例外事项的方式。注册会计师应当了解被审计单位内部如何针对财务报告的岗位职责，以及与财务报告相关的重大事项进行沟通。注册会计师还应当了解管理层与治理层之间的沟通，以及被审计单位与外部的沟通。

4. 控制活动

控制活动是指有助于确保管理层的指令得以执行的政策和程序，包括授权、业绩评价、信息处理、实物控制和职责分离等相关活动。注册会计师应当了解控制活动，以足够评估认定层次的重大错报风险和针对评估的风险设计进一步审计程序。控制活动在企业内的各个阶层和职能之间都会出现，注册会计师应当了解的控制活动主要包括以下几种。

(1) 授权。包括一般授权和特别授权。一般授权是指管理层制定的要求组织内部遵守的普遍适用于某类交易或活动的政策。特别授权是指管理层针对特定类别的交易或活动逐一设置的授权。

(2) 业绩评价。主要包括被审计单位分析评价实际业绩与预算(或预测、前期业绩)的差异，综合分析财务数据与经营数据的内在关系，将内部数据与外部信息来源相比较，评价职能部门、分支机构或项目活动的业绩，以及对发现的异常差异或关系采取必要的调查与纠正措施。

(3) 信息处理。包括信息技术一般控制和应用控制。信息技术一般控制是指与多个应用系统有关的政策和程序，有助于保证信息系统持续恰当地运行(包括信息的完整性和数据的安全性)，支持应用控制作用的有效发挥，通常包括数据中心和网络运行控制，系统软件的购置、修改及维护控制，接触或访问权限控制，应用系统的购置、开发及维护控制。信息技术应用控制是指主要在业务流程层次运行的人工或自动化程序，与用于生成、记录、处理、报告交易或其他财务数据的程序相关，通常包括检查数据计算的准确性，审核账户和试算平衡表，设置对输入数据和数字序号的自动检查，以及对例外报告进行人工干预。

(4) 实物控制。主要包括了解对资产和记录采取的适当的安全保护措施，对访问计算机程序和数据文件设置授权，以及定期盘点实物，并将盘点记录与会计记录相核对。实物控制的效果影响资产的安全，从而对财务报表的可靠性及审计产生影响。

(5) 职责分离。主要包括了解被审计单位如何将交易授权、交易记录以及资产保管等职责分配给不同员工，以防范同一员工在履行多项职责时可能发生的舞弊或错误。

5. 对控制的监督

对控制的监督是指被审计单位评价内部控制在一段时间内运行有效性的过程。该过程包括及时评价控制的设计和运行，以及根据情况的变化采取必要的纠正措施。注册会计师应当了解被审计单位对控制的持续监督活动和专门的评价活动。持续的监督活动通常贯穿于被审计单位的日常经营活动与常规管理活动中；注册会计师应当了解与被审计单位监督活动相关的信息来源，以及管理层认为信息具有可靠性的依据。如果拟利用被审计单位监督活动使用的信息(包括内部审计报告)，注册会计师应当考虑信息是否具有可靠的基础，是否足以实现审计目标。

以上五个要素实际内容广泛、相互关联。控制环境是其他控制要素的基础，控制环境不理想，企业的内部控制就不可能有效；在规划控制活动时必须对企业可能面临的风险有全面的了解；控制活动、控制政策和程序必须在组织内部有效地沟通；内部控制的设计和执行必须受到有效的监控。注册会计师在审计财务报告时，应该对内部控制的所有有关要素都给予充分的考虑。

三、内部控制的内容

内部控制的内容，归根结底是由基本要素组成的。这些要素及其构成方式，决定着内部控制的内容与形式。设计内部控制，可以根据企业特征和需求(如企业规模、业务构成、管理水平等)，对内部控制要素加以有机组合。我国企业目前内部控制的基本内容可从以下几方面来考察。

内部控制要素的主要内容(一).mp4

内部控制要素的主要内容(二).mp4

(一)合规、合法性控制

建立健全企业内部控制系统必须符合国家财经政策、法令和财经制度的规定，每一项经济业务活动必须控制在合规、合法的范围内开展。

(二)组织规划控制

组织规划控制是指对单位机构设置、职务分工的合理性和有效性进行的控制。主要包括以下两个方面。

1. 不相容职务的分离

所谓不相容职务，是指经营业务活动的授权、批准、执行和记录等完全由一个人或一个部门办理时，发生错误和舞弊的概率就会增大的两项或两项以上的职务。如会计工作中的出纳与会计即属于不相容职务。

2. 组织机构的相互控制

一个单位根据工作的需要而分设不同的部门和机构，其组织机构的设置和职责分工应体现相互控制的要求。

(三)授权批准控制

授权批准是指企业各级工作人员必须经过授权和批准才能对有关的经济业务进行处理，未经授权和批准，不得处理有关经济业务。它要求规定各级管理人员的职责范围和业务处理权限。在权限范围内，授权者不需请示有权处理经济业务，以使各项经济业务在发生之际就加以控制，尽快地处理经济业务，避免发生相互推诿的现象。同时，授权批准也要求明确各级管理人员所承担的责任，使他们对自己的业务处理行为负责，以加强工作的责任心和使命感。

(四)预算及目标计划控制

预算控制要求企业加强对预算编制、预算执行、预算分析、预算考核等环节的管理，明确预算项目，建立预算标准，规范预算的下达和执行程序，及时分析和控制预算差异，确保预算的执行。

目标计划控制是指企业在经营过程中对经营计划执行中的各个环节进行控制。它要求企业对各种经济业务编制详细的计划，并通过授权，由有关部门对计划的执行情况进行控制。

(五)信息质量控制

信息质量控制是指采用一定的方法，对所反映的企业经济活动信息的全面性、及时性、公允性和可靠性的控制。其内容包括：健全的凭证制度、合理的会计核算程序、严格的日常复核与核对制度。

(六)财产安全控制

财产安全控制是指企业为了确保其财产物资的安全完整所采取的各种方法和措施。它要求严格限制未经授权的人员对实物资产和与实物资产有关的文件的直接接触，如限制接近现金、银行存款、存货、固定资产等。

(七)人员素质控制

人员素质控制是指采用一定的方法和手段对职工的思想品德、职业道德、业务技能和工作能力进行控制，保证各级人员具有与其所负责的工作相适应的素质。主要包括：规范

的招聘程序、明确的业务标准、合理的培训计划、适当的考核奖惩制度、重要岗位的工作轮换及强制休假制度。

(八)内部审计控制

内部审计是内部控制的特殊组成部分。内部审计控制是指通过设置专职的内部审计机构和人员，在部门或本单位主要负责人指导下，对本部门或本单位的经济活动进行监督的活动。

第三节 对内部控制的了解与记录

控制测试，是指在对企业内部控制了解和描述的基础上所进行的测试、检查、分析、判断和评价活动。其最终目的是确定被审计单位内部控制的健全性、有效性和风险水平。

一、了解内部控制

了解和掌握被审计单位的内部控制是注册会计师评价内部控制的首要步骤。对被审计单位内部控制的了解和评估，通常由项目组中对被审计单位情况比较了解且有经验的成员负责，同时需要项目组其他成员的参与和配合。注册会计师可以考虑使用下列程序了解被审计单位的内部控制，以获取有关控制设计和执行的审计证据。

1. 询问被审计单位的有关人员，并检查相关内部控制文件

注册会计师需要通过询问被审计单位的管理当局、会计人员和处理业务的职员来明确被审计单位内部控制的基本情况。也可以通过查阅内部控制文件了解被审计单位的组织结构、规章制度、业务处理流程等方面的信息。

2. 检查内部控制生成的凭证和记录

在实施内部控制的过程中，会产生很多凭证和记录。例如，在销售单上，通常应该有负责核准赊销的业务人员的签字，表明顾客的信用情况已经经过审核，并且同意向顾客赊销货物。注册会计师通过审查销售单有无负责核准赊销的业务人员签字，了解该项控制程序的执行情况。

3. 观察被审计单位的业务活动和内部控制的运行状况

在审计过程中，注册会计师可以观察被审计单位正在进行的各项业务活动，以了解业务的执行是否遵循了相关的内部控制。例如，观察会计部门的账务处理过程，以了解是否存在充分的职务分离；观察仓库的发货过程，以了解货物的发出是否均与销售单核对，并开具出库单。

4. 选择若干具有代表性的交易和事项进行穿行测试

穿行测试是指测试一项业务的整个处理流程。例如，对销售业务的穿行测试就是抽取几笔销售业务，审查这几笔销售业务从顾客订单直至登记在库存商品明细账、应收账款明细账等账簿的整个业务流程是否符合被审计单位内部控制的规定。通过穿行测试，注册会计师可以了解到被审计单位各项业务的处理流程，并有可能发现其中存在的某些缺陷。

二、记录对内部控制了解的情况

为了评价被审计单位的内部控制，注册会计师必须在深入调查了解的基础上，对现行的内部控制采用适当的方法进行描述，形成工作底稿，作为编制和修改审计计划及制定审计程序的依据，也可以作为审计历史资料存档供日后考察之用。常用的内部控制的记录和描述方法有文字叙述、调查问卷和流程图三种。

1. 文字叙述

文字叙述是指注册会计师将被审计单位内部控制的实际情况以书面形式记录下来的方法。采用文字叙述法，一般是按经济业务的处理程序，用文字详细记述业务的整个处理过程。要说明每项工作的责任人、经办人以及相应由他们编写和记录的文件、凭证等。使用文字叙述法可以对调查对象做出比较深入和具体的描述，内容比较灵活，对任何单位、任何业务都可以使用。缺点是采用文字叙述法进行描述时，有时很难用简明易懂的语言来描述内部控制系统的细节，文字叙述较为冗长；对业务处理流程及其控制的反映不够直观，不利于注册会计师对内部控制进行分析评价。因此，适用于内部控制程序比较简单、比较容易描述的中小型企业。

2. 调查问卷

调查问卷也称调查表。调查问卷法是指注册会计师通过预先设计好的标准化格式的调查表向被审计单位的管理人员或当事人调查了解其内部控制设置情况并加以记录的方法。调查表一般采用问答式，应由注册会计师根据需要调查了解的内部控制和被审计单位各个经营环节的关键控制点按一定的标准设计而成。调查表所列的问题是针对内部控制是否严密、有效，综合考虑各个方面的因素后提出的，所列问题具有针对性，便于回答。调查表分为封闭式和开放式两种。封闭式调查表所提的问题答案只有“是”“否”“不适用”等，被询问人只能选择其中一个答案，不允许自由选择。开放式调查表允许被提问人对所提问题自由回答。调查问卷法的优点是调查范围明确、问题突出、简便易行、省时省力、直观性强。缺点是对被审计单位的内部控制只能按所提问题分别考察，无法反映内部控制实际情况和存在问题的轻重；对于不同行业的企业或是小企业，标准问题的调查表常常显得不太适用。调查表的格式和内容见表7-1。

表7-1　存货业务内部控制调查表　　　　索引号：

被审计单位名称：　　　　调查人员：　　　　日期：
所属时期：　　　　复核人员：　　　　日期：

目标与问题	回答				
	不适用	是	否	取得方式	备注
1. 大宗的存货采购是否签订存货合同，有无审批制度		√			
2. 存货的入库是否严格履行验收手续，对存货的名称、规格、数量、质量等是否逐项核对，并及时入账		√			

续表

目标与问题	回答				
	不适用	是	否	取得方式	备注
3. 存货的发出手续是否按规定办理，是否及时登记仓库账并与会计记录定期核对		√			
4. 存货的采购、验收、保管、运输、付款等职责是否严格分离		√			
5. 存货的分拣、存放、仓储条件等是否良好			√		
6. 是否建立定期盘点制度，发生的盘盈、盘亏、毁损等是否及时按规定审批处理		√			
7. 主营业务成本的计价方法是否符合财务会计制度的规定，有无发生重大变更		√			

3. 流程图

流程图是指用特定的符号和图形，将被审计单位内部控制中各种业务处理手续以及各种文件或凭证的传递流程，用图解的形式辅助以简要的文字或数字，直观地表现内部控制的一种方法。绘制流程图时，注册会计师必须熟悉被审计单位主要经营环节，按照经济业务的处理程序用流程线把代表各种业务和控制的符号连接起来，形成内部控制流程图。流程图的优点是能够清楚地反映各项业务活动的职责分工、授权批准、复核验证等控制措施和功能，形象直观，并把文字叙述减少到最低限度，可以使注册会计师全面了解内部控制的运行状况，有助于发现内部控制的不足。缺点是编制流程图需要一定的技术和花费较多的时间，而且，内部控制某些弱点有时很难在流程图中明确地表达出来。

为了使流程图清晰、易懂，绘制流程图应注意以下几点：①使用规定的符号；②采用平面制图法，图中标明业务处理流程经过的部门及负责人；③各种凭证所经各部门的名称应安排在流程图的顶部；④业务处理的开始点，要尽可能安排在部门名称的左上角，凭证的流向要尽可能从左到右，从上到下，避免流程线来回反复交叉。流程图的基本格式如图 7-1 所示。

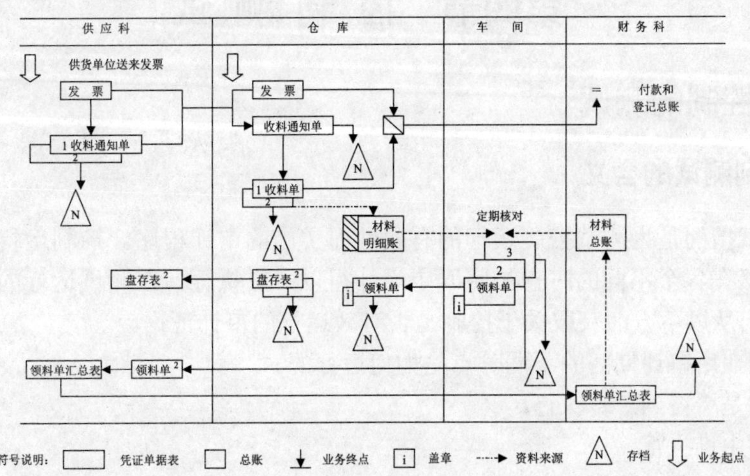

图 7-1　流程图的基本格式

需要注意的是，记录内部控制的三种方法在实践中并不互相排斥，而是互相依赖和互相依存。不同的企业采用的描述方法不同，若能同时结合使用其中的两种或三种方法，则能起到更好的效果。

三、对内部控制进行初步评价

注册会计师在对内部控制进行了解和描述之后，应当评价内部控制的设计，并确定其是否得到执行。

评价控制的设计是指考虑一项控制单独或连同其他控制是否能够有效防止或发现并纠正重大错报，设计不当的控制可能表明内部控制存在重大缺陷。在评价内部控制的设计时，注册会计师应检查被审计单位是否在各主要业务程序和高风险领域都建立相应的控制，以及所建立的控制是否符合被审计单位的实际情况和成本效益原则，同时要注意内部控制的薄弱环节。对于内部控制的薄弱环节，注册会计师应进行具体分析：一是考虑企业对于这些控制弱点是否已采取了补救措施；二是考虑这些控制弱点是否会产生严重的后果。注册会计师更关心的是会产生严重后果的控制弱点。内部控制的设计应健全、合理，但并不是说内部控制越多、越细越好，内部控制的设计应当符合被审计单位的实际情况，并考虑成本效益原则。

内部控制得到执行是指某项控制存在且被审计单位正在使用。注册会计师在确定是否考虑控制得到执行时，应当首先考虑控制的设计是否得当，若设计不当，无须再考虑控制是否得到执行。

注册会计师对控制的评价结论可能是以下几种之一。

(1) 所设计的内部控制单独或连同其他控制能够防止或发现并纠正重大错报，并得到执行。

(2) 控制本身的设计是合理的，但没有得到执行。

(3) 控制本身的设计是无效的或缺乏必要的控制。

第四节　控 制 测 试

一、内部控制的测试

(一)控制测试的含义

控制测试指的是为测试控制运行的有效性而实施的审计程序。控制运行的有效性强调的是控制能够在各个不同的时点按照既定设计得以一贯执行。在测试运行的有效性时，注册会计师应当从以下方面获取关于控制是否有效运行的审计证据。

(1) 控制在所审计期间的不同时点是如何运行的。

(2) 控制是否得到一贯执行。

(3) 控制由谁执行。

(4) 控制以何种方式运行。

测试控制运行的有效性与确定控制是否得到执行所需获取的审计证据是不同的。控制

运行的有效性强调的是控制能够在各个不同的时点按照既定设计得以一贯执行，所以在测试控制运行是否有效时，注册会计师应当获取足够数量的交易进行检查或对多个不同时点进行观察。而在获取控制是否得到执行的审计证据时，注册会计师应当确定某项控制是否存在，被审计单位是否正在使用，注册会计师只需要抽取少量的交易进行观察或对某几个时点进行观察。

测试控制运行的有效性与确定控制是否得到执行所需获取的审计证据虽然存在一定的差异，但两者也有联系。为评价控制设计和确定控制是否得到执行而实施的审计程序，有可能提供有关控制运行有效性的审计证据。所以，在审计实践中，注册会计师可以考虑在评价控制设计和获取其得到执行的审计证据的同时测试控制运行的有效性，以提高审计效率，并同时考虑这些审计证据是否足以实现控制测试的目的。

(二)控制测试的要求

作为进一步审计程序的类型之一，控制测试并非在任何情况下都需要实施。当存在下列情况之一时，注册会计师应当实施控制测试。

(1) 在评估认定层次重大错报风险时，预期控制的运行是有效的。

如果在评估认定层次重大错报风险时预期控制的运行是有效的，注册会计师应当实施控制测试，就控制在相关期间或时点的运行有效性获取充分、适当的审计证据。注册会计师通过实施风险评估程序，可能发现某项控制设计存在而且合理，同时在工作中得到了执行。在这种情况下，注册会计师可能预期与该项控制有关的财务报表认定发生重大错报的可能性相对较小，出于对成本效益的考虑，注册会计师可能认为值得对相关控制在不同时点是否得到一贯执行进行测试，即实施控制测试，以减少实质性程序的工作量。这种测试的前提是注册会计师通过了解内部控制以后认为某项控制存在着被信赖和利用的可能。因此，只有认为控制设计合理、能够防止或发现并纠正认定层次的重大错报，注册会计师才有必要对控制运行的有效性实施测试。

(2) 仅实施实质性程序不足以提供认定层次充分、适当的审计证据。

如果认为仅实施实质性程序获取的审计证据无法将认定层次的重大错报风险降至可接受的水平，注册会计师应当实施相关的控制测试，以获取控制运行有效的审计证据。

需要说明的是：被审计单位在所审计期间可能由于技术更新或组织管理变更而更换了信息系统，从而导致在不同时期使用了不同的控制。如果被审计单位在所审计期间内的不同时期使用了不同的控制，注册会计师应当考虑不同时期控制运行的有效性。

只有在认为控制设计合理、能够防止或发现和纠正认定层次的重大错报时，注册会计师才有必要对控制运行的有效性实施测试。

(三)控制测试的性质

1. 控制测试的性质的含义

控制测试的性质是指控制测试所使用的审计程序的类型及其组合。计划从控制测试中获取的保证水平是决定控制测试性质的主要因素之一。计划的保证水平越高，对有关控制有效性的审计证据的可靠性要求越高。当拟实施的进一步审计程序主要以控制测试为主，

特别是仅实施实质性程序取得的审计证据无法将认定层次的重大错报风险降低至可接受的低水平时，注册会计师应当获取有关控制运行有效性的更高的保证水平。一般而言，控制测试所使用的审计程序的类型包括：询问、观察、检查、重新执行和穿行测试。

2．确定控制测试性质时的要求

确定控制测试性质时的要求具体如下。

(1) 考虑特定控制的性质。某些控制可能存在反映控制运行有效性的文件记录，注册会计师应当考虑检查这些文件记录，以获取控制运行有效性的审计证据；某些控制可能不存在文件记录(如一项自动化的控制活动)，或文件记录与证实控制运行有效性不相关，注册会计师应当考虑实施检查以外的其他审计程序(如询问和观察)，以获取有关控制运行有效性的审计证据。

(2) 考虑测试与认定直接相关和间接相关的控制。在设计控制测试时，注册会计师不仅应当考虑与认定直接相关的控制，还应当考虑这些控制所依赖的与认定间接相关的控制，以获取支持控制运行有效性的审计证据。例如，被审计单位可能针对超出信用额度的例外赊销交易设置报告和审核制度(与认定相关的控制)，在测试该项制度运行有效性时，注册会计师不仅应当考虑审核的有效性，还应当考虑与例外赊销报告中信息准确性有关的控制(与认定间接相关的控制)是否有效运行。

(3) 考虑如何对一项自动化的应用控制实施控制测试。对于一项自动化的应用控制，由于信息技术处理过程的内在一贯性，注册会计师可以利用该项控制得以执行的审计证据和信息技术一般控制(特别是对系统变动的控制)运行有效性的审计证据，作为支持该项控制在相关期间运行有效性的重要审计证据。

3．考虑实施控制测试时实现双重目的

控制测试的目的是评价控制是否有效运行；细节测试的目的是发现认定层次的重大错报。两者目的不同，但注册会计师可以考虑针对同一交易同时实施控制测试和细节测试，以实现双重目的。例如，注册会计师通过检查某笔交易的发票可以确定其是否经过适当的授权，也可以获取关于该交易的金额、发生时间等细节证据。如果拟实施双重目的的测试，注册会计师应当仔细设计和评价测试程序。

(四)控制测试的时间

1．控制测试的时间的含义

控制测试的时间包含两层含义：一是何时实施控制测试；二是测试所针对的控制适用的时点或期间。其基本原理是：如果测试特定时点的控制，注册会计师仅得到该时点运行有效性的审计证据；如果测试某一期间的控制，注册会计师可获取控制在该期间有效运行的审计证据。注册会计师应当根据控制测试的目的确定控制测试的时间，并确定拟信赖的相关控制的时点或期间。

2．对中期审计证据的考虑

如果注册会计师在中期实施了控制测试，取得了有关控制在中期运行有效性的审计证

据，并拟利用该证据，注册会计师仍然需要考虑如何将控制在期中运行有效性的审计证据合理延伸至期末。即针对期中至期末这段剩余时间获取充分、适当的审计证据。注册会计师应当实施下列审计程序。

(1) 获取这些控制在剩余期间变化情况的审计证据。如果这些控制在剩余期间没有发生变化，注册会计师可能决定信赖期中获取的审计证据；如果这些控制在剩余期间发生了变化，注册会计师需要了解并测试控制的变化对期中审计证据的影响。

(2) 确定针对剩余期间还需要获取的补充审计证据。注册会计师在确定针对剩余期间还需获取的补充审计证据时，应当考虑以下因素：

① 评估的认定层次重大错报风险的重大程度。评估的重大错报风险对财务报表的影响越大，注册会计师需要获取的剩余期间的补充证据越多。

② 在期中测试的特定控制。例如，对自动化运行的控制，注册会计师更可能测试信息系统一般控制的运行有效性，以获取控制在运行期间运行有效性的审计证据。

③ 在期中对有关控制运行有效性获取的审计证据的程度。如果注册会计师在期中对有关控制运行有效性获取的审计证据比较充分，可以考虑适当减少需要获取的剩余期间的补充证据。

④ 剩余期间的长度。剩余期间越长，需要获取的剩余期间的补充证据越多。

⑤ 在信赖控制的基础上拟减少进一步实质性程序的范围。注册会计师对相关控制的信赖程度越高，拟减少进一步实质性程序的范围就越大。此时，需要获取的剩余期间的补充证据越多。

⑥ 控制环境。在注册会计师总体上拟信赖控制的前提下，控制环境越薄弱，注册会计师需要获取的剩余期间的补充证据越多。

3. 对以前审计获取的审计证据的考虑

注册会计师考虑以前审计获取的有关控制运行有效性的审计证据，原因在于：一方面，内部控制中的诸多要素对于被审计单位往往是相对稳定的，因此注册会计师在本期审计时还是可以适当考虑利用以前审计获取的有关控制运行有效性的审计证据；另一方面，内部控制在不同期间可能发生重大变化，注册会计师在利用以前审计获取的有关控制运行有效性的审计证据时，需要格外慎重，充分考虑各种因素。

(1) 基本思路。考虑拟信赖以前审计中测试的控制在本期是否发生变化。如果拟信赖以前审计获取的有关控制运行有效性的审计证据，注册会计师应当通过实施询问并结合观察或检查程序，获取这些控制是否已经发生变化的审计证据。

(2) 控制在本期发生变化时。如果控制在本期发生了变化，注册会计师应当考虑以前审计获取的有关控制运行有效性的审计证据是否与本期审计相关，并在本期审计中测试这些控制运行的有效性。

(3) 控制在本期未发生变化时。如果拟信赖的控制自上次测试后未发生变化，且不属于旨在减轻特别风险的控制，注册会计师应当运用职业判断确定是否在本期审计中测试其运行有效性，以及本次测试与上次测试的时间间隔，但两次测试的时间间隔不得超过 2 年。

(4) 不得依赖以前审计所获取证据的情形。鉴于特别风险的特殊性，对于旨在减轻特别风险的控制，不论该控制在本期是否发生变化，注册会计师都不应该依赖以前审计获取的

证据。也就是说，如果注册会计师拟信赖针对特别风险的控制，则所有关于该控制运行有效性的审计证据必须来自当年的控制测试。相应地，注册会计师应当在每次审计中都测试这类控制。

(五)控制测试的范围

控制测试的范围主要是指某项控制活动的测试次数。从理论上讲，控制测试的范围越大，所能提供的有关控制政策和程序执行有效性的证据就越充分。在审计实务中，注册会计师执行控制测试的范围并不是越大越好，而是要求注册会计师从最经济有效地实现审计目标的总体要求出发，合理地确定控制测试的范围。注册会计师在确定某项控制测试的范围时通常考虑以下因素。

(1) 在整个拟信赖的期间，被审计单位执行控制测试的频率。控制执行的频率越高，控制测试的范围越大。

(2) 在所审计期间，注册会计师拟信赖控制运行有效性的时间长度。拟信赖期间越长，控制测试的范围越大。

(3) 为证实控制能够防止或发现并纠正认定层次重大错报，所需获取审计证据的相关性和可靠性。对审计证据的相关性和可靠性要求越高，控制测试的范围就越大。

(4) 通过测试与认定相关的其他控制获取的审计证据的范围。当针对其他控制获取的审计证据的充分性和适当性较高时，测试该控制的范围可适当缩小。

(5) 在风险评估时拟信赖控制运行有效性的程度。注册会计师在风险评估时对控制运行有效性的拟信赖程度越高，需要实施控制测试的范围越大。

(6) 控制的预期偏差。控制的预期偏差可以用控制未得到执行的预期次数占控制应当得到执行次数的比率来衡量(也可称为预期偏差率)。控制的预期偏差率越高，需要实施控制的范围越大。如果控制的预期偏差率过高，注册会计师应当考虑控制可能不足以将认定层次的重大错报风险降至可接受的低水平，从而针对某一认定实施的控制测试可能是无效的。

二、控制风险评估

注册会计师在完成控制测试后，应根据其测试的结果对被审计单位内部控制的风险水平做出评估，以确定将要执行的实质性程序的性质、时间和范围。

(一)控制风险评估的概念

控制风险评估是指评估企业内部控制在防止或者发现和更正会计报表里的重大错报有效程度的过程。即对内部控制的可信赖度作出评价。注册会计师是为了会计报表认定而评估控制风险的，不是为了个别内部控制要素或个别政策和程序而进行的。通常，将评估控制风险所得到的结果，称为“控制风险评估水平”。

注册会计师评价控制风险时，应合理运用专业判断来谨慎分析审计证据。由于这些审计证据必然与有关认定的控制政策和程序有关，因此，可以说控制风险的评价，实际上就是注册会计师对每一内部控制要素里的相关控制政策和程序的有效性，同某项认定里存在重大错报的风险之间的相互作用情况进行判断的过程。

(二)控制风险评估水平的确定

注册会计师评估的控制风险可能是高水平，也可能是低水平。若将控制风险评估为高水平，意味着内部控制不能及时防止或者发现和纠正某项认定中的重大错报的可能性很大。如果很多认定或者所有认定的控制风险都被评价为高水平，那么注册会计师就要研究是否应进一步对被审计单位会计报表进行审计。

注册会计师只有在确认以下事项的情况下，才能将控制风险评价为高水平。

(1) 控制测试和程序与认定不相关。

(2) 控制政策和程序无效。

(3) 取得证据来评价控制政策和程序显得不经济。

注册会计师只有在确认以下事项的情况下，才能将控制风险评价为低水平。

(1) 控制政策和程序与认定相关。

(2) 通过控制测试已获得证据证明测试有效。

控制风险的评估水平，既可以用高、中、低的概念来加以表示，也可以量化为百分比表示。通常将内部控制未能及时防止或发现和纠正某项认定中的重大错报的可能性高于40%、在10%～40%之间、低于10%，分别代表控制风险的高、中、低水平。

注册会计师应当将对控制风险再评估的过程和结果在工作底稿中加以记录。在工作底稿中记录对控制风险评估的基本要求是：①当控制风险评估为最高水平时，只需记录这一评估结论；②当控制风险评估低于最高水平时，还必须记录评估的依据。

(三)控制风险评估结果对实质性程序的影响

注册会计师对企业内部控制了解和测试的结果，实质上是对企业控制风险作出评估，然后再利用对控制风险评估的结果，来规划相应的实质性程序的性质、时间和范围。评估控制风险适当与否，直接影响实质性程序的适当性。如果控制风险评估太低，将使得注册会计师可能没有执行足够的实质性程序，进而导致审计无效；相反，如果控制风险评估太高，注册会计师将执行比所需要的还要多的实质性程序，致使审计测试不经济、无效率。

本 章 小 结

内部控制是指被审计单位为了合理保证财务报告的可靠性、经营的效率和效果以及对法律法规的遵循，由治理层、管理层和其他人员设计和执行的政策和程序。内部控制是现代企业管理的重要手段，良好的内部控制系统有利于合理保证财务报告的可靠性、经营的效率和效果以及对法律法规的遵守；有利于对经济活动进行评价，保证企业经营目标的实现。大量的审计实践表明：凡内部控制健全完善的领域，错弊发生的情况就少，反之则多。

内部控制整体框架主要由控制环境、风险评估过程、信息系统与沟通、控制活动、监督五项要素构成。注册会计师对内部控制所做的研究和评价一般可分为四个步骤：第一，了解内部控制；第二，记录对内部控制了解的情况；第三，内部控制测试；第四，控制风险评估。

现代审计与内部控制之间存在着非常密切的关系，研究与评价被审计单位的内部控制，是审计进行实质性程序的前提和基础，是现代审计的重要特征。

自 测 题

1. 内部控制的含义是什么？
2. 简述内部控制整体框架的内容。
3. 如何理解内部控制与现代审计的关系？
4. 什么是控制测试？其主要内容有哪些？如何确定控制测试的范围？
5. 简述控制风险评价的结果对实质性程序的影响。

案 例 分 析

甲公司存货相关的内部控制存在以下情况，判断是否存在缺陷，并简要说明理由：

(1) 以前年度未对存货实施盘点，但有完整的存货会计记录和仓库记录。

(2) 发出存货时未全部按顺序记录。

(3) 生产产品所需要的零星B材料由丙公司代管，未对B材料的变动进行会计记录。

(4) 每年12月25日后发出的存货在仓库明细账上有记录，但未在财务部门的会计账上反映。

(5) 发出材料存在不按既定计价方法核算的现象。

(6) 财务部门会计记录和仓库明细账均反映了代丙公司保管的C材料。

第八章　销售与收款循环审计

【学习目标及要点】

通过本章的学习，使学生了解销售与收款循环的基本业务内容、主要凭证和会计记录；明确销售与收款循环审计目标及其内部控制要点；掌握主营业务收入、应收账款的审计目标及其实质性程序。

【引例】

2017 年 3 月，证监会重点披露了浙江九好办公服务集团有限公司与上市公司鞍重股份的“忽悠式”重组案件。在这个案件中，九好集团通过多达 6 层资金暗道，召集 200 多供应商虚构业务、虚签合同、虚减成本、虚增收入及虚构存款等方式，把“有毒资产”溢价包装成价值优良资产，与鞍重股份联手进行“忽悠式”重组。宣布重组计划后，鞍重股份的股价也在 15 个交易日内，从 26.17 元暴涨到 87.79 元。这一系列的操作，使得九好集团在 2013—2015 年涉嫌虚增营业收入金额高达 2.65 亿元，其中，这三年虚增的营业收入金额占其披露的营业收入比例分别为 6.93%、27.65%、38.49%，相应的三年虚增利润是 2.55 亿元，占其披露的利润总额比例的 53.37%。

思考：注册会计师在审计的过程中，怎样能够发现被审计单位虚构收入的行为？

(资料来源：http://www.360doc.com/content/19/0525/13/36832794_838093644.shtml)

第一节　销售与收款循环的特点

销售与收款循环是指企业将产品提供给客户并收取价款的过程。该循环从客户提出订货要求开始，将商品转化为应收账款，并以最终收回现金为结束。从企业的角度看，销售与收款是形成利润和现金流入的主要方面，也是企业产品价值得以实现的过程；从审计的角度来看，对销售和收款的确认既影响到资产负债表中的流动资产额，也影响利润表中的主营业务收入和营业费用等，最终会体现在企业的利润总额中。销售与收款循环的特点主要包括两部分内容：一是本循环中的主要业务活动；二是本循环所涉及的主要凭证和会计记录。

一、销售与收款循环的主要业务活动

企业的销售与收款循环主要是由企业同顾客交换商品或劳务、收回现金等经营活动组成，涉及销售业务、收款业务、销售调整业务(包括销售折扣、折让和退回，坏账准备的提取和冲销)等内容，并且每一业务活动均需要经过若干步骤才能完成。了解企业销售与收款的基本业务活动，对销售与收款循环的审计是十分必要的。企业的销售主要分为现销和赊销两种方式，下面以提供有形商品的赊销为例，来说明销售与收款循环的基本业务。

(1) 接受客户订购单。客户提出订货要求是整个销售与收款循环的起点，是购买某种货物或接受某种劳务的一项申请。管理层一般设有已批准销售的客户名单，客户订购单只有在符合企业管理层的授权标准时才能被接受。销售单管理部门在决定是否同意接受某客户的订购单时，需要追查该客户是否被列入这张名单。如果该客户未被列入，则通常需要由销售单管理部门的主管来决定是否同意销售。企业在批准了客户订购单之后，编制一式多联的销售单。销售单是证明销售交易的“发生”认定的凭据之一，也是此笔销售交易轨迹的起点之一。

(2) 批准赊销。批准赊销是由信用管理部门根据管理层的赊销政策在每个客户的已授权的信用额度内进行的。信用管理部门收到销售单后，应审查该顾客的资信记录，以便决定是否批准赊销。对于有良好信用记录的顾客，信用管理部门应根据销售单批准赊销或按常规方法处理。对提出赊销要求的新顾客应进行必要的信用调查，确定一个信用额度，并经企业主管人员核准。无论批准赊销与否，都要求信用部门人员在销售单上签署意见。批准赊销控制的目的是降低坏账风险，因此，它与应收账款账面余额的“计价和分摊”认定有关。

(3) 按销售单供货。仓库人员根据核准的销售单发货，并编制发货凭证(如提货单、出库单)。设置该项控制程序的目的是防止仓库在未经授权的情况下擅自发货。

(4) 按销售单装运货物。装运部门人员应在经授权的情况下装运货物，使企业按销售单装运货物与按销售单发货的职责相分离。装运部门人员在装运前，必须独立验证从仓库提取的货物是否都附有经核准的销售单，核对所装运的货物是否与销售单一致，并填制发运凭证。发运凭证是证实销售交易“存在或发生”认定的另一种形式的凭据。

(5) 开具销售发票。开具发票是指开具并向客户寄送事先连续编号的销售发票。与这项活动相关的问题是：①是否对所有装运的货物都开具了发票(“完整性”)；②是否只对实际装运的货物开具发票，有无重复开具发票或虚开发票(“发生”)；③是否按已授权批准的商品价目表所列价格计价开具发票(“准确性”)。

为了降低开具发票过程中出现遗漏、重复、错误计价或其他差错的风险，通常需要设立以下控制：

① 负责开发票的员工在开具每张销售发票之前，检查是否存在发运凭证和相应的经批准的销售单；

② 依据已授权批准的商品价目表开具销售发票；

③ 将发运凭证上的商品总数与相对应的销售发票上的商品总数进行比较。

上述控制与销售交易(即营业收入)的“发生”“完整性”以及“准确性”认定有关。

(6) 记录销售业务。会计部门开出销售发票后，应及时编制记账凭证，并及时记入相应的应收账款、主营业务收入、库存商品等的明细账和总账。

记录销售的控制程序包括但不限于以下几项。

① 依据有效的发运凭证和销售单记录销售。这些发运凭证和销售单应能证明销售交易的发生及其发生的日期。

② 使用事先连续编号的销售发票并对发票使用情况进行监控。

③ 独立检查已销售发票上的销售金额与会计记录金额的一致性。

④ 记录销售的职责应与处理销售交易的其他功能相分离。

⑤ 对记录过程中所涉及的有关记录的接触权限予以限制，以减少未经授权批准的记录发生。

⑥ 定期独立检查应收账款的明细账与总账的一致性。

⑦ 由不负责现金出纳和销售及应收账款记账的人员定期向客户寄发对账单，对不符事项进行调查，必要时调整会计记录，编制对账情况汇总报告并交管理层审核。

(7) 办理和记录现金、银行存款收入。这项业务涉及货款的回收，现金、银行存款记录的增加以及应收账款的减少等活动。处理这项业务最重要的是要保证全部货款必须如数、及时地记入现金、银行存款日记账、应收账款明细账和总账，并如数及时地将现金存入银行。

(8) 办理和记录销货退回、销货折扣与折让。顾客如果对商品不满意，销售企业一般都会同意接受退货，或给予一定的销货折让；顾客如果提前支付货款，销售企业则可能会给予一定的销货折扣。发生此类事项时，必须经过授权批准，并应确保与办理此事有关的部门和职员各司其职，分别控制实物流和会计记录。应严格控制贷项通知单的使用。同时会计部门根据销货退回与折让业务凭证及时、准确地记录。

(9) 注销坏账和提取坏账准备。对确实无法收回的应收账款，经批准后，可以作为坏账注销。对已冲销的应收账款应在备查簿上登记，以便冲销的应收账款以后又收回时进行会计处理。年末，应根据应收账款的余额、账龄或本期销售收入来分析确定本期应计提坏账准备的数额，其计提方法应保持前后会计期间的一致性。

二、销售与收款循环的主要凭证和会计记录

在内部控制系统比较健全的企业，处理销售与收款业务通常需要使用很多凭证和会计记录。典型的销售与收款循环所涉及的主要凭证和会计记录有以下几种。

(1) 客户订购单。客户订购单是顾客提出的书面购货要求，是整个销售与收款循环的起点。企业可以通过销售人员和其他途径，如通过电话、信函、传真机、邮件和向现有的及潜在的顾客发送订购单等方式接受订货，取得客户订购单。

(2) 销售单。销售单是由销售部门根据顾客订单填写的，记录顾客所订商品的名称、规格、数量以及其他与顾客订货有关资料的凭证，通常作为销售方内部处理顾客订货单的依据。

(3) 发运凭证。发运凭证是在发运货物时编制的，用以反映发出货物的名称、规格、数量和其他有关内容的凭证。发运凭证通常一式三联，第一联交给顾客，第三联由仓库保存，第二联和销售单的第一联由会计部门保留。发运凭证可以作为向顾客开票收款的依据。

(4) 销售发票。销售发票通常包含已销售商品的名称、规格、数量、价格、销售金额等内容。以增值税发票为例，销售发票的两联(抵扣联和发票联)寄送给客户，　一联由企业保留。销售发票也是在会计账簿中登记销售交易的基本凭据之一。

(5) 商品价目表。商品价目表是列示已经授权批准的、可供销售的各种商品的价格清单。

(6) 贷项通知单。贷项通知单是一种用来表示由于销货退回或经批准的折让而引起的应收账款减少的凭证。其格式通常与销售发票相同，只不过是用来说明应收账款的减少。

(7) 汇款通知书。汇款通知书是一种与销售发票一并交给顾客，由顾客付款时再寄回销货单位的凭证。这种凭证一般应注明顾客的姓名、销售发票号码、销货单位开户银行账号以及金额等内容。采用汇款通知书可以使现金立即存入银行，可以改善对资产保管的控制。

(8) 坏账审批表。坏账审批表是一种批准将某些应收账款注明为坏账的，仅在企业内部使用的凭证。

(9) 顾客月末对账单。顾客月末对账单是一种定期寄给顾客的，用于购销双方定期核对账目的凭证。对账单应注明应收账款的月初余额、本月各项销售业务的金额、本月已收到的货款、各贷项通知单的数额以及月末余额等内容。

(10) 记账凭证(收款凭证、转账凭证)。收款凭证是用来记录现金、银行存款收入业务的记账凭证。转账凭证是用来记录转账业务的记账凭证，它是根据有关转账业务(即不涉及现金、银行存款收付业务)的原始凭证编制的。

(11) 应收账款明细账。应收账款明细账是用来记录每个客户各项赊销、还款、销售退回及折让交易的明细账。

(12) 主营业务收入明细账。主营业务收入明细账是一种用来记录销售交易的明细账。它通常记载和反映不同类别商品或服务的营业收入的明细发生情况和总额。

(13) 折扣与折让明细账。折扣与折让明细账是一种用来核算企业销售商品时，按销售合同规定为了及早收回货款而给予客户的销售折扣和因商品品种、质量等原因而给予客户的销售折让情况的明细账。企业也可以不设置折扣与折让明细账，而将该类业务直接记入主营业务收入明细账。

(14) 现金日记账和银行存款日记账。现金日记账和银行存款日记账是用来记录应收账款的收回或现销收入以及其他各种现金、银行存款收入和支出的日记账。

销售与收款循环所涉及的账户主要包括：主营业务收入、主营业务成本、税金及附加、应交税费、应收账款、预收账款、应收票据、坏账准备、销售折扣与折让、现金、银行存款、销售费用、库存商品等。本章着重介绍主营业务收入、应收账款、应交税费、应收票据等账户的审计，其余账户的审计分别在其他章节介绍。

第二节　销售与收款循环的内部控制及其测试

销售截止测试.mp4

一、销售与收款循环的内部控制

为了能正确地处理销售与收款循环业务，保证各种有关记录、凭证的真实可靠，必须建立健全销售与收款循环的内部控制。销售与收款循环的内部控制一般应该有以下内容。

(1) 适当的职责分离。适当的职责分离有助于加强内部牵制，防止错误和舞弊行为的发生，保证销售与收款业务处理的有效性和可靠性。如接受顾客订货、开出销货通知单、批准赊销、发出商品、开出销货发票和结算账单、记账、收取货款，都必须由不同的职能部门或人员负责办理，做到既相互联系，又相互牵制。

(2) 正确的授权审批。销售与收款循环各项业务的每一道程序都须经企业有关负责部门或人员审批。如销售方式与销售价格的确定、付款条件、结算方式、运费和销售退回、销售折扣与折让等的确定都要经过授权批准；对确实无法收回的应收账款，按规定程序批准后，可作为坏账处理。审批人员在授权范围内进行审批，不得超越审批权限。

(3) 按月寄出对账单。由不负责现金出纳和销售及应收账款记账的人员按月向客户寄发对账单，能促使客户在发现应付账款余额不正确后及时反馈有关信息。为了使这项控制更加有效，最好将账户余额中出现的所有核对不符的账项，指定一位既不掌管货币资金也不记录主营业务收入和应收账款账目的主管人员处理，然后由独立人员按月编制对账情况汇总报告并交管理层审阅。

(4) 充分的凭证和记录。销售与收款循环中的各项业务要有健全的凭证和凭证传递制度来记录发生的销售业务，并将信息及时传递给销售部门、仓储部门、运输部门、财务部门和顾客。比如，销货通知单记录的销售业务，要能满足填制发货单的需要；发货单记录的资料要能满足仓库发货、顾客收货、会计开销货发票和登记应收账款明细账的需要。凭证应预先进行连续编号，防止重复开具账单或重复记账，也便于日后审查和查阅。企业应建立健全销售及应收账款账簿体系，及时而全面地登记销售与应收账款业务。

(5) 凭证的预先编号。对凭证预先进行编号，旨在防止销售以后遗漏向客户开具发票或登记入账，也可防止重复开具发票或重复记账。当然，如果对凭证的编号不作清点，预先编号就会失去其控制意义。定期检查全部凭证的编号，并调查凭证缺号或重号的原因，是实施这项控制的关键点。在目前信息技术得以广泛运用的环境下，凭证预先编号这一控制在很多情况下由系统执行，同时辅以人工的监控。

(6) 内部核查程序。内部核查程序控制是指由内部审计人员或其他独立人员核查销货业务的处理和记录，是实现内部控制目标不可缺少的一项控制措施。表 8-1 所示程序是对各项控制目标的典型内部核查程序。注册会计师可以采用检查内部审计人员的报告，或其他独立人员在他们核查的凭证上的签字等方法实施控制测试。

表 8-1　内部核查程序控制

内部控制目标	内部核查程序控制举例
登记入账的销货业务是真实的	检查销售发票的连续性并检查所附的佐证凭证
销货业务均经适当审批	了解顾客的信用状况，确定是否符合企业的赊销政策
所有销货业务均已登记入账	检查发运凭证的连续性，并将其与主营业务收入明细账核对
登记入账的销货业务均经正确估价	将销售发票上的数量与发运凭证上的记录进行比较核对
登记入账的销货业务的分类恰当	将登记入账的销货业务的原始凭证与会计科目表比较核对
销货业务的记录及时	检查开票员所保管的未开票发运凭证，确定是否包括所有应开票的发运凭证在内
销货业务已经正确地记入明细账并经正确汇总	从发运凭证追查至主营业务收入明细账和总账

二、销售与收款循环控制测试

内部控制测试是为了确定内部控制的设计和执行是否有效而实施的审计程序。审计人员可以通过查阅客户的有关制度、材料和文件，结合实地观察及向有关人员调查和询问，了解被审计企业销售与收款循环的内部控制状况，用适当方法(调查表法、流程图法、文字描述法等)将其描述出来，并纳入审计工作底稿。

审计人员只对那些准备信赖的内部控制执行测试，并且只有当信赖内部控制而减少的实质性程序的工作量大于控制测试的工作量时，内部控制测试才是必要和经济的。销售与收款循环的内部控制测试主要包括以下内容。

(1) 抽取一定数量的销售发票，作如下检查。

① 检查销售发票副本上所有的发票存根联是否连续编号，开票人员是否按照顺序开具发票，作废的发票是否加盖“作废”戳记并与存根联一并保存。

② 检查销售发票上的单价是否按批准的价目表执行，并将销售发票与相关的销售通知单、销售订单、出库单(提货单)所载明的品名、规格、数量、价格进行核对。销货通知单上应有负责信用核准人员的签字。

③ 检查销售发票中所列的数量、单价和金额是否正确。

④ 从销售发票追查至有关的记账凭证、应收账款明细账及主营业务收入明细账，确定被审计单位是否及时、正确地登记有关凭证、账簿。

(2) 观察被审计单位是否按月寄发对账单，并检查顾客回函档案。

(3) 抽取一定数量的出库单或提货单，与相关的发票相核对，检查已发出的商品是否均已向顾客开出发票。

(4) 从主营业务收入明细账中抽取一定数量的会计记录，并与有关的记账凭证、销货发票相核对，以确定是否存在收入高估或低估的情况。

(5) 抽取一定数量的销售调整业务的会计凭证，检查销售退回、销售折扣与折让的核准与会计核算。主要包括：

① 确定销售退回与折让的批准与贷项通知单的签发职责是否分离。

② 确定现金折扣是否经过适当授权，授权人与收款人的职责是否分离。

③ 检查销售退回和折让是否附有按顺序编号并经主管人员核准的贷项通知单。

④ 检查退回的商品是否具有仓库签发的退货验收报告(或入库单)，并将验收报告的数量、金额与贷项通知单等进行核对。

⑤ 确定销售退回、销售折扣与折让的会计记录是否正确。

(6) 抽取一定数量的记账凭证、应收账款明细账，作如下检查。

① 从应收账款明细账中抽取一定的记录，并与相应的记账凭证进行核对，比较两者记账的时间、金额是否一致。

② 从应收账款明细账中抽查一定数量的坏账注销业务，并与相应的记账凭证、原始凭证进行核对，确定坏账的注销是否合乎有关法规的规定、企业主管人员是否核准等。

③ 检查被审计单位是否定期与顾客对账，在可能的情况下，将被审计单位一定期间的对账单与相应的应收账款明细账的余额进行核对，如有差异，则应进行追查。

(7) 观察职工获得或接触资产、凭证和记录(包括存货、销售通知单、出库单、销售发票、账簿、现金及支票)的途径，并观察职工在执行授权、发货、开票等职责时的表现，确定被审计单位是否存在必要的职务分离，内部控制在执行过程中是否存在弊端。

(8) 评价销售与收款循环内部控制的有效性和控制风险。在对被审计单位销售与收款循环内部控制进行必要的了解与测试的基础上，审计人员应当对该循环内部控制的健全情况、执行情况和控制风险作出评价，以确定其可信赖程度及存在的薄弱环节；确定实质性程序的性质、时间和范围。对控制薄弱的环节，可作为实质性程序的重点，以降低检查风险，将审计风险控制在可接受的水平。对测试过程中发现的问题还应当在工作底稿中作出记录，并以适当的形式告知被审计单位的管理当局。

销售与收款循环内部控制与货币资金内部控制和存货内部控制紧密相连，共同发挥着相应的控制职能和作用。在具体审计中，这些内部控制的调查与测试应结合进行。

【例 8-1】

注册会计师在对 ABC 公司的内部控制进行了解和测试，注意到下列情况：

(1) 根据批准的顾客订单，销售部编制预先连续编号的一式三联现销或赊销销售单。经销售部被授权人员批准后，所有销售单的第一联直接送仓库作为按销售单供货和发货给装运部门的授权依据，第二联交开具账单部门，第三联由销售部留存。

(2) 仓库部门根据批准的销售单供货，装运部门将从仓库提取的商品与销售单核对无误后装运，并编制一式四联预先连续编号的发运单，其中三联及时分送开具账单部门、仓库和顾客，一联留存装运部门。

(3) 开具账单部门在收到发运单并与销售单核对无误后，编制预先连续编号的销售发票，并将其连同发运单和销售单及时送交会计部门。会计部门在核对无误后由财务部门职员王某据以登记销售收入和应收账款明细账。

(4) 由负责登记应收账款明细账的人员在每月末定期给顾客寄送对账单，并对顾客提出的异议进行专门追查。

请指出上述 4 项中，内部控制是否存在缺陷，如有请指出，并说明理由及提出改进建议。

答案：

第(1)项存在缺陷。理由：对于赊销应当由信用审批部门根据管理层的赊销政策进行确定，以及对每个顾客的已经授权的信用额度进行调查。

建议：在由销售部授权人员签字批准后，涉及赊销业务的销售单将先被送交信用管理部门。信用管理部门将销售单与该顾客的可用信用额度进行比较，在签署信用审阅意见后将销售单送回销售部。对于可用信用额度不足的赊销业务销售单，需要经过公司授权人员批准才能发出。然后，经批准的销售单才能送交仓库作为按销售单供货和发货给装运部门的授权依据。

第(2)项不存在缺陷。

第(3)项存在缺陷。理由：登记收入明细账和应收账款明细账的职员应当是两个人。

建议：登记收入明细账和应收账款明细账应由两人分别登记。

第(4)项存在缺陷。理由：登记应收账款明细账的人员不能寄发对账单。

建议：由不负责现金出纳和销售及应收账款记账的人员寄发对账单。

第三节 营业收入审计

营业收入项目核算企业在销售商品、提供劳务等主营业务活动中所产生的收入，以及企业确认的除主营业务活动以外的其他经营活动实现的收入，包括出租固定资产、出租无形资产、出租包装物和商品、销售材料等实现的收入。

一、营业收入的审计目标

营业收入的审计目标具体如下：

(1) 确定利润表中记录的营业收入是否已发生，且与被审计单位有关(发生认定)；

(2) 确定所有应当记录的营业收入是否均已记录(完整性认定)；

(3) 确定与营业收入有关的金额及其他数据是否已恰当记录，包括对销售退回、销售折扣与折让的处理是否适当(准确性认定)；

(4) 确定营业收入是否已记录于正确的会计期间(截止认定)；

(5) 确定营业收入是否已按照企业会计准则的规定在财务报表中作出恰当的列报。

营业收入包括主营业务收入和其他业务收入，下面分别介绍这两部分的实质性程序。

二、主营业务收入的实质性程序

主营业务收入的实质性程序一般包括以下几方面的内容。

(一)将主营业务收入的账簿记录与有关凭证进行核对

(1) 获取或编制主营业务收入明细表，复核加计其是否正确，并与报表数、总账数和明细账合计数核对相符。

(2) 抽查销售发票、发货单，并追查至相应的记账凭证及明细账，核实其记录、过账、加总是否正确，确定销售收入是否真实、销售记录是否完整。

(3) 从主营业务收入明细账中抽取一定数量的样本，与相应的发票、订货单(或提货单)的内容进行核对，验算发票金额的正确性。并同时与应收账款明细账、现金或银行存款日记账、产成品明细账相核对，以确定发货日期、销售数量、品名、单价、金额等是否相符，确定其账务处理是否正确。

(4) 结合对资产负债表日应收账款的函证程序，查明有无未经许可的大额销售。

(二)实施实质性分析程序

审计人员应实施实质性分析程序，检查主营业务收入是否有异常变动和重大波动，确定主营业务收入总体的合理性、真实性，如表8-2所示。

实施实质性分析程序的基本要点如下：

(1) 本期的主营业务收入与上期的主营业务收入、销售预算或预测数等进行比较，分析主营业务收入及其构成的变动是否异常，并分析异常变动的原因；

(2) 计算本期重要产品的毛利率，与上期预算或预测数据比较，检查是否存在异常，各期之间是否存在重大波动，查明原因；

(3) 比较本期各月各类主营业务收入的波动情况，分析其变动趋势是否正常，是否符合被审计单位季节性、周期性的经营规律，查明异常现象和重大波动的原因；

(4) 将本期重要产品的毛利率与同行业企业进行对比分析，检查是否存在异常。

表 8-2　月度毛利率分析表

月度毛利率分析表

被审计单位：	索引号：
项目：月度毛利率分析表	财务报表截止日/期间：
编制：	复核：
日期：	日期：

月份	本期数				上期数				变动幅度
	主营业务收入	主营业务成本	毛利	毛利率	主营业务收入	主营业务成本	毛利	毛利率	
1									
2									
3									
4									
5									
6									
7									
8									
9									
10									
11									
12									
合计									

审计说明：

(三)检查主营业务收入的确认原则、方法是否恰当

根据《企业会计准则第 14 号——收入》的规定，企业应当在履行了合同中的履约义务，及在客户取得相关商品控制权时确认收入。取得相关商品控制权，是指能够主导该商品的使用并从中获得几乎全部的经济利益。

当企业与客户之间的合同同时满足下列条件时，企业应当在客户取得商品控制权时确认收入：

(1) 合同各方已批准该合同并承诺将履行各自的义务；

(2) 该合同明确了合同各方与所转让商品或提供劳务相关的权利和义务；

(3) 该合同有明确的与所转让的商品相关的支付条款；

(4) 该合同具有商业实质，即履行该合同将改变企业未来现金流量的风险、时间分布或金额；

(5) 企业因向客户转让商品而有权取得的对价很可能收回。

《企业会计准则》分别对“在某一时段内履行的履约义务”和“在某一时点履行的履约义务”的收入确认作出了规定。

对于在某一时段内履行的履约义务，企业应当在该段时间内按照履约进度确认收入。当履约进度能够合理确定时，采用产出法或投入法确定恰当的履约进度。当履约进度不能合理确定时，企业已经发生的成本预计能够得到补偿的，应当按照已经发生的成本金额确认收入，直到履约进度能够合理确定为止。

对于在某一时点履行的履约义务，企业应当在客户取得相关商品的控制权时确认收入。在判断客户是否已取得商品控制权时，企业应当综合考虑下列迹象：

(1) 企业就该商品享有现时收款权利，即客户就该商品负有现时付款义务；

(2) 企业已将该商品的法定所有权转移给客户，即客户已拥有该商品的法定所有权；

(3) 企业已将该商品实物转移给客户，即客户已实物占有该商品；

(4) 企业已将该商品所有权上的主要风险和报酬转移给客户，即客户已取得该商品所有权上的主要风险和报酬；

(5) 客户已接受该商品；

(6) 其他表明客户已取得商品控制权的迹象。

因此，注册会计师需要基于对被审计单位商业模式和日常经营活动的了解，判断被审计单位的合同履约义务是在某一时段内履行还是某一时点履行的，据以评估被审计单位确认产品销售收入的会计政策是否符合《企业会计准则》，并测试被审计单位是否按照其既定的会计政策确认产品销售收入。

(四)检查销售退回、销售折扣与折让

(1) 审计人员应审查分析销售退回原因的合理性及相关批准手续的规范性，特别注意查明有无内外勾结，营私舞弊的问题；检查销售退回的商品是否已验收入库，有无形成账外物资；并将销售退回商品的有关账面金额(如主营业务收入、应收账款等账户的发生额)与贷项通知单的记录进行核对。

(2) 审查销售折扣与折让业务的真实性以及折扣、折让比例的合理性。审计人员可以通过审阅有关凭证，检查其审核手续的完备性，进而确定该项业务的真实存在；可以通过对折扣、折让原因的调查和分析，确定折扣、折让比例的合理性，进而确定折扣、折让金额的正确性。重点应对折扣、折让额大的项目进行审查。

(3) 检查退货、折扣、折让的账务处理是否正确。

(五)实施截止测试

抽查资产负债表日前后若干日的主营业务收入与退货的账面记录及相关的凭证，检查销售业务的账务处理有无跨年度现象；如果存在跨年度的大额销售项目，则应予以调整。截止测试是实质性程序中常用的一种具体审计技术，实施这一审计程序，其主要目的是确

定被审计单位主营业务收入的会计记录归属期是否正确；有无跨期收入，防止利润操纵行为。根据收入确认的基本原则，审计人员实施截止测试时应注意把握三个与主营业务收入确认有密切关系的日期：一是发票开具日期或收款日期；二是记账日期；三是发货日期(服务业则是提供劳务的日期)。这里的发票开具日期是指开具增值税专用发票或普通发票的日期；记账日期是指被审计单位确认主营业务收入实现并将该笔经济业务记入主营业务收入账户的日期；发货日期是指仓库开具出库单并发出库存商品的日期。检查三者是否归属于同一适当会计期间是主营业务收入截止测试的关键。主营业务收入截止测试工作底稿(从明细账到发货单)如表 8-3 所示。

表 8-3　主营业务收入截止测试

主营业务收入截止测试

被审计单位：________	索引号：________
项目：主营业务收入截止测试	财务报表截止日/期间：________
编制：________	复核：________
日期：________	日期：________

从明细账到发货单

编号	明细账				发票内容					发货单		是否跨期√(×)
	日期	凭证号	主营业务收入	应交税金	日期	客户名称	货物名称	销售额	税额	日期	号码	
1												
2												
3												
4												
5												
6												
7												
截止日前												
截止日期：												
截止日后												
1												
2												

审计说明：

(六)检查有无特殊的销售行为

特殊销售行为主要包括附有销售退回条件的商品销售、委托代销、售后回购、以旧换新、售后租回、分期收款销售、商品需要安装和检验的销售等。由于这些业务的核算有其特殊性，因此，审计人员应确定恰当的审计程序单独进行审核。

(七)检查向关联方销售的情况

为避免利用财务报告提供虚假信息，粉饰财务状况和经营成果，现行会计制度要求企业披露关联方关系及关联交易。应重点检查有关关联方的协议、合同、计划、董事会会议纪要；产品价格是否合理、是否符合价格政策；关联交易额占营业收入总额的比例。

(八)检查主营业务收入的披露是否恰当

审计人员应审查利润表上的主营业务收入项目、数字是否与审定数相符，主营业务收入确认所采用的会计政策是否已在会计报表附注中披露。

对于上市公司，审计人员还应审查其是否披露以下信息。

(1) 关联交易方、交易内容、定价原则、交易价格、交易金额占同类交易金额的比例、结算方式及关联交易事项对公司利润的影响。可以获得同类交易市场价格的，应披露市场参考价格，实际交易价格与市场参考价格差异较大的，应说明原因。大额销货退回需披露详细情况。

(2) 应说明占公司主营业务收入10%以上的业务经营活动及其所属行业。对占主营业务收入总额10%以上的主要产品，应分项列示其产品销售收入、产品销售成本、毛利率。

【例8-2】

审计X公司2019年度会计报表时，注册会计师李欣发现X公司于2019年12月9日向Y公司赊销含税价款为39.55万元的A产品一批，销售发票已开具，并已按规定确认了主营业务收入、结转了相应的主营业务成本。会计处理如下。

借：应收账款——Y公司　　395 500

　贷：主营业务收入——A产品　　350 000

　　应交税费——应交增值税(销项税额)　　45 500

借：主营业务成本　　182 000

　贷：库存商品　　182 000

经查，至2019年12月31日止，该笔业务的货款尚未收回。按X公司的会计政策，无须对此笔应收账款计提坏账准备。2020年1月9日，Y公司因质量不合格将所购产品全部退回。2020年3月初，李欣在审计中发现X公司尚未对此笔销货退回业务进行会计处理。

要求：审查上述业务，提出审计处理建议。

解答：尽管商品退回于2020年，但因销售发生于2019年，故上述销售退回事项作为“需要调整的日后事项”，应在X公司2019年度会计报表中反映，即X公司应将原已确认的主营业务收入和原已结转的主营业务成本冲回(如果X公司对此笔应收账款计提了坏账准备，还应对信用减值损失等项目作相应调整)。建议的审计调整分录如下。

(1) 冲回原已确认的应收账款、主营业务收入和应交纳的增值税。

借：主营业务收入　　　　350 000

　　应交税费——应交增值税(销项税额)　　　　45 500

　　贷：应收账款——Y 公司　　　　395 500

(2) 冲回原已结转的成本。

借：存货　　　　182 000

　　贷：主营业务成本　　　　182 000

如果涉及坏账准备，还应冲减已计提的坏账准备。

借：应收账款(替代坏账准备)

　　贷：信用减值损失

三、其他业务收入的实质性程序

其他业务收入的实质性程序一般包括以下内容：

(1) 获取其他业务收入明细表，复核加计是否正确，并与总账数和明细账合计数核对是否相符，结合主营业务收入科目与营业收入报表数核对是否相符。

(2) 计算本期其他业务收入与其他业务成本的比率，并与上期该比率比较，检查是否有重大波动，并查明原因。

(3) 检查其他业务收入是否真实准确，收入确认原则及会计处理是否符合规定，抽查原始凭证予以核实。

(4) 对异常项目，追查入账依据及有关法律文件是否充分。

(5) 抽查资产负债表日前后一定数量的记账凭证，实施截止测试，确定入账时间是否正确。

(6) 确定其他业务收入在财务报表中的列报是否恰当。

第四节　应收账款审计

应收账款是企业在信用活动中形成的债权性资产。在市场经济条件下，企业间的信用交易日益增加，应收账款在企业流动资产中占有较大比重。因此，加强对应收账款的审查监督，对于确认应收账款的存在，保证会计报表的真实，促使企业及时偿清账款，维护购销双方的合法权益具有重要意义。企业的应收账款是在赊销业务中产生的，因此，应收账款的审计应结合销售交易来进行。一方面，收入的“发生”认定直接影响应收账款的“存在”认定；另一方面，由于应收账款代表了尚未收回货款的收入，通过审计应收账款获取的审计证据也能够为收入提供审计证据。

一、应收账款的审计目标

应收账款的审计目标具体如下：

(1) 确定资产负债表中记录的应收账款是否存在(存在认定)；

(2) 确定所有应当记录的应收账款是否均已记录(完整性认定)；

(3) 确定记录的应收账款是否由被审计单位拥有或控制(权利和义务认定)；

(4) 确定应收账款是否可收回，坏账准备的计提方法和比例是否恰当，计提是否充分(计价和分摊认定)；

(5) 确定应收账款及其坏账准备是否已按照企业会计准则的规定在财务报表中作出恰当列报。

应收账款余额一般包括应收账款账面余额和相应的坏账准备两部分。下面分别介绍这两部分的实质性程序。

二、应收账款的实质性程序

(一)获取或编制应收账款明细表

审计人员在对应收账款进行审计时应首先获取或编制应收账款明细表，复核加计是否正确，并与总账数和明细账合计数核对相符；结合坏账准备科目与报表数核对相符。

(二)检查应收账款的账龄分析是否正确

应收账款账龄是指应收账款从销售实现、产生应收账款之日起，至资产负债表日止所经历的时间。编制应收账款账龄分析表时，可以选择重要的客户及其余额列示，不重要的或余额较小的，可以汇总列示。审计人员可以通过应收账款账龄分析表了解应收账款的可收回性，验证坏账准备计提的合理性，确定应收账款的函证范围和对象。应收账款账龄分析表如表8-4所示。

表 8-4 应收账款账龄分析表

年 月 日

被审计单位： 货币单位：

顾客名称	期末余额	账龄			
		1年内	1—2年	2—3年	3年以上
合 计					

(三)实施实质性分析程序

对应收账款实施实质性分析程序一般从以下几个方面进行。

(1) 将应收账款、坏账准备的本期发生额和期末余额与本企业的历史数据及同行业的平均水平进行比较，以发现应收账款的变化趋势。

(2) 应收账款与销售收入的比率。将本期期末应收账款占本期销售收入的比例与上期期末应收账款占上期销售收入的比例进行比较，如果发现这个比例异常增加，可能是企业为扩大销售而放宽信用标准。这会造成应收账款回收时间增长，坏账损失增加，审计人员应合理估计对企业生产经营的影响。

(3) 应收账款周转率。比较本期应收账款周转率与上期应收账款周转率，可以衡量企业

收回应收账款的效率。

(4) 销售退回和折让与销售收入的比率。通过比较上期和本期销售退回和折让与销售收入的比率，可以发现销售退回和折让是否存在异常变动。

(5) 坏账准备和应收账款的比率。通过将坏账准备和应收账款的比率与被审计单位计提坏账的比率进行比较，可以判断坏账准备的计提是否充分。

(四)向债务人函证应收账款

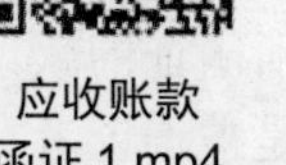

应收账款函证 1.mp4

应收账款函证 2.mp4

应收账款的询证函由审计人员利用被审计单位提供的应收账款明细账户名称及客户地址等资料予以编制。其目的是证实应收账款账户余额的真实性、正确性，防止或发现被审计单位及其有关人员在销售业务中发生差错或弄虚作假、营私舞弊行为。应收账款的询证函，由审计人员直接从被审计单位以外的第三方获取，属于外部证据，具有较强的证明力。除非有充分证据表明应收账款对被审计单位财务报表而言是不重要的，或者函证很可能是无效的，否则，注册会计师应当对应收账款进行函证。如果注册会计师不对应收账款进行函证，应当在审计工作底稿中说明理由。如果认为函证很可能是无效的，注册会计师应当实施替代审计程序，获取相关、可靠的审计证据。

1. 函证的范围和对象

函证范围是由诸多因素决定的，主要有：①应收账款在全部资产中的重要程度。若应收账款在全部资产中所占的比重较大，则函证的范围应相应大一些。②被审计单位内部控制的有效性。若相关内部控制有效，则可以相应减少函证范围；反之，则扩大函证范围。③以前期间的函证结果。若以前期间函证中发现过重大差异，或欠款纠纷较多，则函证范围应相应扩大一些。

审计人员如果采用审计抽样的方式确定函证程序的对象，选取的样本应当足以代表总体。根据对被审计单位的了解、评估的重大错报风险以及所测试的总体特征等，审计人员可以确定从总体中选定特定项目进行测试。选取的特定项目可能包括以下内容：

(1) 账龄较长的项目；

(2) 与债务人发生纠纷的项目；

(3) 重大关联方项目；

(4) 主要客户(包括关系密切的客户)项目；

(5) 新增客户项目；

(6) 交易频繁但期末余额较小甚至余额为零的项目；

(7) 可能产生重大错报或舞弊的非正常的项目。

2. 函证时间的选择

审计人员通常以资产负债表日为截止日，在资产负债表日后适当时间内对资产负债表日的应收账款余额实施函证。如果在资产负债表日之前对应收账款余额实施函证程序，审计人员应当针对询证函件指明的截止日期与资产负债表日期间实施进一步的实质性程序，或将实质性程序和控制测试结合使用，以将中期测试得出的结论合理延伸至期末。实质性程序包括测试该期间发生的影响应收账款余额的交易或实施分析程序等。控制测试包括测试销售交易、收款交易及与应收账款冲销有关的内部控制的有效性等。

3. 函证的方式

函证方式分为积极式函证和消极式函证两种。不同的函证方式，提供审计证据的可靠性不同。

(1) 积极式函证，又称正面函证、肯定式函证，是指向债务人发出询证函，要求被询证者在所有情况下必须回函，确认询证函所列示信息是否正确，或填列询证函要求的信息。积极的函证方式又分为两种：一种是在询证函中列明拟函证的账户余额或其他信息，要求被询证者确认所函证的款项是否正确。通常认为，对这种询证函的回复能够提供可靠的证据。但其缺点是被询证者有可能对所列示信息根本就不加以验证就予以回函确认。另一种是在询证函中不列明账户余额或其他信息，而要求被询证者填写有关信息或提供进一步信息。这种方式是为避免上述风险而采取的，但由于这种询证函要求被询证者作出更多的努力，可能导致回函率降低，进而导致审计人员执行更多的代替程序。

在采用积极的函证方式时，只有审计人员收到回函，才能为财务报表认定提供审计证据。积极式询证函参考格式如表 8-5 和表 8-6 所示。

表 8-5　企业间往来款项询证函(1)

×××(公司)：　　　　编号：

本公司聘请的××会计师事务所正在对本公司××年度财务报表进行审计，按照《中国注册会计师执业准则》的要求，应当询证本公司与贵公司的往来账项等事项。下列数据出自本公司账簿记录，如与贵公司记录相符，请在本函下端“信息证明无误”处签章证明；如有不符，请在“信息不符”处列明不符金额。回函请直接寄至××会计师事务所。

通讯地址：

邮编：　　电话：　　传真：　　联系人：

1. 本公司与贵公司的往来账项列示如下：

截止日期	贵公司欠	欠贵公司	备　注

2. 其他事项

本函仅为复核账目之用，并非催款结算。若款项在上述日期之后已付清，仍请及时函复为盼。

(公司签章)

年　月　日

结论：

1. 信息证明无误

(公司签章)

年　月　日

经办人：

2. 信息不符，请列明不符的详细情况

(公司签章)

年　月　日

经办人：

表 8-6　企业间往来款项询证函(2)

×××(公司):　　　　　　　　　　　　　　　　　　　　　　　　　　　　　编号:

本公司聘请的××会计师事务所正在对本公司××年度财务报表进行审计，按照《中国注册会计师执业准则》的要求，应当询证本公司与贵公司的往来账项等事项。请列示截至×年×月×日贵公司与本公司往来款项余额。回函请直接寄至××会计师事务所。

通讯地址:

邮编:　　　　　　　电话:　　　　　　　传真:　　　　　　　联系人:

本函仅为复核账目之用，并非催款结算。若款项在上述日期之后已付清，仍请及时函复为盼。

(公司签章)

年　月　日

1. 贵公司与本公司的往来账项列示如下:

截止日期	贵公司欠	欠贵公司	备　注

2. 其他事项

(公司签章)

年　月　日

经办人:

(2) 消极式函证，又称反面式函证、否定式函证，是指向债务人发出询证函，审计人员只要求被询证者仅在不同意询证函列示信息的情况下才予以回函。采用消极式函证方式，如果收到回函，能够为财务报表认定提供说服力强的审计证据。未收到回函可能是因为被询证者根本就没有收到询证函，而不是因为被询证者已收到询证函且核对无误。因此，积极式函证方式通常比消极式函证方式提供的审计证据可靠。通常审计人员在采用消极式函证方式时还需辅之以其他审计程序。

当同时存在下列情况时，审计人员可考虑采用消极式函证方式：重大错报风险评估为低水平；涉及大量金额较小的账户；预期不存在大量的错误；审计人员没有理由相信被询证者不认真对待函证。

消极式询证函参考格式如表 8-7 所示。

表 8-7　企业间往来款项询证函(3)

×××(公司):　　　　　　　　　　　　　　　　　　　　　　　　　　　　　编号:

本公司聘请的××会计师事务所正在对本公司××年度财务报表进行审计，按照《中国注册会计师执业准则》的要求，应当询证本公司与贵公司的往来账项等事项。下列数据出自本公司账簿记录，如与贵公司记录相符，则无须回复；如有不符，请直接通知会计师事务所，并请在空白处列明贵公司认为是正确的信息。回函请直接寄至××会计师事务所。

通讯地址:

邮编:　　　　　　　电话:　　　　　　　传真:　　　　　　　联系人:

1. 本公司与贵公司的往来账项列示如下：

截止日期	贵公司欠	欠贵公司	备　注

2. 其他事项

本函仅为复核账目之用，并非催款结算。若款项在上述日期之后已付清，仍请及时核对为盼。

(公司签章)

年　月　日

××会计师事务所：

上面的信息不正确，差异如下：

(公司签章)

年　月　日

经办人：

在审计实务中，这两种形式的函证并不互相排斥，往往可以结合使用。例如，当应收账款的余额是由少量的大额应收账款和大量的小额应收账款构成时，审计人员可以对所有的或抽取的大额应收账款样本采用积极式函证方式，而对抽取的小额应收账款样本采用消极的函证方式。

4. 函证的控制

审计人员应当对函证的实施过程进行控制，包括对被函证者的选择、询证函的设计以及发出和收回保持控制。即询证函必须由审计人员亲自投递，不得由被审计单位人员代办；询证函的回函直接寄往审计机构。对于采用积极式函证方式而未回函的，审计人员应当与被审计者联系，要求对方作出回应或再次寄发询证函。如果仍未能得到被询证者的回应，审计人员应当实施替代审计程序，如检查与销售有关的文件，包括销售合同、销售单、销售发票副本及发运凭证等。

5. 函证结果差异的分析

对于回函所确认的差异，审计人员应认真分析，查明原因，作出记录或适当调整，必要时应与债务人直接联系，进一步核实。产生差异的原因主要有：①购销双方存在未达账项；②购销一方或双方存在记账差错或舞弊行为。

(五)检查未函证的应收账款

对于未函证的应收账款，审计人员应抽查原始凭证，如销售合同、销售单、销售发票副本及发运凭证等，以验证与其相关的应收账款的真实性和可收回性。如有逾期或其他异常事项，应由被审计单位作出合理解释，必要时进行函证。

(六)检查坏账的确认和处理

首先，检查债务人有无破产或者死亡的，以及以破产财产或以遗产清偿后仍无法收回

的，或者债务人长期未履行偿债义务的款项；其次，检查被审计单位的坏账处理是否经授权批准，坏账准备的计提范围、计提比例是否合理，有关会计处理是否正确。

(七)确定应收账款在资产负债表上的披露是否恰当

除了企业会计准则要求的披露之外，如果被审计单位为上市公司，注册会计师还要评价其披露是否符合证券监管部门的特别规定。

三、坏账准备的实质性程序

坏账准备审计常用的实质性程序有以下几点：

(1) 取得或编制坏账准备明细表，复核加计是否正确，与坏账准备总账数、明细账合计数核对是否相符。

(2) 将应收账款坏账准备本期计提数与信用减值损失相应明细项目的发生额核对是否相符。

(3) 检查应收账款坏账准备计提和核销的批准程序，取得书面报告等证明文件，评价计提坏账准备所依据的资料、假设及方法。

(4) 实际发生坏账损失的，检查转销依据是否符合有关规定，会计处理是否正确。

(5) 已经确认并转销的坏账重新收回的，检查其会计处理是否正确。

(6) 确定应收账款坏账准备的披露是否恰当。企业应当在财务报表附注中清晰地说明坏账的确认标准、坏账准备的计提方法和计提比例。

本 章 小 结

销售与收款循环是指企业将产品提供给客户并收取价款的过程。该循环从客户提出订货要求开始，将商品转化为应收账款，并以最终收回现金为结束。销售与收款循环的特征主要包括两部分内容：一是本循环中的主要业务活动；二是本循环所涉及的主要凭证和会计记录。为了能正确地处理销售与收款循环业务，保证各种有关记录、凭证的真实可靠，必须建立健全销售与收款循环的内部控制。该循环重要的内部控制包括职责分工、授权批准、销售和发货控制、销售退回控制、收款控制等。审计人员应对其内部控制的有效性作出评价，重新评估风险控制水平，并在此基础上确定该循环实质性程序的性质、时间、范围。销售与收款循环的实质性程序是以控制风险评估为基础进行的，在本章的学习中应了解销售与收款循环的基本业务内容、主要凭证和会计记录，认识销售与收款循环审计目标及其内部控制要点，重点掌握主营业务收入、应收账款的实质性程序。

自 测 题

1. 试说明销售与收款循环的主要业务活动。
2. 试述销售与收款循环的主要内部控制。
3. 对应收账款进行分析程序时，可能涉及的财务比率指标有哪些？

4. 应收账款函证有哪几种类型？它们适合在什么情况下使用？
5. 如何设计收入的截止测试？
6. 如何对主营业务收入实施分析程序？

案 例 分 析

HPL 公司财务造假案

HPL 技术公司(HPL Technologies，Inc.，以下简称 HPL)是美国硅谷的一家软件制造商，创建于 1989 年，主营半导体软件的个性化开发、销售以及售后咨询和维护等业务。2001 年 7 月 31 日，HPL 以每股 11 美元的价格发售了 690 万股股票，筹措了 7590 万美元，并在纳斯达克上市交易。在此后的连续三次季报中，HPL 均报告了优异的业绩，股价也一度攀升至每股 17.85 美元。然而，好景不长，HPL 上市一年后便被钉在财务舞弊的耻辱柱上，其股票已于 2002 年 7 月 29 日被纳斯达克摘牌。

根据 HPL 审计委员会和美国证券交易委员会(SEC)的调查，在 HPL 首发股票的前后 5 个季度内，其创始人、董事会主席兼首席执行官 David Lepejian(以下简称 Lepejian)虚构了逾 2800 万美元的销售收入。HPL 股票上市后，他又指使公司内部的高管人员借股价上扬之机抛售他们个人持有的 85 500 股公司股票。

与安然、施乐、世通等财务舞弊案相比，HPL 的造假规模似乎显得有些微不足道，但 Lepejian 在公司上市第一年就采用各种手段虚构了 80%的销售收入，其胆大妄为令人触目惊心。SEC 在对 Lepejian 的起诉状中详细揭示了他的各种造假手法。归纳起来，主要有五种：伪造顾客订货单、伪造发运凭证、修改销售合同、篡改银行对账单和伪造询证回函等。这些手法既无新意，也不高明，但却轻易地欺骗了大名鼎鼎的普华永道会计师事务所(PwC)，确实发人深思。该案例的特殊之处在于：Lepejian 在采用上述手法虚构销售收入时，运用了一系列高科技的舞弊手段。通过这些手段，在一年多的时间内，他一手遮天，既欺骗了公司的股东和董事，也愚弄了注册会计师和 HPL 的财务人员。

一、HPL 财务舞弊伎俩

(一)移花接木，虚构收入

2001 年 1 月 1 日至 2002 年 3 月 31 日，在连续 5 个季度内，Lepejian 伪造了数十张来自佳能公司和微电公司的订货单，金额从 161 万美元到 1134 万美元不等。由于佳能公司和微电公司是 HPL 的两大客户，与其有长期的业务往来，对信息技术驾轻就熟的 Lepejian 轻易地从以往与上述两个客户的真实订货单中提取了相关负责人的签名，在电脑上将其粘贴至伪造的订货单上。之后，他又修改了 HPL 一台传真机的程序，将伪造的订货单以佳能公司和微电公司的名义发至 HPL 的另外一台传真机。

仅有订货单，还不足以确认销售收入。根据美国的收入准则以及 SEC 发布的首席会计师办公室文告(SAB)第 101 号的要求，上市公司确认收入应同时具备四个具体条件：①有确凿的证据表明销售交易存在；②货物已经发送或劳务已经提供；③卖方的成本和费用能够可靠地加以计量；④货款的收回是可能的。为了满足“货物已经发送”这一基本条件，Lepejian 接着伪造发运凭证：他为每份假订单起草了一份电子邮件，并以佳能公司和微电公司的名

义向 HPL 发出电子邮件，确认 HPL 发出的软件已经运抵佳能公司和微电公司。

除了伪造顾客订货单和发运凭证，精通电脑技术的 Lepejian 还在 2002 年度多次伪造佳能公司的销售补充协议，提前确认本应分期确认的演示软件销售收入。美国注册会计师协会(AICPA)在其发布的立场声明书 SOP97-2“软件的收入确认”中规定：软件销售与服务收入应根据企业与客户签订的有关协议，在产品开发完毕并在应收账款回收、客户接受产品等方面不存在重大不确定性的情况下方可确认。如果是一揽子软件开发协议，收入的确认应在企业所应提供的全部产品与服务中分摊；如无分摊基础，必须将有关款项递延至所有产品和服务完成后再确认为收入。SAB 第 101 号也明确规定：如果被发送商品的所有权已经转移给了买方，但交易的实质却是一种寄售或筹资行为时，即便商品的所有权已经转移给了买方，销售收入仍然不可以确认。SAB 第 101 号还列举了几种不能确认销售收入的情形，其中包括以演示为目的出售给买方商品的情况。作为 HPL 的审计师，PwC 也曾判断：对于 HPL 研制的演示软件的销售收入应在几年内分期加以确认。但若该产品被证明已经出售给了终端客户，则 HPL 可以在二次销售完成时按协议中规定的金额全数加以确认。在 2002 年度，HPL 对佳能公司有过几次演示软件的销售行为，为了不让公司的财务人员和 PwC 的注册会计师“为难”，Lepejian 伪造了佳能公司已将演示软件全部销售完毕的证明。“齐全”的交易凭证最终促使 HPL 的财务人员将这些虚构的交易在“发生的当期”就确认为收入。

正是通过上述这些简单却很管用的伪造和变造手法，Lepejian 在 5 个季度内虚构销售收入逾 2800 万美元，虚构金额约等于 HPL 这 5 个季度真实销售额的 4 倍。

(二)处心积虑，掩盖造假

会计造假与掩盖造假是相伴而生的。根据复式簿记原理，虚假的收入必定带来不实的应收账款和银行存款。如果说伪造、变造订单和发运单是收入造假行为，那么，篡改应收账款和银行存款记录，就是收入造假后续的掩盖行为。为了避免造假阴谋败露，Lepejian 处心积虑，采用下列四种方法试图掩盖造假行为。

(1) 用公司的资金冒充虚构销售的回款。为了掩盖虚构销售收入的事实，Lepejian 精心设计了一个流程来“收回”子虚乌有的应收账款。2001 年 9 月，他以公司的名义出资 500 万美元在日本注册成立了一家子公司——HPL 日本。紧接着，他私下与佳能公司协商，先由佳能公司购买 HPL 320 万美元的软件，之后，佳能公司可再将该软件以 400 万美元的价格销售给 HPL 日本。有了这 80 万美元的利差，佳能公司欣然应允。而这一循环销售当然被 Lepejian 全部隐瞒了。当佳能公司将 320 万美元汇入 HPL 公司账户时，Lepejian 将其解释为 2002 年度前 3 个季度 HPL 对佳能公司销售的部分应收账款的收回，并要求财务人员据以入账。

出于掩饰其造假行为的需要，Lepejian 将 HPL 日本提交给他的银行对账单扫描进电脑，用图片程序删除了 HPL 日本对佳能公司的交易，使其账户余额保留在创立时的 500 万美元。用同样的手法，Lepejian 修改了 HPL 日本提供给 HPL 的季报和年报，并将修改后的报表交由 HPL 的财务人员编制合并报表。

(2) 自己垫款“收回”虚构的应收账款。为了让自己一手虚构的 2800 万美元销售收入不露破绽，Lepejian 甚至不惜以个人的资金充当虚构应收账款的收回。在 2001 年 9 月和 2002 年 6 月，他两次以自己在 HPL 公司的股票期权为质押，向其经纪公司借款 330 万美元存入其朋友的账户，再从该账户转入 HPL 公司的账户；2002 年 3 月，他又向朋友借款 100 万美元存入 HPL 公司账户。当然，Lepejian 不会忘了修改银行对账单，让其显示这三笔存款分别来源于佳能公司和微电公司。

(3) 篡改 HPL 日本提交的银行对账单和报表，编造 920 万美元的交易充当虚构应收账款的收回。2002 年 4 月，Lepejian 再一次篡改了 HPL 日本寄给他的银行对账单和季度报表，虚构了一笔 HPL 日本与佳能公司之间的业务交易，总值 920 万美元。随后，他立即指示 HPL 的财务人员将这 920 万美元以 2002 年度前 3 个季度对佳能公司的 8 笔“销售应收款”已收回的名义入账。

(4) 伪造应收账款和银行存款询证回函，误导并欺骗注册会计师。PwC 在对 HPL 的销售收入进行审计的过程中，对应收账款实施了询证程序，但却因为 Lepejian 提供了精心伪造的客户地址和银行地址而没有察觉任何问题。结果佳能、微电、HPL 以及 HPL 日本的开户行均未收到 PwC 的询证函。PwC 收到的回函实际上是 Lepejian 蓄意伪造并通过修改了程序的 HPL 传真机发回的函件，理所当然地，这些回函均声称 HPL 的应收账款及银行存款的余额是正确的。

更荒唐的是，当有一次邮递人员阴差阳错地将 PwC 按照假地址发出的询证函投递至佳能公司的正确地址时，佳能公司曾致函质疑，明确指出佳能公司只欠 HPL 货款 62.1 万美元，而不是询证函上所载明的 1180 万美元。被吓出一身冷汗的 Lepejian 慌忙用尽一切办法说服 HPL 的首席财务执行官和 PwC 的注册会计师，称该询证函被寄错了。紧接着，他迅速伪造了佳能公司的一封信，信中称：该询证函被寄到了佳能公司的一个分支机构，该机构与 HPL 并无任何往来。为了进一步让 PwC 的注册会计师相信这一谎言，Lepejian 还特意安排了一次电话会议，让他的一个朋友假扮成佳能公司的官员，证实 1180 万美元的销售应收款余额是真实的。

Lepejian 自导自演的骗局是在 2002 年 7 月被戳穿的。就在 HPL 对外公布其 2002 年度的财务报告后不久，该公司董事会收到了佳能公司法律顾问的质疑报告。报告指出佳能公司与 HPL 的大部分款项往来是不存在的，并质问 HPL 为什么不对他们曾经提出的有关询证函金额不实的事实表示应有的关注。至此，Lepejian 的阴谋彻底败露。

二、HPL 财务舞弊案的启示

类似 HPL 这样的案例在中国的上市公司中也可能会出现。上市公司的高管人员在发行新股(IPO)阶段，面对上市的种种业绩压力，迫切需要虚构销售收入来美化其经营业绩，而在 IPO 阶段，改制公司“检查与制衡”等内控制度的缺失，往往为其高管人员进行财务舞弊提供了机会。随着电脑科技的发展和普及运用，企业的经营业务和会计信息系统的无纸化运作日臻普及，或许有一天，这些企业的某些“高手”可能会做得比 Lepejian 更“周到”。针对这种审计环境的变化，注册会计师应当对可能存在的虚构销售收入行为保持高度警惕，本着谨慎执业的原则，执行更为详尽的审计程序，以防止审计失败。

启示 1：提防“询证陷阱”，倡导眼见为实

强化对应收款项、银行存款的审计，特别是通过实施询证程序证实销售收入发生额和销售条件(如有无退货的补充协议)的真实性，是发现虚假收入的有效手段。然而，HPL 公司的这个案例表明，注册会计师很容易掉进被审计单位设下的“询证陷阱”。常规的询证程序确实存在局限性。比如，注册会计师一般是根据被审计单位提供的询证地址寄发询证函，若被审计单位不提供真实的地址，则询证程序就可能完全失效。

为此，注册会计师在取得被审计单位提供的询证地址时，应保持应有的职业谨慎。对

应收款项，注册会计师应将被审计单位提供的客户名称、地址与有关记录(如销售发票上的记录)相互核对。此外，还应亲自致电或通过电子邮件等方式询问被询证者是否收到询证函，回函是否已经寄出；在取得电子媒介的询证回函后，注册会计师还应当索取书面回函，保留回函信封作为审计证据，并充分关注回函来源。为免于上当受骗，注册会计师还可自行通过其他途径(如 Internet 等)获取被询证单位的地址、电子邮件地址、传真、电话等，并与被审计单位提供的相关询证地址进行核对。如果核对结果存在差异，注册会计师应当警觉被审计单位是否存在舞弊行为。

值得注意的是，如果被询证者以传真、电子邮件等方式回函，由于存在被篡改内容和来源的可能，故注册会计师除应直接接收外，还应当要求被询证者在审计报告日之前寄回询证函原件。

启示 2：牢记“现金为王”，甄别单证真伪

“现金为王”是理财学中的信条，也是审计学中的至理名言。重视对货币资金的审计，是发现虚假收入等财务舞弊线索的捷径。银行存款是企业资产的重要组成部分。企业的现销收入和赊销应收款项的收回是它的两大来源。因此，银行存款余额真实与否也会从另一个侧面印证企业销售收入的真实性。

获取银行对账单等单证是注册会计师审查银行存款的一项标准取证程序。然而，HPL 的案例表明，随着现代造假手段越来越“高明”，加之银行单证属于在被审计单位内部流转过的外部证据，其可靠性应被审慎评价，切不可为貌似真实的印章签字和电脑记录所蒙蔽。对重大银行存款余额的确认应当以询证程序为主。为保证询证的有效性，避免被审计单位利用高科技手段篡改、变造和伪造银行对账单等单证，对于重要和异常的银行账户，注册会计师应当寻求被审计单位的配合，亲自前往银行询证。

启示 3：关注“物流信息”，避免“重账轻物”

追查存货的永续盘存记录，关注企业实物流转，也是发现虚假销售收入的重要手段。许多财务舞弊案例表明，“重账轻物”，重视财务信息，忽略物流信息，很容易导致审计失败。注册会计师为了确定销售收入的真实性，通常实施的主要审计程序是：审阅主营业务收入明细账中大额或非正常交易的会计记录并追查至相应的销售合同、销售发票、发运凭证等原始凭证。然而若像 HPL 的案例所描述的那样，上述凭证均属经过精心伪造而成，肉眼凡胎的注册会计师就很可能发现不了任何问题。

因此，当注册会计师对其中特别重要的销售交易或对原始凭证(如发运凭证等)的真实性有质疑的时候，就有必要再进一步追查存货的永续盘存记录，测试存货余额的真实性。凭空捏造的销售收入一般不会伴随着真实的存货流转，因此抽查存货盘存记录往往能够有效地揭露虚假销售收入。

启示 4：宁可“舍近求远”，不可“因小失大”

上市公司一般都有为数不少的子公司，且其地域分布广泛。注册会计师对这类公司进行审计时，往往“舍远求近”，甚至以“重大性”为由，省略对一些不重要子公司的审计程序，或者只指派少数经验不足的“新手”对被审计单位的子公司进行审计。有一些会计师事务所根本没有指派注册会计师前往子公司进行现场审计，而只是代之以往来款、银行存款询证等一些简单的程序。注册会计师对子公司的审计重视不足，经常被别有用心的被审计单位所利用。PwC 在对 HPL 的审计中，最大的失误就在于没有派注册会计师前往 HPL

日本进行审计。目前，它和 HPL 的券商正面临 1 亿美元的民事赔偿诉讼。

HPL 案例给我们的另一个启示是，为了防止被审计单位利用一些表面看起来不重要的子公司进行财务舞弊，注册会计师应当采取非常规的审计手段，结合专业判断，“舍近求远”，强化对子公司的审计。AICPA 于 2002 年 11 月颁布的第 99 号准则“财务报表审计中对舞弊的考虑”，明确要求注册会计师实施非常规审计程序，专门针对被审计单位没有料到会被检查的子公司、工作场所和账户进行审计，就是因为认识到许多被审计单位已经“洞悉”了注册会计师的“心态”，“吃透”了注册会计师惯用的审计方法并采取相应的规避措施。

启示 5：重视“控制僭位”，因应无纸化趋势

无纸化会计信息系统在交易授权、执行方面与手工会计系统大相径庭。最典型的区别是：在手工系统中，对一项经济业务的每个环节都要经过某些具有相应权限人员的授权签章，但在无纸化会计系统中，职员可利用特殊的授权文件或口令获得某种权利或运行特定程序进行业务处理，由此导致系统失控或“控制僭位”并最终诱发舞弊的案例不在少数，HPL 就是典型。Lepejian 正是利用了自己是 HPL 公司创始人兼主席和 CEO 的身份，掌控着内部控制各个模块的操作密码，使他可以轻易地进出各个模块，肆意伪造、变造会计和业务数据。

因此，注册会计师在对无纸化会计信息系统进行审计时，应注重对企业内部控制的了解和测试。应特别注意对系统操作方面的一些控制程序进行了解和测试(如网络系统安全的控制、系统权限的控制和修改程序的控制等)，必要时需要电脑专家的配合。特别是在金融、保险和证券等高度依赖电脑信息系统处理业务和会计数据的行业中，如果审计小组中没有配备精通电脑系统的专家，注册会计师很有可能只是对经过电脑系统“精心梳理”过的信息进行形式审计，而不能发现被审计单位利用高科技手段从事舞弊的行为。

(资料来源：https://zhidao.baidu.com/question/55084961.html)

第九章　采购与付款循环审计

【学习目标及要点】

了解采购与付款循环的性质;理解掌握采购与付款循环内部控制的内容及测试程序;理解掌握应付账款的审计目标及其审计程序;理解掌握固定资产和累计折旧的审计目标及其审计程序。

【引例】

北京绿岛实业公司是一个以超市为主的企业，诚信会计师事务所初次接受该公司的审计委托。该公司报表层的重要性水平是根据总资产(133 639.6 万元)的 0.5%确定的，即 668.2 万元。在编制审计计划时，分配到固定资产的重要性水平是 200 万元。根据固定资产增减业务发生并不频繁而涉及的金额往往较大的特点，注册会计师着重进行固定资产的实质性测试程序。首先，诚信会计师事务所对北京绿岛实业公司的固定资产的相关内部控制进行了了解，并通过调查表的方式进行了记录，采取实地观察并结合抽查原始凭证及记账凭证的方法，注册会计师认为固定资产的管理制度较为合理并基本得到有效执行，但由于未进行过全面盘点，并且部分固定资产卡片账上使用部门不明确，不利于对其进行定期盘点。实质性测试时应注重其固定资产的存在性认定。接下来，诚信会计师事务所对北京绿岛实业公司进行了实质性测试，过程包括：①明确固定资产及累计折旧实质性测试的目的及程序；②索取或编制固定资产及累计折旧分类汇总表，核对明细表与明细账、总账是否相符；③审计固定资产的增加；④审计固定资产的减少；⑤审查固定资产的所有权；⑥固定资产折旧的审计；⑦实地观察固定资产。

思考题:

(1) 对于固定资产的增加应该着重关注什么方面?

(2) 对于固定资产的减少应该着重关注什么方面?

(3) 通过什么方法来审查固定资产的所有权?

(4) 通过实地观察固定资产可以提供什么认定相关的证据?

(资料来源：道客巴巴 doc88.com，2015-12-05)

第一节　采购与付款循环的特点

采购与付款业务循环是指企业从外部购进商品或劳务以及由此产生的已付或未付货款的业务过程。采购业务是企业生产经营活动的起点，企业的支出从性质、数量和发生频率上看是多种多样的。

一、采购与付款循环的主要业务活动

采购与付款业务通常要经过请购、订购、验收、付款这样的程序，在内部控制比较健

全的企业，应将采购与付款业务所涉及的各项职能活动指派给不同的部门或职员来完成。这样，每个部门或职员都可以独立检查其他部门和职员工作的准确性。下面以采购商品为例，分别阐述采购与付款循环中主要的业务活动。

(一)请购商品

仓库负责对需要购买的已列入存货清单的项目填写请购单，其他部门对需要购买的未列入存货清单的项目编制请购单。大多数企业对正常经营所需物资的购买均作一般授权，但对资本支出和租赁合同等重大支出项目，则要求作特别授权，只允许指定人员提出请购。请购单可以由手工或计算机编制。由于请购单可以由不同的部门填写，不便事先编号。为了加强控制，每张请购单必须经过对这类支出负预算责任的主管人员签字批准。

(二)编制订购单

采购部门在收到请购单后，对经过批准的请购单发出订购单。对每张订购单，采购部门应确定最佳的供应来源。对一些大额的、重要的采购项目，应采取竞价方式来确定供应商，以保证供货的质量、及时性和成本的低廉。订购单应正确填写所需要商品的品名、数量、价格、厂商名称和地址等，应预先连续编号并经过被授权的采购人员签名。其正联送交供应商，副联则送至企业内部的验收部门、应付凭单部门和编制请购单的部门。随后，应由独立的部门来检查订购单的处理，如签发的依据是否真实、供应商及价格的确定是否合理、订购单是否按顺序签发并及时送交有关部门。

(三)验收商品

有效的订购单代表企业已授权验收部门接受供应商发运来的商品。验收部门应首先比较所收商品与订购单上的要求是否相符，然后再盘点商品并检查有无损坏。

验收后，验收部门应对已收货的每张订单编制一式多联、预先编号的验收单，作为验收和检验商品的依据。验收人员将商品移交仓储或有关请购部门后，应要求其在验收单上签字确认，验收人员还应将其中的一联验收单送交应付凭单部门。

(四)储存已验收的商品

将已验收商品的保管与采购的其他职责相分离，可减少未经授权的采购风险。存放商品的仓储区应相对独立，限制无关人员接近。

(五)编制付款凭单

货物验收后，应付凭单部门应核对订货单、验收单和供应商发票的一致性，确认负债，并编制预先连续编号的付款凭单，由被授权人员签字后送交会计部门。

(六)确认与记录负债

正确确认已验收货物的债务，要求准确、迅速地记录负债。

在手工系统下，会计部门在收到应付凭单部门编制的付款凭单后，应将付款凭单、验

收单、订货单与供应商发票进行核对，确认后据以编制有关的记账凭证、登记有关账簿。

(七)付款

公司在准备付款前，应核对付款条件，并检查资金是否充足。以支票结算为例，付款的过程包括：

(1) 应由被授权的财务部门的人员签署支票。企业应确保只有经授权的财务人员才能接近未经使用的空白支票。

(2) 被授权的签署支票的人员应确定已签署的每张支票都附有一张经适当批准的未付款凭单，并确定支票受款人姓名和金额与凭单内容一致。

(3) 支票一经签署就应在其凭单及支持性凭证上用加盖印戳或打洞等方式注销，以免重复付款。

(4) 独立检查已签发支票的总额与所处理的付款凭单总额的一致性。

(5) 企业不应签发无记名的甚至是空白的支票。

(八)记录现金、银行存款支出

仍以支票结算方式为例，在手工系统下，会计部门应根据已签发的支票编制付款记账凭证，并据以登记现金、银行存款日记账及其他相关账簿。

二、采购与付款循环的主要凭证与会计记录

在内部控制比较健全的企业，处理采购与付款业务通常要使用很多凭证和会计记录。典型的采购与付款循环所涉及的主要凭证和会计记录如下。

(1) 请购单。请购单是由仓储部门或商品、劳务、其他资产使用部门的有关人员填写的书面申请，记录所需要商品、劳务、其他资产的种类、数量，是采购部门订购商品、劳务、其他资产的依据。

(2) 订购单。订购单是由采购部门编制并提交给供应商的书面凭证，记录企业准备采购的商品、劳务，其他资产的名称、种类、数量、价格和付款条件等资料。

(3) 订货合同。订货合同是用来明确商品、劳务，其他资产的购置品种、规格、供货日期、数量、价格、付款条件等供需双方权利、义务的书面文件。

(4) 验收单。验收单是收到商品、其他资产时所编制的凭证，记录从供应商处收到商品、其他资产的名称、种类、数量及质量情况等内容。

(5) 卖方发票。卖方发票是由供应商开具的，交给买方以载明发运的货物或提供的劳务的名称、种类、数量、价格、应付款金额和付款条件等事项的凭证。

(6) 付款凭单。付款凭单是采购方企业的应付凭单部门编制的，载明已收到商品、其他资产或接受劳务的厂商、应付款金额和付款日期的凭证。付款凭单是企业内部记录和支付负债的授权证明文件。

(7) 转账凭证。转账凭证是指记录转账业务的记账凭证，它是根据有关转账业务(即不涉及现金、银行存款收付的各项业务)的原始凭证编制的。

(8) 付款凭证。付款凭证包括现金付款凭证和银行存款付款凭证，是指用来记录现金和

银行存款支出业务的记账凭证。

(9) 应付账款明细账。应付账款明细账是用来记录赊购供应商货物、付款及退货的明细账，应付账款各明细账户的余额合计数应与应付账款总账余额一致。

(10) 库存现金日记账和银行存款日记账。库存现金日记账和银行存款日记账是用来记录现金和银行存款收入业务和支付业务的日记账。

(11) 卖方对账单。卖方对账单是由供货方按月编制的，标明期初余额、本期购买、本期支付给卖方的款项和期末余额的凭证。卖方对账单是供货方对有关业务的陈述，如果不考虑买卖双方在收发货物上可能存在的时间差等因素，其期末余额通常应与采购方相应的应付账款期末余额一致。

(12) 卖方对账单。卖方对账单是由供货方按月编制的，标明期初余额、本期购买、本期支付给卖方的款项和期末余额的凭证。卖方对账单是供货方对有关业务的陈述，如果不考虑买卖双方在收发货物上可能存在的时间差等因素，其期末余额通常应与采购方相应的应付账款期末余额一致。

第二节　采购与付款循环的内部控制及其测试

一、采购与付款循环的内部控制

采购与付款循环的内部控制主要包括以下方面。

(一)适当的职责分离

采购与付款业务循环主要涉及采购、验收、保管、付款、记录等多个方面，为了保证采购业务能够满足企业生产经营的需要并且符合企业的利益，确保收到货物的安全完整和货款及时准确地支付，需要对采购与付款循环中的不相容岗位进行分离。适当的职责分离有助于防止各种有意无意的错误。在采购与付款业务中需要职责分离的有：购货申请由仓储或其他资产使用部门提出，采购部门采购；付款审批人和付款执行人不能同时办理寻求供应商和索价业务；货物的采购人不能同时担任货物的验收工作；货物的采购、储存和使用人不能担任账务的记录工作；审核付款的人应同付款人职务分离；记录应付账款的人不能同时担任付款业务。

(二)请购控制

请购是购货环节的第一步，企业可以根据不同的需要确定不同的请购方法。

(1) 原材料的购进。一般首先由生产部门根据生产计划填写领料单。仓储部门接到领料单后，应将原材料保管卡上记录的库存数同生产部门需要的数量进行比较。当生产所需的材料和仓储所需的后备数量合计已超过库存数量时，则应提出请购。

(2) 临时性物品的购进。由于临时性物品的需要很难列入计划之中，一般由使用者直接提出请购。使用者在请购单上一般要对采购需要作出描述，解释其目的和用途。请购单须由使用者的部门主管审批同意，并须经资金预算的负责人签字同意后，采购部门才能办理采购手续。

(3) 由同一服务机构或公司提供的某些经常性服务项目，如公用事业、报刊、保安等服务项目，请购手续的处理通常是一次性的。即当使用者最初需要这些服务时，应提出请购单，由负责资金预算的部门进行审批。

(4) 特殊项目的需要，如保险、广告、法律和审计服务等，一般由企业最高负责人审批。可参照过去的服务质量和收费标准，分析由专人提出的需要内容，包括选定的广告商、事务所及费用水平等是否合理，经批准后，这些特殊服务项目才能进行。

(三)订货控制

采购部门收到请购单后，在最终发出订购单之前，应明确订购多少、向谁订购、何时订购等问题。

(1) 在订购多少的控制方面，采购部门首先应审查每一份请购单的请购数量是否在控制限额的范围内，其次是检查使用物品和劳务的部门主管是否在请购单上签字同意。对于需大量采购的原材料，必须作各种采购数量对成本的影响分析，其内容是将各种请购项目进行有效的归类，然后利用经济批量法来测算成本。

(2) 在向谁订购的控制方面，采购部门在正式填制订单前，必须向不同的供应商(通常是两家以上)索取供应物品的价格、质量指标、折扣和付款条件以及交货时间等资料，比较不同供应商所提供的资料，选择最有利于企业生产和成本最低的供应商，与之签订合同。

(3) 在何时订购的控制方面，应由仓储部门运用经济批量法和分析最低存货点来确定订购时间，而不是采购部门。

在上述三个方面的决定作出之后，采购部门应及时填制预先连续编号的订购单；在订购单向供应商发出之前，必须由专人检查该订单是否得到授权人的签字；订购单的副本应递交给请购、保管与会计部门等。

(四)验收控制

货物的验收应由独立于请购、采购和会计部门的人员来担任，其控制责任是检验收到货物的数量和质量。

(1) 对于数量，验收部门在货运单上签字之前，应通过计数、过磅或测量等方法来证明货运单上所列的数量。

(2) 对于质量，验收部门应检验有无因运输而导致的货物缺陷。在货物质量检验需要有较高的专业知识或必须经过仪器、实验才能进行的情况下，收货部门应将部分样品送交专家和实验室对其质量进行检验。

(3) 每一项收到的货物必须在检验以后填制包括供应商、收货日期、货物名称、数量和质量以及运货人名称、原购货订单编号等内容的收货报告单，并将其及时报告请购、采购和会计部门。

(五)实物控制

采购与付款业务中的实物控制包括两个方面：一方面，加强对已验收入库的商品的实物控制，限制非经授权人员接近存货。实物保管应由独立于验收、采购和会计部门的人员来担任，同时加强对退货的实物控制，货物的退回要有经审批的合法手续。另一方面，限制非授权人员接近各种记录和文件，防止伪造和篡改会计资料。

(六)应付账款的控制

任何应付账款上的不正确记录和不按时偿还债务，都会导致购销双方不必要的债务纠纷。对应付账款的控制有：应付账款的记录必须由独立于请购、采购、验收、付款的职员来进行；对于有预付货款的交易，在收到供应商发票后，应将预付金额冲抵部分发票金额来记录应付账款；对于享有折扣的交易，应根据供应商发票金额减去折扣金额后的净额登记应付账款；必须分别设置应付账款的统驭账户和明细账户；每月应将应付账款明细账与客户的对账单进行核对。

(七)内部核查程序

由内部注册会计师或其他独立人员核查采购与付款业务的处理和记录，是实现内部控制目标不可缺少的一项控制措施。内部核查的内容主要包括：采购与付款业务相关岗位及人员的设置情况，检查是否存在不相容职务混岗的现象；采购与付款业务授权批准制度的执行情况，检查授权批准手续是否健全，是否存在越权审批的现象；应付账款和预付账款的管理，审查应付账款和预付账款支付的准确性、合法性；有关凭证、记录的使用和保管情况，检查凭证的登记、领用、传递、保管、注销手续是否健全，使用和保管制度是否存在漏洞。

二、采购与付款循环的控制测试

(一)了解并描述采购与付款业务的内部控制

通过查阅关于物资采购、仓储保管、付款等方面的制度文件，走访并实地观察采购部门、仓储部门、验收部门和会计部门等，深入了解企业采购与付款管理的各方面制度是否健全，是否得到了执行。经过调查了解，结合文字描述、内部控制调查表或流程图方式，将内部控制情况记录于审计工作底稿中。

(二)关于请购商品或劳务内部控制的测试

抽取若干张请购单，检查摘要、数量及日期和相应文件的完整性，审核核准手续是否完整，有无核准人签字等。

(三)关于订购商品或劳务内部控制的测试

抽取若干张订购单，审查订购单的完整性，如编号、日期、摘要、数量、价格、规格、质量及运输要求等是否齐全，审查订购单是否得到授权批准，审查订购单是否附有请购单或其他授权文件。

(四)关于货物验收内部控制的测试

通过实地观察、询问，确定验收部门是否独立行使职责，是否根据货物的检查情况准确编制验收单；审查验收单是否连续编号，验收单的内容填写是否完整。

(五)关于实物内部控制的测试

通过实地观察、询问，确定职员获得或接触资产、文件、记录的途径，观察职员在执行授权、收发货物、签发支票时的表现，确定内部控制的执行是否存在弊端。

(六)关于应付账款内部控制的测试

从应付账款明细账中抽取一定的记录，审查其对应的记账凭证，确定记账凭证是否附有订货单、验收单、购货发票等原始凭证，并与原始凭证所列的数量、金额是否一致，原始凭证上的各项手续是否齐全。

抽取一定数量的订货单、验收单、购货发票，审查其有无对应的应付账款记录，并核对其时间、金额是否一致。

检查应付账款明细账、存货明细账以及总账是否进行平行登记，金额是否一致。

在对被审计单位采购与付款循环的内部控制系统进行测试之后，注册会计师应对其控制风险作出评价，并对实质性程序的内容作出相应调整。同时，对测试过程中发现的问题，应当在工作底稿中进行记录，并以适当的形式告知被审计单位管理当局。

【例 9-1】

注册会计师甲于 2019 年 12 月对华兴公司采购与付款循环的内部控制进行了解和测试，并在审计工作底稿中记录了了解和测试的情况，摘录如下：

华兴公司的材料采购经授权批准后方可进行。采购部根据经批准的请购单编制、发出订购单，订购单没有编号。货物运达后，由隶属于采购部门的验收人员根据订购单的要求验收货物，并编制一式多联的未连续编号的验收单。仓库根据验收单验收货物，在验收单上签字后，将货物移入仓库加以保管。验收单上有数量、品名、单价等内容。验收单一联交采购部登记采购明细账和编制付款凭单，付款凭单经批准后，月末交会计部门；一联交会计部门登记材料明细账；一联由仓库保留并登记材料明细账。会计部门根据只附有验收单的付款凭单登记有关账簿。

注册会计师甲根据上述情况，指出了华兴公司采购与付款循环内部控制方面存在的缺陷，并提出了相应的改进建议。

(1) 订购单没有编号和验收单未连续编号，不能保证所有的购货业务都已记录或不被重复记录。建议华兴公司对其订购单、验收单进行连续编号。

(2) 验收人员隶属于采购部门，验收人员不能独立行使职责，不能保证验收货物的数量和质量。建议华兴公司将验收部门从采购部门独立出来。

(3) 付款凭单未附订购单及供应商的发票，会计部门无法核对采购事项是否真实，登记有关账簿时金额和数量可能就会出现差错。建议华兴公司将订购单和购货发票等与付款凭单一起交会计部门。

评价结论：华兴公司采购与付款循环的内部控制存在严重缺陷，不能防止或发现和纠正采购与付款循环过程中的错误与舞弊，控制风险为高水平，应扩大实质性程序的范围。

分析提示：

对采购与付款循环内部控制进行评价，是为了对采购与付款业务进行实质性程序前确定对采购与付款内部控制的可依赖程度。注册会计师在评价时应注意分析采购与付款业务涉及的认定可能会发生哪些潜在的错误或舞弊，通过比较必要的控制和现有控制，评价计划依赖的内部控制的有效性。

三、固定资产的内部控制和控制测试

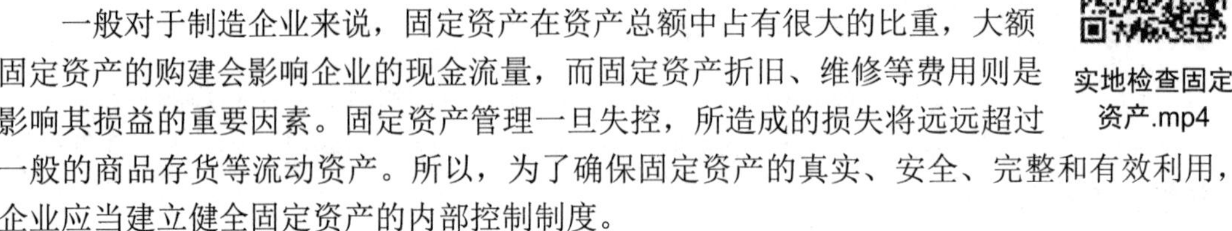

实地检查固定资产.mp4

一般对于制造企业来说，固定资产在资产总额中占有很大的比重，大额固定资产的购建会影响企业的现金流量，而固定资产折旧、维修等费用则是影响其损益的重要因素。固定资产管理一旦失控，所造成的损失将远远超过一般的商品存货等流动资产。所以，为了确保固定资产的真实、安全、完整和有效利用，企业应当建立健全固定资产的内部控制制度。

商品存货与固定资产同属一个交易循环，在内部控制和控制测试上有许多共性的地方，但固定资产还存在不少特殊性，有必要对其单独加以说明。

(一)固定资产的预算制度

预算制度是固定资产内部控制中最重要的部分。通常，大企业应编制旨在预测与控制固定资产增减和合理运用资金的年度预算；小企业即使没有正规的预算，对固定资产的购建也应事先加以计划。注册会计师应检查固定资产的取得是否编制预算并执行预算，以及是否经适当层次批准；对实际支出与预算之间的差异以及未列入预算的特殊事项，应检查其是否履行特别的审批手续。如果固定资产增减均能处于良好的经批准的预算控制之下，注册会计师可适当减少针对固定资产增加、减少实施的实质性程序的样本量。

(二)授权批准制度

完善的授权批准制度包括：企业的资本性预算只有经过董事会等高层管理机构批准方可生效；所有固定资产的取得和处置均需经企业管理层的书面认可。注册会计师不仅要检查被审计单位固定资产授权批准制度本身是否完善，还应选取固定资产请购单及相关采购合同，检查是否得到适当审批和签署，关注授权批准制度是否得到切实执行。

(三)账簿记录制度

除固定资产总账外，被审计单位还需设置固定资产明细分类账和固定资产登记卡，按固定资产类别、使用部门和每项固定资产进行明细分类核算。固定资产的增减变化均应有充分的原始凭证。账簿记录制度将为分析固定资产的取得和处置、折旧费和修理费的复核提供帮助。

(四)职责分工制度

对固定资产的取得、记录、保管、使用、维修、处置等，由专门部门和专人负责。明确的职责分工制度，有利于防止舞弊，降低注册会计师的审计风险。

(五)资本性支出和收益性支出的区分制度

企业应制定区分资本性支出和收益性支出的书面标准。通常需要明确资本性支出的范

围和最低金额，凡不属于资本性支出的范围、金额低于下限的任何支出，均应列作费用并抵减当期收益。注册会计师应检查该制度是否遵循企业会计准则的要求，是否适应被审计单位的行业特点和经营规模，并抽查实际发生与固定资产相关的支出时是否按照该制度进行恰当的会计处理。

(六)固定资产的处置制度

固定资产的处置，包括投资转出、报废、出售等，均要有一定的申请报批程序。注册会计师应当关注被审计单位是否建立了分级申请报批程序；抽取固定资产盘点明细表，检查账实之间的差异是否经审批后及时处理；抽取固定资产报废单，检查报废是否经适当批准和处理；抽取固定资产增减变动分析报告，检查是否经复核。

(七)固定资产的定期盘点制度

对固定资产的定期盘点，是验证账面各项固定资产是否真实存在、了解固定资产放置地点和使用状况以及发现是否存在未入账固定资产的必要手段。注册会计师应了解和评价企业固定资产的盘点制度，并应查询盘盈、盘亏固定资产的处理情况。

(八)固定资产的维护保养制度

固定资产应有严格的维护保养制度，以防止其因各种自然和人为的因素而遭受损失，并应建立日常维护和定期检修制度，以延长其使用寿命。注册会计师应了解和评价企业固定资产的维护保养制度，并抽取维护保养的记录，检查是否得到适当的处理。

第三节　应付账款审计

应付账款是企业在正常经营过程中，因购买货物或接受劳务等而应付给供应商的款项。可以看出，应付账款业务是随着企业赊购交易的发生而发生的，因此，对应付账款的审计应结合购货业务来进行。

一、应付账款的审计目标

应付账款的审计目标一般包括：确定资产负债表中记录的应付账款是否存在；确定所有应当记录的应付账款是否均已记录；确定资产负债表中记录的应付账款是否为被审计单位应当履行的现时义务；确定应付账款是否以恰当的金额包括在财务报表中，与之相关的计价调整是否已恰当记录；确定应付账款是否已按照企业会计准则的规定在财务报表中作出恰当的列报。

二、应付账款的实质性程序

(一)获取或编制应付账款明细表

(1) 审计人员应当获取或编制应付账款明细表，复核加计是否正确，并与报表数、总账

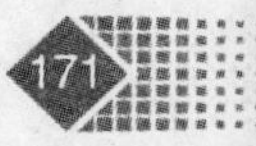

数和明细账合计数核对是否相符。

(2) 检查应付账款明细账是否存在借方余额。如有，应查明原因，必要时建议被审计单位作重分类调整。

(二)实施实质性分析程序

根据被审计单位的实际情况，选择以下方法对应付账款进行分析程序。

(1) 对本期期末应付账款余额与上期期末余额进行比较，分析其波动的原因。

(2) 分析长期挂账的应付账款，要求被审计单位作出解释，判断被审计单位是否缺乏偿债能力或利用应付账款隐瞒利润。

(3) 计算应付账款对存货的比率、应付账款对流动负债的比率，并与以前期间进行对比分析，评价应付账款整体的合理性。

(4) 根据存货、主营业务收入和主营业务成本的增减变动幅度，判断应付账款增减变动的合理性。

(三)函证应付账款

一般情况下，应付账款不需要函证，这是因为函证不能保证发现未入账的应付账款，况且注册会计师能够取得购货发票等外部证据来证明应付账款的余额，这是它与应收账款函证的重要区别。但如果控制风险较高，某应付账款明细账户金额较大或被审计单位处于财务困难阶段，则应进行应付账款的函证。

进行函证时，注册会计师应选择较大金额的债权人，以及那些在资产负债表日金额不大、甚至为零，但为企业重要供货商的债权人，作为函证的对象。函证最好采用积极方式，并具体说明应付金额。同应收账款的函证一样，注册会计师必须对函证的过程进行控制，要求债权人直接回函，并根据回函情况编制与分析函证结果汇总表；对未回函的，应考虑是否再次函证。

如果存在未回函的重大项目，注册会计师应采取替代审计程序。比如，可以检查决算日后应付账款明细账及现金和银行存款日记账，核实其是否已支付，同时检查该笔债务的相关凭证资料，核实交易事项的真实性。

(四)查找未入账的应付账款

查找未入账的应付账款.mp4

为了防止企业低估负债，注册会计师应检查被审计单位有无故意漏记应付账款的行为。检查时，注册会计师应结合存货监盘，检查被审计单位在资产负债表日是否存在有材料入库凭证但未收到购货发票的经济业务；检查资产负债表日后收到的购货发票，关注购货发票的日期，确认其入账时间是否正确；检查资产负债表日后应付账款明细账贷方发生额的相应凭证，确认其入账时间是否正确。检查时，注册会计师还可以通过询问被审计单位的会计和采购人员，查阅资本预算、工作通知单和基建合同来进行。

如果注册会计师通过这些审计程序发现某些未入账的应付账款，应将有关情况详细记入审计工作底稿，然后根据其重要性确定是否需要建议被审计单位进行相应的调整。

(五)检查应付账款长期挂账的原因

要求被审计单位对长期挂账的应付账款作出解释，分析其原因，注意其是否可能无须支付，对确实无法支付的应付账款是否按规定转入了资本公积项目，相关依据及审批手续是否完备。

(六)检查是否存在应付关联方的账款

如果存在应付关联方的账款，应通过了解关联交易事项的目的、价格和条件，检查采购合同等方法确认应付账款的合法性和合理性；通过向关联方或其他注册会计师查询及函证等方法，以确认交易的真实性。

(七)查明应付账款在资产负债表上的披露是否恰当

【例 9-2】

注册会计师在审计华兴公司 2019 年度财务报表时，注意到与购货和付款循环相关的内部控制存在缺陷，为了防止华兴公司低估负债，实施了以下审计程序来查找未入账的应付账款。

(1) 结合存货监盘，检查华兴公司在资产负债表日是否存在有材料入库凭证但未收到购货发票的经济业务。

(2) 检查资产负债表日后收到的购货发票，关注购货发票的日期，确认其入账时间是否正确。

(3) 检查资产负债表日后应付账款明细账贷方发生额的相应凭证，确认其入账时间是否正确。

(4) 询问华兴公司有关的会计和采购人员。

(5) 查阅华兴公司的资本预算、工作通知单和基建合同。

结果发现 12 月 31 日购入的 A 商品 30 万元，已包括在 12 月 31 日的存货盘点范围内，而购货发票于 2020 年 1 月 5 日才收到，记入了 2020 年 1 月份“应付账款明细账”，2019 年 12 月无进货和对应的负债记录。

于是注册会计师提请华兴公司进行调整，华兴公司接受了注册会计师的建议，调整了有关报表项目。

分析提示：

注册会计师在审计资产类项目时侧重于防止企业高估资产来调节利润，而在审计负债类项目时，则侧重于防止低估负债，因为低估负债经常伴随着低估成本费用，从而达到高估利润的目的。因此，对于审计负债类项目时，注册会计师应设计一些特殊的程序来查找未入账的负债。此案例中，注册会计师专门为查找未入账的应付账款而设计和实施的审计程序，是非常科学、合理的，使财务报表中存在的问题得以发现并解决，达到了预期的目的。

第四节　固定资产审计和累计折旧审计

固定资产，是指同时具有下列特征的有形资产：①为生产商品、提供劳务、出租或经营管理而持有的；②使用寿命超过一个会计期间。固定资产折旧则是指在固定资产的使用寿命内，按照确定的方法对应计折旧额进行的系统分摊。由于固定资产在企业资产总额中一般都占有较大的比例，固定资产的安全、完整对企业的生产经营影响极大，注册会计师应高度重视对固定资产项目的审计。

一、固定资产审计

固定资产审计的范围很广。固定资产项目反映企业所有固定资产的原价，累计折旧项目反映企业固定资产的累计折旧数额，这两项无疑属于固定资产的审计范围。除此之外，由于固定资产的增加包括购置、自行建造、投资者投入、融资租入、更新改造、以非现金资产抵偿债务方式取得或以应收债权换入、以非货币性交易换入等多种途径，相应涉及银行存款、应付账款、预付账款、在建工程、实收资本、资本公积等项目；企业的固定资产又因出售、报废、投资转出、以非货币性交易换出、毁损等原因而减少，与固定资产清理、营业外收入和营业外支出等项目有关；另外，企业按月计提固定资产折旧，这又与制造费用、管理费用、销售费用等项目联系在一起。因此，在进行固定资产审计时，应当关注这些相关项目。

(一)固定资产的审计目标

固定资产的审计目标一般包括：确定固定资产是否存在；确定固定资产是否归被审计单位所有；确定固定资产及累计折旧增减变动的记录是否完整；确定固定资产的计价和折旧政策是否恰当；确定固定资产的期末余额是否正确；确定固定资产在财务报表上的披露是否恰当。

(二)固定资产审计的实质性程序

1.获取或编制固定资产及累计折旧分类汇总表

固定资产及其累计折旧分类汇总表，是分析固定资产账户余额变动情况的重要依据，是固定资产审计的重要工作底稿，其内容包括固定资产和累计折旧两个部分，应按照固定资产类别分别填列。固定资产及累计折旧分类汇总表的格式如表9-1所示。

在获取或编制固定资产及累计折旧分类汇总表后，应检查固定资产的分类是否正确，复核加计正确，并与报表数、总账数和明细账合计数核对是否相符。如果发现差异，应查明原因，予以更正。

表 9-1　固定资产及累计折旧分类汇总表

年　月　日

编制人：　　　　日期：

被审计单位：　　　　　　　　　　　　　　　　复核人：　　　　日期：　　　　单位：元

固定资产类别	固定资产				累计折旧					
	期初余额	本期增加	本期减少	期末余额	折旧方法	折旧率	期初余额	本期增加	本期减少	期末余额
合计										

2. 检查固定资产的期初余额

注册会计师对固定资产与累计折旧期初余额的审计可以分三种情况进行：一是在连续常年审计情况下，应注意与上期审计工作底稿中的固定资产和累计折旧的期末余额审定数核对相符。二是对期初余额经前任审计机构或注册会计师审计过的被审计单位，可借阅、参阅前任注册会计师的有关工作底稿。如果前任注册会计师的审计质量可信，注册会计师可进行一定范围的抽查。三是如果被审计单位初次接受审计情况下，注册会计师应对固定资产期初余额进行较全面的审计。尤其是当被审计单位固定资产数量多、价值大、占资产总额比重高时，最理想的方法是彻底审查被审计单位自设立起的“固定资产”和“累计折旧”账户中所有重要的借贷记录。这样，既可核实期初余额的真实性，又可从中加深对被审计单位固定资产管理和会计核算工作的了解。

3. 实施实质性分析程序

根据被审计单位的业务性质，选择以下方法对固定资产实施分析程序。

(1) 计算固定资产原值与本期产品产量的比率，并与以前期间比较，可能发现闲置固定资产或已减少固定资产未在账户上注销的问题。

(2) 计算本期计提折旧额与固定资产总成本的比率，并与上期比较，旨在发现本期折旧额计算上的错误。

(3) 计算累计折旧与固定资产总成本的比率，并与上期比较，旨在发现累计折旧核算上的错误。

(4) 比较本期与以前各期的固定资产增加和减少。由于被审计单位的生产经营情况在不断地变化，各期之间固定资产增加和减少的数额可能相差很大。注册会计师应当深入分析其差异，并根据被审计单位以往和今后的生产经营趋势，判断差异产生的原因是否合理。

(5) 分析固定资产的构成及其增减变动情况，与在建工程、现金流量表、生产能力等相关信息交叉复核，检查固定资产相关金额的合理化和准确性。

【例 9-3】

某企业未经审计的固定资产原价和累计折旧内容如表 9-2 所示。

表 9-2 固定资产原价/累计折旧年末余额

万元

固定资产类别	年初数	本年增加	本年减少	年末数
房屋及建筑物	20 930	2655	21	23 564
通用设备	8612	1158	62	9708
专用设备	10 008	3854	121	13 741
运输工具	1681	460	574	1567
土地	472			472
其他设备	389	150	11	528
合计	42 092	8277	789	49 580
房屋及建筑物	3490	898	31	4357
通用设备	863	865	34	1694
专用设备	3080	1041	20	4101
运输工具	992	232	290	934
土地		15		15
其他设备	115	83	3	195
合计	8540	3134	378	11 296

假定上述表中的年初数已审定无误，注册会计师运用专业判断和分析程序，发现上述表中可能存在的不合理之处：一是“累计折旧——土地”的本年增加数为 15 万元，这与国家规定土地不提折旧的要求相悖；二是“固定资产原价——房屋及建筑物”的本年减少数为 21 万元，小于“累计折旧——房屋及建筑物”的本年减少数 31 万元。而根据会计核算的基本原理，考虑固定资产净残值这一因素，即使这些减少的房屋及建筑物已提足折旧，其累计折旧数也应小于相应的固定资产原价。

分析提示：

在审计实务中，注册会计师应正确运用分析程序，调查重要项目的比率或趋势的异常变动及其与预期数额和相关信息的差异，以发现重大错报项目。

4. 检查固定资产的增加

被审计单位如果不能正确核算固定资产的增加，将对资产负债表和利润表产生长期的影响，因此，检查固定资产的增加，是固定资产实质性程序中的重要内容。通常一个会计期间固定资产的增加业务不会太多，应全部审计；如果业务量较大，也可使用抽查的方式。对固定资产增加的审计，注册会计师的审计重点如下。

(1) 检查固定资产增加的预算审批情况。

(2) 检查固定资产的计价及会计处理是否符合规定。

固定资产的增加有多种途径，审计中应注意以下事项。

对于外购的固定资产，通过核对购货合同、发票、保险单、发运凭证等文件，测试其计价是否正确，会计处理是否正确。如果是房屋，还应检查契税的会计处理是否正确。

对于在建工程转入的固定资产，应检查竣工决算、验收和移交报告是否正确，与在建工程相关的记录是否核对相符，借款费用资本化金额是否恰当；对已经在用或已经达到预定可使用状态但尚未办理竣工决算的固定资产，检查其是否已经暂估入账，并按规定计提折旧；竣工决算完成后，是否及时调整。

对于投资者投入的固定资产，应检查其入账价值与投资合同中关于固定资产作价的规定是否一致，与其公允价值是否一致，须经评估确认的是否有评估报告并经国有资产管理部门确认；固定资产的产权转移手续和交接手续是否齐全。

对于更新改造增加的固定资产，应查明增加的固定资产原值是否真实，是否符合资本化条件；重新确定的剩余折旧年限是否恰当。

对于以非货币性资产交易换入的固定资产，交换具有商业实质，而且换出或换入资产公允价值能可靠计量的，检查是否按换出或换入资产的公允价值加上应支付的相关税费作为入账价值；交换不具有商业实质，或换入、换出资产公允价值不能可靠计量的，检查是否按换出资产的账面价值加上应支付的相关税费作为入账价值。若涉及补价的，补价的处理是否符合会计准则的规定。

对于因债务人抵债而获得的固定资产，应检查债务重组协议是否得到切实履行，产权过户手续是否齐备，固定资产的入账价值是否按会计准则规定的公允价值入账。

对于因其他原因增加的固定资产，应检查相关的原始凭证，核对其计价及会计处理是否正确。

5. 实地观察增加的固定资产

实施实地观察审计程序时，注册会计师可以固定资产明细分类账为起点，进行实地追查，证明会计记录中所列固定资产确实存在，并了解其目前的使用状况；也可以以实物资产为起点，追查至固定资产明细分类账，以获取实际存在的固定资产均已入账的证据。

需要说明的是，注册会计师实地观察的重点是本期增加的重要固定资产，有时，观察的范围也会扩展到以前期间增加的重要固定资产。观察范围的确定需要依据被审计单位内部控制的强弱、固定资产的重要性和注册会计师的经验来判断，如为初次审计，则应适当扩大观察的范围。

6. 检查固定资产的减少

企业固定资产的减少主要包括出售、向其他单位投资转出、向债权人抵债转出、非货币交易转出、报废、毁损等。有些单位固定资产管理和使用部门不了解报废固定资产的同时应进行会计核算，擅自报废固定资产而未及时通知财务部门在会计账户上作相应的会计核算，会导致企业在全面清查固定资产时，出现固定资产账存实亡的现象，造成财务报表反映失真。审计固定资产减少的主要目的就在于查明已减少的固定资产是否已做适当的会计处理。其审计的要点如下。

(1) 检查企业固定资产减少的授权批准文件。

(2) 检查因不同原因减少的固定资产会计处理是否符合企业会计准则规定；结合“固定资产清理”科目，抽查固定资产账面转销额是否正确；检查银行存款、营业外收支等账户，验证处置固定资产净损益的真实性与准确性。

(3) 检查是否存在未作会计处理的固定资产减少业务。向被审计单位的固定资产管理部门询问本期有无未作会计处理的固定资产减少业务；复核本期新增加的固定资产是否替换了原有的固定资产；分析营业外收支等账户，查明有无处置固定资产所带来的损益；检查固定资产保险费的减少是否与固定资产的减少有关。

7. 检查固定资产的所有权

对各类固定资产，注册会计师应获取、汇集不同的证据以确定其是否归被审计单位所有：

(1) 对外购的机器设备等固定资产，通常经审核采购发票、购销合同等予以确定。

(2) 对于房地产类固定资产，尚需查阅有关的合同、产权证明、财产税单、抵押借款的还款凭据、保险单等书面文件予以确定。

(3) 对融资租入的固定资产，应验证有关租赁合同，证实其并非经营租赁。

(4) 对汽车等运输设备，应验证有关营运证件等确定其归被审计单位所有。

(5) 对受留置权限制的固定资产，通常应审核被审计单位的有关负债项目等予以证实。

8. 检查固定资产的租赁

企业在生产经营过程中，有时可能有闲置的固定资产供外单位使用；有时由于企业生产经营的需要，又需临时租用其他单位的固定资产。固定资产租赁一般分为经营租赁和融资租赁两种。

在经营租赁中，租入固定资产的企业按合同规定的时间，交付一定的租金，享有固定资产的使用权，而固定资产的所有权仍属于出租单位。因此，租入固定资产企业的固定资产账面价值并未增加，企业对临时租入的固定资产，不在“固定资产”账户内核算，只是另设备查簿进行登记。而出租固定资产的企业，仍继续提取折旧，同时取得租金收入。注册会计师在检查经营租赁时，应查明：

(1) 固定资产的租赁是否签订了合同、租约，手续是否完备，合同内容是否符合国家规定，是否经相关管理部门审批。

(2) 租入固定资产是否确属企业必需，有无久占不用、浪费毁损的现象；租出的固定资产是否确属企业多余、闲置不用的，有无长期不收租金，是否存在变相馈送、转让等情况。

(3) 租入固定资产是否已在备查簿中登记。

(4) 租入固定资产改良支出是否符合企业会计准则的规定。

在融资租赁中，租入单位向租赁公司借款购买固定资产，分期归还本息，全部付清本息后，就取得了固定资产的所有权。因此，融资租赁支付的租金，包括了固定资产的价值和利息，并且这种租赁的结果通常是固定资产的所有权最终归属租入单位。故租入企业在租赁期间，对融资租入的固定资产应按企业的固定资产一样管理，并计提折旧，进行维修。在检查企业融资租赁业务时，除参照经营租赁固定资产检查的要点外，还应关注融资偿付的利息，其利率的计算是否与市场利率相当；融资租入固定资产的计价是否正确，并结合长期应付款、未确认融资费用等科目检查相关的会计处理是否正确。

9. 调查未使用或不需用的固定资产

注册会计师应调查被审计单位有无已完工或已购建但尚未交付使用的新增固定资产，

因改扩建等原因而暂停使用的固定资产，以及多余或不适用的需要处理的固定资产，如有，应彻底检查，以确定其是否真实。同时，还应调查未使用、不需用固定资产的购建启用及停用时点，检查其是否按规定计提折旧，并做出记录。

10. 检查固定资产的担保、抵押情况

结合对银行借款等的检查，了解固定资产是否存在重大的担保、抵押情况。如存在，应取证、记录，并提请被审计单位在财务报表附注中作必要的披露。

11. 检查固定资产的保险

注意检查保险的范围是否恰当，保险金额是否足够。

12. 检查固定资产是否已在资产负债表上恰当披露

财务报表附注通常应说明固定资产的确认条件、分类、计量基础和折旧方法，各类固定资产的使用寿命、预计净残值和折旧，各类固定资产的期初、期末原价，累计折旧额及固定资产减值准备累计金额，当期确认的折旧费用，对固定资产所有权的限制及其金额和用于担保的固定资产账面价值，准备处置的固定资产名称、账面价值、公允价值、预计处置费用和预计处置时间等。对融资租入固定资产应说明租入固定资产的期初和期末原价、累计折旧额，资产负债表日后连续三个会计年度每年支付的最低租赁付款额和以后年度将支付的最低租赁付款额总额，未确认融资费用的余额以及分摊未确认融资费用所采用的方法。对重大的经营租赁应说明资产负债表日后连续三个会计年度每年支付的最低租赁付款额和以后年度将支付的最低租赁付款额总额。

二、累计折旧审计

固定资产可以长期参加生产经营而保持其原有的实物形态，但其价值将随着固定资产的使用而逐渐转移到其服务的对象中，构成产品成本或期间费用。这部分随着固定资产的磨损而逐渐转移的价值就是固定资产的折旧。

影响固定资产折旧的因素主要有：固定资产的账面原价、预计净残值和使用寿命；在固定资产已计提了减值准备的情况下，影响折旧的因素则包括固定资产原值、累计折旧、累计减值准备、预计净残值和尚可使用年限五个方面。在计算折旧时，对固定资产的残余价值和清理费用只能人为估计；对固定资产的使用年限，由于固定资产的有形和无形损耗难以准确计算，因而也只能估计；同样，固定资产减值准备的计提也带有估计的成分。

企业应当根据固定资产的性质和使用方式，合理地确定固定资产的使用年限和预计净残值，并根据科技发展、环境变化及其他影响固定资产价值的因素，选择合理的固定资产折旧方法，按照管理权限，经股东大会或董事会、经理(厂长)会议或类似权力机构批准，作为计提折旧的依据。同时按照法律、法规的规定报送有关各方备案，并备置于企业所在地，以供投资者等与企业有利益关系的各方查阅。企业有关固定资产预计使用年限、预计净残值以及折旧方法等，一经确定不得随意变更，如需变更，仍应按照上述程序，经批准后报送有关各方备案，并在报表附注中予以说明。

因此，注册会计师在审查固定资产折旧时，应在了解、评价被审计单位固定资产折旧政策的基础上，确定本期折旧范围是否合理、折旧金额是否正确。

(一)累计折旧的审计目标

固定资产折旧的以上特性决定了累计折旧审计的主要目标是：确定折旧政策和方法是否符合企业会计准则的规定，是否一贯遵循；确定累计折旧增减变动的记录是否完整；确定累计折旧的计提是否正确；确定累计折旧的期末余额是否正确；确定累计折旧在财务报表上的披露是否恰当。

(二)累计折旧的实质性程序

1. 获取或编制固定资产及累计折旧分类汇总表

获取或编制固定资产及累计折旧分类汇总表，复核加计正确，并与报表数、总账数和明细账合计数核对相符。

2. 检查被审计单位制定的折旧政策和方法是否符合企业会计准则的规定

确定其所采用的折旧方法能否在固定资产使用年限内合理分摊其成本，前后期是否一致，预计使用年限和预计净残值是否合理。如被审计单位采用加速折旧法，应取得其批准文件；如没有批准文件，应提请被审计单位改正并建议调整应纳税所得额。

3. 对固定资产累计折旧进行分析程序

(1) 对折旧计提的总体合理性进行分析。在不考虑固定资产减值准备的前提下，计算、分析的方法是用应计提折旧的固定资产乘以本期的折旧率。计算之前，注册会计师应对本期增加和减少固定资产、使用年限长短不一的和折旧方法不同的固定资产作适当调整。如果总的计算结果和被审计单位的折旧总额接近，且固定资产及累计折旧内部控制较健全时，就可以适当减少累计折旧和折旧费用的其他实质性程序的工作量。

(2) 计算本期计提折旧额占固定资产原值的比率，并与上期比较，分析本期折旧计提额的合理性和准确性。

(3) 计算累计折旧占固定资产原值的比率，评估固定资产的老化率，并估计因闲置、报废等原因可能发生的固定资产损失，结合固定资产减值准备，分析其是否合理。

4. 检查固定资产折旧费用的计算与分配

(1) 检查本期折旧费用的计提是否正确，折旧费用的分配是否合理，分配的方法与上期是否一致。

(2) 检查固定资产增减变动时，有关折旧的会计处理是否符合规定。如通过更新改造、融资租赁增加的固定资产的折旧费用计算是否正确。

(3) 检查已计提减值准备的固定资产，折旧的计提是否正确。对于已部分计提减值准备的固定资产，计提折旧时应当扣除已计提的固定资产减值准备累计金额；对于已全额计提了减值准备的固定资产，应当停止计提折旧。

(4) 检查包含有土地使用权的固定资产，折旧方法是否符合有关规定，计提的折旧是否正确。

(5) 结合固定资产审计，检查有无已提足折旧的固定资产继续超提折旧的情况和应计提折旧的固定资产不提或少提折旧的情况。

(6) 将“累计折旧”账户贷方本期计提折旧额与相应的成本费用中折旧费用明细账户的借方相比较，以查明所计提的折旧金额是否已全部摊入本期产品成本或费用。一旦发现差异，应及时追查原因，并考虑是否应建议作适当调整。

5. 检查累计折旧的披露是否恰当

如果被审计单位是上市公司，应在其财务报表附注中按固定资产类别分项列示累计折旧期初余额、本期计提额、本期减少额和期末余额。

【例 9-4】

甲注册会计师审计 X 公司 2019 年度财务报表的“固定资产”和“累计折旧”项目时，发现下列情况：

(1) “生产用固定资产”中有固定资产——A 设备已于 2019 年 1 月份停用，并转入“未使用固定资产”。

(2) 公司所使用的单冷空调，当年计提折旧仅按实际使用的月份(5—9 月)提取。

(3) 5 月份购入设备一台，价值 65 万元，当月达到预定可使用状态，8 月份交付使用，X 公司从 9 月份起开始计提折旧。

(4) 公司对设备 B 采用平均年限法计提折旧。该设备预计可使用年限 10 年，预计净残值率为 5%，公司确定的该设备的年折旧率为 10%。

要求：针对上述情况，分别指出注册会计师应关注的可能存在或存在的问题。

分析提示：

(1) 注册会计师应关注 X 公司对 A 设备在 2019 年是否继续计提折旧，若已停止计提折旧，则建议其补提折旧。

(2) 公司对空调计提折旧不正确。季节性停用的固定资产应照提折旧，所以被审计单位的处理方法是错误的，建议其补提折旧。

(3) X 公司购入的设备，应在其达到预定可使用状态时转入固定资产，从次月开始计提折旧。被审计单位应从 6 月份起计提折旧，注册会计师应建议 X 公司补提折旧。

(4) X 公司计算的 B 设备的折旧率不正确，应该是 9.5%，在计算折旧率时未考虑净残值的影响，注册会计师应建议 X 公司调整折旧。

本 章 小 结

本章主要介绍了采购与付款循环的基本内容、审计目标和审计程序。本章的重点是采购与付款循环的内部控制及测试、应付账款、固定资产和累计折旧账户的审计程序。

采购与付款循环内部控制的要点包括：适当的职责分离控制、请购控制、订货控制、验收控制、实物控制、应付账款的控制、内部核查程序。其内部控制测试程序主要包括：请购商品或劳务内部控制的测试、订购商品或劳务内部控制的测试、货物验收内部控制的测试、实物内部控制的测试、应付账款内部控制的测试。在测试的基础上评价其控制的有效性，并确定实质性程序的性质、时间和范围。

应付账款的实质性程序中，查找未入账的应付账款是必要的、有效的审计程序，同时函证应付账款、检查应付账款明细账是否存在借方余额和应付账款长期挂账的原因，以及实施分析性程序也是比较重要的审计程序。

固定资产的实质性程序中，执行分析程序，检查固定资产的增加，检查固定资产的减少，检查固定资产的所有权，检查固定资产的担保、抵押情况，以及实地观察固定资产是比较重要的审计程序。

累计折旧的实质性程序中，应关注折旧政策、方法的选择和运用是否合法，前后期是否一致，以及固定资产折旧费用的计算与分配情况。

自 测 题

1. 采购与付款循环内部控制的要点有哪些？
2. 采购与付款循环控制测试程序有哪些？
3. 应付账款审计目标和实质性程序有哪些？
4. 固定资产的内部控制要点有哪些？
5. 固定资产审计目标和实质性程序有哪些？

案 例 分 析

ABC会计师事务所的A和B注册会计师负责对Y股份有限公司2019年度的财务报表进行审计，于2020年2月26日完成审计工作。A和B注册会计师经审计发现Y公司存在以下两个事项：

(1) Y公司会计政策规定，采用平均年限法计提固定资产折旧，每年年度终了对固定资产进行逐项检查，考虑是否计提固定资产减值准备。Y公司办公大楼于2018年1月起用，原值4000万元，预计使用年限为20年，预计净残值400万元。2018年12月31日经审计该项固定资产的净值为3835万元，该项固定资产的减值准备余额为458万元。由于自2019年1月起该项固定资产因故停用，Y公司因此未计提其2019年度的折旧，但已按规定计提了该项固定资产2019年度的减值准备并作了相应的会计处理。

(2) Y公司应付W公司货款15万元，账龄为3年，由于Y公司财务出现困难，经与W公司协商，双方达成如下债务重组协议：W公司同意以Y公司生产的产品抵偿债务，该产品的公允价为8万元、成本价为6万元(Y公司增值税税率为17%)。双方已在2019年度履行了债务重组协议，但Y公司未进行账务处理。

问题：

如果不考虑审计重要性水平，针对上述两个事项，请分别回答：A和B注册会计师是否需要提出审计处理建议？若需提出审计调整建议，请列示审计调整分录(审计调整分录不考虑对Y公司2019年度的企业所得税、期末损益结转及利润分配的影响)。

第十章　生产与存货循环审计

【学习目标及要点】

通过本章的学习，使学生了解生产与存货循环的主要业务活动内容，理解生产与存货循环的内部控制的主要内容，了解控制测试的要点，掌握存货的监盘程序及其他实质性程序，熟悉生产与存货循环其他相关账户的实质性程序。

【引例】海底扇贝不能成为獐子岛的秘密花园

海底的扇贝、海洋牧场的存货，成了獐子岛这家老牌渔业上市公司的秘密花园，也成了资本市场多年来的未解之谜。3月29日晚间，中小板上市公司獐子岛披露业绩预告显示，2019年第一季度公司预计亏损4000万～4500万元，2018年同期为亏损899.85万元。

那么，獐子岛一季度预亏的原因到底是什么呢？其中一大因素就是受2018年海洋牧场灾害影响，公司于 2016 年、2017 年底播的虾夷扇贝可收获资源总量减少，短期内，由于海洋牧场养殖产品产量下降，相应折旧摊销、海域使用金等固定成本无法摊薄。

公司将一季度亏损的主要原因归咎于海洋牧场灾害影响，前几年底播的虾夷扇贝又少了。这个理由，獐子岛的年报中已经不止一次出现了。2018年1月30日晚间，獐子岛的一则公告震惊市场，公司正在进行底播虾夷扇贝的年末存量盘点，发现部分海域的底播虾夷扇贝存货异常。根据企业会计准则的相关规定，公司可能对部分海域的底播虾夷扇贝存货计提跌价准备或核销处理，预计2017年净利润将亏损5.3亿～7.2亿元。

獐子岛扇贝消失，早已不是第一次出现了，早在2014年就曾经上演过这一幕。在此之前，獐子岛一直是绩优蓝筹股，被誉为“海底银行”“海上蓝筹”，是资本市场的优等生。但这一形象，在2014年轰然倒塌，假面舞会的主角自己摘下了假面具。

2014年10月底，獐子岛发布公告称，因遭遇北黄海异常的冷水团，公司百万亩即将进入收获期的虾夷扇贝绝收，进而计提近8亿元亏损，全部计入三季度，全年预计大幅亏损。尽管公司召开了说明会，但对这一突如其来的消息，还是引发了媒体与投资者强烈质疑，甚至怀疑其为“蓝田股份第二”。

在这一事件发生后，獐子岛董秘曾对媒体称，2014 年冷水团事件后公司采取了一系列措施提升海洋牧场的风险识别与预警能力、落实风险控制措施，并提升海洋牧场的透明度，同时声称上述承诺均已全部履行完毕或转成公司的常态化管理。那么，2018 年突然群体消失的扇贝，与公司声称的“海洋牧场的风险识别与预警能力”是否矛盾？

实际上，我们仔细分析一下獐子岛的历年业绩，就会发现一个规律，那就是隔几年大亏一次，三年中总有一年盈利。受冷水团事件影响，獐子岛将 2014 年 1—9 月的业绩预告由盈利4413万～7565万元，大幅下调为亏损8.12亿元。最终，獐子岛2014年全年亏损近12 亿元。2015—2017年、2018年1—9月，獐子岛营业收入分别为27.27亿元、30.52亿元、32.06亿元和21.04 亿元；归属于上市公司股东的净利润分别为-2.43亿元、7959万元、-7.23亿元和2338万元。

也就是说，从2014年以来，公司巨亏20多亿元。那么，这与A股的三年连续亏损退市制度是否有关联？“扇贝跑了”的闹剧频繁上演，是不是上市公司规避ST和退市风险而进行的财务调整和利润调节手段？

由于獐子岛公司的主营业务是水产品养殖，特别是底播增殖这种将苗种放回海底的粗放式养殖方式，使得第三方难以审计检测具体数量，更何况海上养殖极高的专业性与复杂性，对公司经营的监督形成了极高的壁垒。前几年，獐子岛存货金额不断攀升，而且公司经营活动现金流表现欠佳，公司现金主要靠筹资活动现金流支撑。

多年来，獐子岛巨额亏损疑云重重，难免让人产生诸多联想。到底是天灾还是人祸，需要监管部门及时公布调查结果，给公众一个权威的结论。

(资料来源：第一财经日报/2019年/4月/3日/第 A11 版)

第一节　生产与存货循环的特点

生产与存货循环是将原材料转化为产成品的过程。由于生产与存货循环中的原材料购进需要在采购与付款循环中完成，而产成品的销售需要在销售与收款循环中实现，因此生产与存货循环和采购与付款循环以及销售与收款循环有密切的关系。生产与存货循环涉及的报表项目主要有存货、营业成本、应付职工薪酬等。其中，存货包括材料采购、原材料、库存商品、在途物资、包装物、低值易耗品、委托加工物资等。

一、生产与存货循环的主要业务活动

以一般制造业为例，生产与存货循环从领料开始，到加工、销售产成品结束，该循环涉及的业务活动主要是生产及成本核算和存货管理。具体业务活动包括以下方面。

(一)计划和安排生产

生产计划部门的职责是根据顾客订购单或者销售部门对销售预测和产品需求的分析来决定生产授权。如决定授权生产，即签发预先编号的生产通知单。该部门通常应将发出的所有生产通知单编号并加以记录控制。此外，还需要编制一份材料需求报告，列示所需要的材料和零件及其库存。

(二)发出原材料

仓储部门的责任是根据从生产部门收到的领料单发出原材料，避免材料被冒领或多领。领料单上必须列示所需的材料数量和种类，以及领料部门的名称。领料单可以一料一单，也可以多料一单，通常一式三联。仓库管理人员发料后，将其中一联连同材料交还领料部门，一联留在仓库登记材料明细账，一联交会计部门进行材料收发核算和成本核算。

(三)生产产品

生产部门在收到生产通知单及领取原材料后，便将生产任务分解到每一个生产工人，

并将所领取的原材料交给生产工人，据以执行生产任务。生产工人在完成生产任务后，将完成的产品交生产部门统计人员查点，然后转交检验员验收并办理入库手续；或是将所完成的半成品移交下一个部门，以进一步加工。

(四)核算产品成本

为了正确核算并有效控制产品成本，必须建立健全成本会计制度，将生产控制和成本核算有机结合在一起。一方面，生产过程中的各种记录、生产通知单、领料单、计工单、产量记录表、入库单等资料都要汇集到会计部门，由会计部门对其进行检查和核对，了解和控制生产过程中存货的实物流转；另一方面，会计部门要设置相应的会计账户，会同有关部门对生产过程中的成本进行核算和控制。完善的成本会计制度应该提供原材料转为在产品、在产品转为产成品，以及按成本中心、分批次生产任务通知单或生产周期所消耗的材料、人工和间接费用的分配与归集的详细资料。

(五)储存产成品

产成品入库，需由仓储部门先行点验和检查，然后签收。签收后，将实际入库数量通知会计部门。据此，仓储部门确立了本身应承担的责任，并对验收部门的工作进行验证。除此之外，仓储部门还应根据产成品的品质特征分类存放，并填制标签。

(六)发出产成品

产成品的发出须由独立的仓储部门进行。企业管理层通常要求仓储部门只有在收到经有关部门批准的销售单时才能发货，产品发出后据此编制出库单。产品的装运由发运部门负责，在发运产品时须由发运部门填制发运凭证，发运部门职员在装运之前，必须进行独立验证，以确定从仓储部门提取的产品与经批准的销售单相符。

(七)存货盘点

管理人员编制盘点指令，安排适当人员对存货实物(包括原材料、在产品和产成品等所有存货类别)进行定期盘点，将盘点结果与存货账面数量进行核对，调查差异并进行适当调整。

(八)计提存货跌价准备

资产负债表日，当存货成本高于可变现净值时，应按照成本高于可变现净值的差额计提存货跌价准备。会计部门应根据存货货龄分析信息，结合存货盘点过程中对存货状况的检查结果，对出现毁损、滞销、跌价等降低存货价值的情形进行分析，合理计提存货跌价准备。

二、生产与存货循环的主要凭证与会计记录

在内部控制比较健全的企业，处理生产与存货业务通常需要使用很多凭证和会计记录。根据上述主要业务活动内容，生产与存货循环涉及的主要凭证和会计记录包括以下方面。

(一)生产通知单

生产通知单又称“生产指令”，是生产计划部门下达制造产品等生产任务的书面文件，用以通知供应部门组织材料发放，生产车间组织产品制造，会计部门组织成本计算。通常由生产计划部门根据客户订单或对市场需求的预测与分析定期制定。生产通知单应连续编号，其内容应包括一段时间内需生产的产品数量以及产品的完工时间等内容。

(二)领发料凭证

领发料凭证是企业为控制材料发出所采用的各种凭证，如领料单、限额领料单、材料发出汇总表、领料登记簿、退料单等。

(三)产量和工时记录

产量和工时记录是登记工人或生产班组在出勤时间内完成产品数量、质量和生产这些产品所耗费工时数量的原始记录。产量和工时记录主要有工作通知单、工作班产量报告、产量通知单、产量明细表等。

(四)工薪汇总表及工薪费用分配表

工薪汇总表是为了反映企业全部工薪的结算情况，并据以进行工薪总分类核算和汇总整个企业工薪费用而编制的，它是企业进行工薪费用分配的依据。工薪费用分配表反映了各生产车间各产品应负担的生产工人工薪及福利费。

(五)材料费用分配表

材料费用分配表是用来汇总反映各生产车间各产品所耗费材料费用的原始记录。

(六)制造费用分配汇总表

制造费用分配汇总表是用来汇总反映各生产车间各产品所应负担的制造费用的原始记录。

(七)成本计算单

成本计算单是用来归集某一成本计算对象所应承担的生产费用，计算该成本计算对象的总成本和单位成本的记录。

(八)产成品入库单和出库单

产成品入库单是产品生产完成并经检验合格后从生产部门转入仓库的凭证。产成品出库单是根据经批准的销售单发出产成品的凭证。

(九)存货明细账

存货明细账是用来反映各种存货增减变动情况、期末库存数量及相关成本信息的会计记录。

(十)存货盘点表及盘点标签

一般制造型企业会定期对存货实物进行盘点，将实物盘点数量与账面数量进行核对，对差异进行分析调查，必要时作账务调整，以确保账实相符。在盘点过程中，会使用盘点表记录盘点结果，使用盘点标签对已盘点存货及数量作出标识。

第二节　生产与存货循环的内部控制及其测试

一、生产与存货循环的内部控制

生产与存货循环的内部控制主要包括存货的实物流转程序控制、成本费用控制和工薪的内部控制三项内容。

(一)存货的实物流转程序控制

在生产与存货循环中，产品的品种和数量一般是由生产计划部门根据客户订单、销售合同、市场预测等来确定，并下达生产计划和通知单。依据实物流转程序控制的要求，各个生产环节的相关部门必须制定严格的责任制度，由监控人员对从生产领料开始到产品完工入库为止的全过程进行有效的控制，以避免生产脱节、在产品积压、交接班岗位责任不清、违章操作造成的残次品、材料物资的丢失毁损等。此外，生产部门还应及时编制生产报告，以便仓储部门、会计部门及时进行会计记录，保证财产物资的安全。具体控制内容主要包括：①请购与采购控制；②验收与保管控制；③领用与发出控制；④盘点与处置控制等。

在实际工作中，审计人员一般通过查阅被审计单位的有关规章制度、文件资料，或向有关人员口头询问、现场调查等方式，了解被审计单位存货的内部控制制度，并运用适当的方法进行描述，记录在审计工作底稿中。

(二)成本费用控制

1. 成本费用管理控制

成本费用管理控制即对成本费用支出业务进行计划、控制，对成本费用进行考核。其具体内容包括：确定成本控制目标和成本计划；制定各项消耗定额，包括直接材料、直接人工和制造费用定额；编制成本、费用预算；对各项成本费用指标进行分解，建立成本费用归口、分级管理责任制；定期进行成本费用考核与评价。

2. 成本费用会计控制

成本费用会计控制即对成本费用支出业务进行反映和监督的内部控制。其具体内容包括：制定成本费用控制制度，明确成本开支范围、开支标准；建立各项支出的手续批准、审核制度；设置相应的会计账户，选择适当的成本计算方法；合理归集与分配各项费用，确定产品生产成本；对各项费用的归集与分配结果进行复核；定期进行成本分析，查明企业成本变动的趋势和原因。

(三)工薪的内部控制

工薪的内部控制主要包括以下方面。

1. 适当的职责分离

为了防止向员工过量支付工薪，或向不存在的员工虚假支付工薪，职责分离非常重要。人力资源部门应独立于工薪职能，负责确定员工的雇用、解雇及其支付率和扣减额的变化。

2. 适当的授权

有效的控制要求工薪业务各环节必须经过适当的授权批准。主要包括编制用工计划、人员调配、考勤及工时统计、工薪结算和分配、工薪支付等业务，都必须经过企业授权或经过主管人员审查批准后方可进行下一步处理。

3. 适当的凭证和记录

为了有效控制工薪业务，应设置一式多联、预先编号的凭证并分别由不同的部门进行分权管理。会计部门要及时进行账务处理，每月月末根据工薪结算汇总表，按照工薪的受益对象编制工薪费用分配表，据以编制记账凭证，登记应付职工薪酬、相关成本费用账簿，并对人工费用进行分析，及时向管理部门反馈信息。

4. 资产和记录的实物控制

实物控制包括两方面内容：一方面应当限制非授权人员接触未签字的工薪支票，支票应由有关专职人员签字，工薪应当由独立于工薪和考勤职能之外的人员发放；另一方面限制非授权人员接近工薪业务会计资料，防止这些资料被篡改、伪造和销毁。

5. 工薪的独立检查

工薪的计算应当独立验证，包括将审批工薪总额与汇总报告进行比较。管理层成员或其他负责人应当复核工薪金额，以避免明显的错报和异常的金额。

二、生产与存货循环的控制测试

生产与存货循环的控制测试是在了解内部控制的基础上，对其在实际业务中的执行与实施情况和过程进行测试，以确定制定的内部控制与实际执行的结果是否相符。生产与存货循环的控制测试主要包括：存货管理的控制测试、成本费用控制测试和工薪的控制测试。

(一)存货管理的控制测试

存货管理的控制测试主要包括以下内容。

(1) 询问和观察职责分工情况。在了解内部控制的基本情况之后，审计人员要询问各职能执行人的情况，并且观察被审计单位内部的职责分工情况，观察是否只有经过授权批准人员才能接近原材料和产成品等存货。

(2) 抽查存货入库业务。存货入库主要是购入存货验收入库和完工产成品验收入库，审

计人员应抽取部分存货入库业务，检查每笔业务是否有验收报告，入库单的名称、型号、数量是否与实物相符，测试各环节的执行情况。

(3) 抽查存货出库业务。存货出库主要是生产领用和对外销售，审计人员应抽取部分存货出库业务，检查是否每笔业务都有领料单或出库单，检查是否经过批准，是否严格按照授权审批手续发货。

(4) 询问和观察存货的保管程序，观察是否只有经过授权批准人员才能接近原材料和产成品等存货。

(5) 检查是否定期盘点存货，对发生的盘盈、盘亏、毁损、报废等情况是否及时按规定处理。

(6) 检查已经发生的存货购进、领用、发出的业务是否全部入账，有无未入账的原始凭证。

(二)成本费用控制测试

成本费用控制测试主要包括以下内容。

1. 抽查成本计算单

审计人员应选取部分典型产品的成本计算单并审查以下几个方面：

(1) 验证成本计算是否正确。审计人员可以采用复算的方法验证成本计算的正确性。

(2) 审查成本计算单是否附有必要的原始凭证。原始凭证包括生产通知单、领料单、产量和工时记录、材料费用分配表、工薪费用分配表和制造费用分配表等。

(3) 审查生产通知单、领料单是否经过审批。

(4) 审查成本计算单中的记录与材料费用分配表、工薪费用分配表和制造费用分配表的记录是否一致。

2. 抽查成本计算的原始凭证

(1) 审查生产通知单、领料单、产量和工时记录、材料费用分配表、工薪费用分配表和制造费用分配表等原始凭证是否连续编号，是否经过批准。

(2) 从原始凭证追查至成本计算单。审计人员应注意检查以下内容：各种费用归集、分配是否正确，成本计算是否正确，成本核算流程是否正确。

3. 核对成本计算单与生产成本明细账和总账

审计人员主要应检查成本计算单、生产成本明细账和总账的记录是否一致。

4. 比较本期和前期的成本计算方法

审计人员应通过对本期和前期成本计算方法的比较，检查成本计算方法的一致性。审计人员在考虑成本会计制度时，应特别注意当年使用的成本方法所发生的变化及其对生产成本及销售成本的影响；同时，还需要关注生产成本是否在完工产品和在产品之间恰当分配，完工产品发出后是否及时结转成本，核算方法是否前后一致。

(三)工薪的控制测试

工薪的控制测试主要包括以下内容。

1. 检查工薪汇总环节

询问和观察人事、考勤、工薪发放、记录等职务是否相互分离，以及各项职责的执行情况。抽查若干月份工薪汇总表，复核工薪汇总表是否正确，检查应付工薪总额与工薪费用分配表数字的一致性；抽查考勤单，检查有无相关部门主管签字；实地抽查部分员工，查明其是否确实在本企业工作，如已经离开本企业则需要管理部门证实。

2. 检查工薪支付环节

检查工薪明细表是否经相关部门主管审核批准；检查实际发放工薪总额与银行付款凭证及银行对账单是否相符；现场观察工薪发放中的控制运行情况。

3. 检查工薪费用分配表

检查当期实际已发生的工薪支出是否全部计入成本；工薪费用分配表是否完整反映实际已发生的工薪支出；抽查产量与工时记录，检查是否经过生产部门主管审核；工薪费用分配表是否经会计部门主管审核。

实施控制测试程序之后，应对生产与存货循环的内部控制进行评价，以确定对内部控制的可依赖程度。在评价时应注意分析生产与存货循环中可能发生哪些潜在的错报，哪些控制可以防止或发现并纠正这些错报。如果被审计单位现有的控制不足以防止错报的发生，那么审计人员应考虑在实施实质性程序时扩大审计范围。

第三节　存 货 审 计

存货是资产负债表中的一个主要项目，也是流动资产中的重要项目。在会计核算中，存货所涉及的会计账项较多，存货项目的真实性与准确性，会直接影响到其他会计账项的真实性与准确性。存货的重大错报对于流动资产、营运资本、总资产、营业成本、毛利以及净利润都会产生直接影响，审计中许多复杂和重大的问题都与存货有关。因此，审计人员必须具有足够的专业胜任能力和应有的职业谨慎态度，审计中应对存货项目予以特别关注，分配较多的审计时间，运用多种审计程序。

一、存货的审计目标

存货的审计目标一般包括以下内容。

(1) 确定资产负债表中所列示的存货是否存在。

(2) 确定存货增减变动的记录是否完整。

(3) 确定存货是否归被审计单位所有或控制。

(4) 确定存货跌价准备的计提是否合理。

(5) 确定存货的期末余额是否正确。

(6) 确定存货在财务报表中的披露是否恰当。

二、存货审计的实质性程序

(一)获取或编制存货明细表

获取或编制存货明细表，复核加计是否正确，并与报表数、总账数和明细账合计数核对是否相符。

(二)实施实质性分析程序

对存货实施实质性分析程序一般从以下几个方面进行：

(1) 比较本期与上期的存货余额及其构成，评价其总体合理性。

(2) 计算存货周转率，并与上期或行业平均水平相比较，确定是否存在严重的残损呆滞现象。

(3) 将存货余额与现有的订单、资产负债表日后的销售额和下一年度的预测销售额进行比较，评估存货滞销和跌价的可能性。

(4) 对每月存货成本差异进行比较，以确定是否存在调节成本的现象。

(三)对存货进行监盘

存货监盘 1.mp4

存货监盘 2.mp4

期末存货的结存数量直接影响到财务报表中的存货金额，对期末存货数量的确定是存货审计的重要内容。20 世纪 30 年代末以前，存货审计工作通常仅限于审查会计记录。当时的审计准则并不要求对存货进行观察和检查，注册会计师并不承担证实存货实际存在的责任。直到美国出现了麦克森—罗宾斯(McKesson-Robbins)公司调查案，这种情形才发生了改变。1939 年美国证券交易委员会(SEC)的听证会揭示，在纽约证券交易所上市的麦克森—罗宾斯公司已审计的财务报表虚增了 1900 万美元的资产，约占资产总额的 25%，其中虚增存货约为 1000 万美元。受该案件的影响，注册会计师职业界不得不考虑承担证实存货实际存在的责任，否则将被视为并未尽到保护财务报表使用者的职责。因此，职业界规定，除非出现无法实施存货监盘的特殊情况，注册会计师应当实施必要的替代程序，在绝大多数情况下，都必须亲自观察存货盘点过程，实施存货监盘程序。由此，注册会计师对存货进行监盘成为存货审计必不可少的一项审计程序。

1. 存货监盘的含义

存货监盘是指注册会计师现场观察被审计单位存货的盘点，并对已盘点的存货进行适当检查。由此可见，存货监盘有两层含义：一是注册会计师应亲临现场观察被审计单位对存货的盘点；二是在此基础上，注册会计师应根据需要对已盘点的存货进行适当抽查。

尽管通过实施存货监盘，获取有关期末存货数量和状况的充分、适当的审计证据是注册会计师的责任，但这并不能取代被审计单位管理层定期盘点存货，合理确定存货的数量和状况的责任。

注册会计师监盘存货的目的在于获取有关存货数量和状况的审计证据。因此，存货监盘针对的主要是存货的存在认定，对存货的完整性认定及计价和分摊认定，也能提供部分审计证据。此外，注册会计师还可能在存货监盘中获取有关存货所有权的部分审计证据。需要指出的是，注册会计师在测试存货的完整性、计价和分摊及所有权认定时，可能还需要实施其他审计程序来确定。

存货监盘对于实现存货的审计目标具有重要意义。如果由于某种原因，注册会计师无法实施存货监盘，则注册会计师应当实施替代审计程序，以获取期末存货的存在和状况的审计证据。

【例10-1】

存货监盘的重要性

注册会计师审计M公司“存货”项目时，M公司介绍年末已进行实物盘点，但未能向注册会计师提供各项存货的盘点表。

分析提示：

公司定期进行各项物资的盘点，是公司实施内部控制的重要手段，没有提供年终的盘点表，注册会计师无法证明公司已对所有物资进行了盘点，也无法实施必要的审计程序以确认存货的存在及其数量的正确性。因此，针对这种情况：

(1) 注册会计师应要求被审计单位在有审计人员参加监盘的情况下，组织各项物资的盘点，查实各项物资的实存数、盈亏数，并进行相应的会计处理和对财务报表项目作出调整。审计人员要将存货监盘和调整处理过程记录反映于审计工作底稿。

(2) 如果被审计单位拒绝采取必要的措施，这意味着审计人员的审计范围受到了限制，不能实施必要的审计程序和无法获取到充分、适当的审计证据确认存货的存在。对此，注册会计师应考虑出具保留意见或无法表示意见的审计报告。

2. 存货监盘计划

注册会计师应当根据被审计单位存货的特点、盘存制度和存货内部控制的有效性等情况，在评价被审计单位存货盘点计划的基础上，编制存货监盘计划，对存货监盘作出合理安排。

1) 编制存货监盘计划时应考虑的事项

在编制存货监盘计划时，注册会计师需要考虑以下事项。

(1) 了解存货的内容、性质、各存货项目的重要程度及存放场所。

注册会计师需要考虑：存货与其他资产的相对比率及内在联系；各类存货(原材料、在产品和产成品)占存货总额的比重；各存放地存货占存货总额的比重。考虑并评价存货项目的重要程度直接关系到注册会计师如何恰当地分配审计资源。

(2) 了解与存货相关的内部控制。

在制定存货监盘计划时，注册会计师应当了解被审计单位与存货相关的内部控制，并根据内部控制的完善程度确定进一步审计程序的性质、时间和范围。与存货相关的内部控制涉及被审计单位供、产、销各个环节，包括采购、验收、仓储、领用、加工、装运出库等方面，还包括存货数量的盘存制度。需要说明的是，与存货内部控制相关的措施有很多，其有效程度也存在差异。

存货数量的盘存制度一般分为实地盘存制和永续盘存制。存货盘存制度不同，对存货数量的控制程度的影响也不同。但即使采用永续盘存制，也并不意味着无须对存货实物进行盘点。为了核对存货账面记录，加强对存货的管理，被审计单位每年至少应对存货进行一次全面盘点。

被审计单位与存货实地盘点相关的内部控制通常包括：制定合理的存货盘点计划，确定合理的存货盘点程序，配备相应的监督人员，对存货进行独立的内部验证，将盘点结果与永续存货记录进行独立的调节，对盘点表和盘点标签进行充分控制。

(3) 评估与存货相关的重大错报风险和重要性。

存货通常具有较高水平的重大错报风险。影响重大错报风险的因素具体包括：存货的数量和种类、成本归集的难易程度、陈旧过时的速度或易损坏程度、遭受失窃的难易程度。由于制造过程和成本归集制度的差异，制造企业的存货与其他企业(如批发企业)的存货相比往往具有更高的重大错报风险，对于注册会计师的审计工作而言则更具复杂性。外部因素也会对重大错报风险产生影响。例如，技术进步可能导致某些产品过时，从而导致存货价值更容易发生高估。以下类别的存货可能增加审计的复杂性与风险：

① 与时装相关的服装行业。由于服装产品的消费者对服装风格或颜色的偏好容易发生变化，因此存货是否过时是重要的审计事项。

② 鲜活、易腐商品存货。因为物质特性和保质期短暂，此类存货变质的风险很高。

③ 具有高科技含量的存货。由于技术进步，此类存货易于过时。

④ 单位价值高昂、容易被盗窃的存货。例如，珠宝存货的错报风险通常高于铁制纽扣之类存货的错报风险。

(4) 查阅以前年度的存货监盘工作底稿。

注册会计师可以通过查阅以前年度的存货监盘工作底稿，了解被审计单位的存货情况、存货盘点程序以及其他在以前年度审计中遇到的重大问题。在查阅以前年度的存货监盘工作底稿时，注册会计师应充分关注存货盘点的时间安排、周转缓慢的存货的识别、存货的截止确认、盘点小组人员的确定以及存货多处存放等内容。

(5) 实地察看存货的存放场所。

注册会计师应当考虑实地察看被审计单位的存货存放场所，特别是金额较大或性质特殊的存货，这有助于注册会计师熟悉在库存货及其组织管理方式，也有助于注册会计师在盘点工作进行前发现潜在问题，如存在难以盘点的存货、周转缓慢的存货、过时存货、残次品以及代销存货。注册会计师应关注所有的存货存放地点，以防止被审计单位或自己发生任何遗漏。对存放大额存货的每一个地点尤其应当予以特别关注。

(6) 是否需要利用专家的工作。

注册会计师可能不具备其他专业领域专长与技能。在确定资产数量或资产实物状况(如矿石堆)，或在收集特殊类别存货(如艺术品、稀有玉石、房地产、电子器件、工程设计等)的审计证据时，注册会计师可以考虑利用专家的工作。注册会计师也可以根据存货生产过程的复杂程度考虑利用专家的工作。

(7) 复核或与管理层讨论其存货盘点计划。

在复核或与管理层讨论其存货盘点计划时，注册会计师应当考虑下列主要因素，以评价其能否合理地确定存货的数量和状况：盘点的时间安排；存货盘点范围和场所的确定；盘点人员的分工及胜任能力；盘点前的会议及任务布置；存货的整理和排列；对毁损、陈旧、过时、残次及所有权不属于被审计单位的存货的区分；存货的计量工具和计量方法；在产品完工程度的确定方法；存放在外单位的存货的盘点安排；存货收发截止的控制；盘点期间存货移动的控制；盘点表单的设计、使用与控制；盘点结果的汇总以及盘盈或盘亏的分析、调查与处理。

如果认为被审计单位的存货盘点计划存在缺陷，注册会计师应当提请被审计单位调整。

2) 存货监盘计划的主要内容

在实施上述审计程序后，注册会计师应当制定存货监盘计划。存货监盘计划应当包括下列主要内容。

(1) 存货监盘的目标、范围及时间安排。

存货监盘的目标是获取被审计单位资产负债表日有关存货数量和状况的审计证据，检查存货的数量是否真实完整，是否归属被审计单位，存货有无毁损、陈旧、过时、残次和短缺等状况。

存货监盘范围的大小取决于存货的内容、性质以及与存货相关的内部控制的完善程度和重大错报风险的评估结果。对存放于外单位的存货，应当考虑实施适当的替代程序，以获取充分、适当的审计证据。

存货监盘的时间，包括实地察看盘点现场的时间、观察存货盘点的时间和对已盘点存货实施检查的时间等，应当与被审计单位实施存货盘点的时间相协调。

(2) 存货监盘的要点及关注事项。

存货监盘的要点主要包括注册会计师实施存货监盘程序的方法、步骤，各个环节应注意的问题以及所要解决的问题。注册会计师需要重点关注的事项包括盘点期间的存货移动、存货的状况、存货的截止确认、存货的各个存放地点及金额等。

(3) 参加存货监盘人员的分工。

注册会计师应当根据被审计单位参加存货盘点人员分工和分组情况、存货监盘工作量的大小和人员素质情况，确定参加存货监盘的人员组成以及各组成人员的职责和具体的分工情况，并加强督导。

(4) 检查存货的范围。

注册会计师应当根据对被审计单位存货盘点和对被审计单位内部控制的评价结果确定检查存货的范围。注册会计师在实施观察程序后，如果认为被审计单位内部控制设计良好且得到有效实施，存货盘点组织良好，可以相应缩小实施检查程序的范围。

3. 存货监盘程序

1) 存货监盘的观察程序

在被审计单位盘点存货前，注册会计师应当观察盘点现场，确定应纳入盘点范围的存货是否已经适当整理和排列，并附有盘点标识，防止遗漏或重复盘点。对未纳入盘点范围的存货，注册会计师应当查明未纳入的原因。在盘点之前观察盘点现场，有助于注册会计师了解存货及其组织管理方式，在监盘中及时发现潜在问题，防止存货遗漏或重复盘点。

对所有权不属于被审计单位的存货，注册会计师应当确认该部分存货未被纳入盘点范围，同时要求被审计单位对该部分存货进行单独存放、标明。即使在被审计单位声明不存在受托代存存货的情形下，注册会计师在存货监盘时也应当关注是否存在某些存货不属于被审计单位的迹象，以避免盘点范围不当。

在被审计单位盘点过程中，注册会计师应当跟随被审计单位安排的存货盘点人员，注意观察被审计单位事先制定的存货盘点计划是否得到了贯彻执行，盘点人员是否准确无误地记录了被盘点存货的数量和状况，是否已经恰当地区分所有毁损、陈旧、过时及残次的存货。

2) 存货监盘的检查程序

注册会计师应当对已盘点的存货进行适当检查，将检查结果与被审计单位的盘点记录相核对，并形成相应记录。如果实施观察程序后认为被审计单位的存货盘点工作组织管理得当，盘点、监督以及复核程序充分有效，注册会计师可据此考虑减少所需检查的存货项目。

存货监盘的检查范围通常包括每个盘点小组盘点的存货以及难以盘点或隐蔽性较强的存货。需要说明的是，注册会计师应尽可能避免让被审计单位事先了解将要抽取检查的存货项目。

在检查已盘点的存货时，注册会计师应当从存货盘点记录中选取项目追查至存货实物，以测试盘点记录的真实性；注册会计师还应当从存货实物中选取项目追查至存货盘点记录，以测试存货盘点记录的完整性。如果检查时发现差异，注册会计师应当查明原因，及时提请被审计单位更正。如果差异较大，注册会计师应当扩大检查范围或提请被审计单位重新盘点。

3) 特殊类型存货的监盘

对某些特殊类型的存货而言，被审计单位通常使用的盘点方法和控制程序并不完全适用。这些存货通常或者没有标签，或者其数量难以估计，或者其质量难以确定，或者盘点人员无法对其移动实施控制。在这些情况下，注册会计师需要运用职业判断，根据存货的实际情况，设计恰当的审计程序，对存货的数量和状况获取审计证据。表 10-1 列举了被审计单位特殊存货的类型、通常采用的盘点方法与存在的潜在问题，以及可供注册会计师实施的监盘程序。注册会计师在审计实务中，应当根据被审计单位所处行业的特点、存货的类别和特点以及内部控制等具体情况，并在通用的存货监盘程序基础上，设计关于特殊类型存货监盘的具体审计程序。

表 10-1　特殊类型存货的监盘程序

存货类型	盘点方法与潜在问题	可供实施的审计程序
木材、钢筋盘条、管子	通常无标签，但在盘点时会做上标记或用粉笔标识；难以确定存货的数量或等级	检查标记或标识；利用专家或被审计单位内部有经验人员的工作
堆积型存货(比如糖、煤、钢废料)	通常既无标签也不做标记；在估计存货数量时存在困难	运用工程估测、几何计算、高空勘测，并依赖详细的存货记录
使用磅秤测量的存货	在估计存货数量时存在困难	在监盘前和监盘过程中均应检验磅秤的精准度，并留意磅秤的位置移动与重新调校程序；将检查和重新称量程序相结合；检查称量尺度的换算问题
散装物品(如贮窖存货，使用桶、箱、罐、槽等容器储存的液体、气体、谷类粮食、流体存货等)	在盘点时通常难以加以识别和确定；在估计存货数量时存在困难；在确定存货质量时存在困难	使用容器进行监盘或通过预先编号的清单列表加以确定；使用浸蘸、测量棒、工程报告以及依赖永续存货记录；选择样品进行化验与分析，或利用专家的工作

续表

存货类型	盘点方法与潜在问题	可供实施的审计程序
贵金属、石器、艺术品与收藏品	在存货辨认与质量确定方面存在困难	选择样品进行化验与分析，或利用专家的工作
生产纸浆用木材、牲畜	在存货辨认与数量确定方面存在困难；可能无法对此类存货的移动实施控制	通过高空摄影以确定其存在，对不同时点的数量进行比较，并依赖永续存货记录

4) 存货监盘结束前的工作

在存货监盘结束前，注册会计师应当实施下列审计程序：再次观察盘点现场，以确定所有应纳入盘点范围的存货是否均已盘点；检查已填用、作废及未使用盘点表单的号码记录，确定其是否连续编号，查明已发放的表单是否均已收回，并与存货盘点的汇总记录进行核对；复核盘点结果汇总记录，评估其是否正确地反映了实际盘点结果。

如果存货盘点日不是资产负债表日，注册会计师应确定盘点日与资产负债表日之间的存货变动是否已作恰当记录。

如果被审计单位永续盘存记录与存货盘点结果之间出现重大差异，注册会计师应追加审计程序，查明原因，并检查永续盘存记录是否已作适当的调整。注册会计师还应通过询问被审计单位的有关人员，了解盘点差异产生的原因，对被审计单位的询问答复，注册会计师应当确定其合理性，并考虑获取相关证据。如果无法获取满意的解释和证据，注册会计师应评价盘点差异对财务报表的潜在影响。

注册会计师在实施存货监盘程序后，如果认为被审计单位对某项存货的盘点方式及其结果不可信赖，应当提请盘点人员对该项存货进行重新盘点；如果认为盘点结果在总体上是不可依赖的，应当提请被审计单位重新组织安排整个盘点工作。

4. 特殊情况的处理

特殊情况的处理具体如下。

(1) 在存货盘点现场实施存货监盘不可行。

如果由于被审计单位存货的性质或存放地点等原因导致无法实施存货监盘，如存货涉及保密问题，存货系危害性物质，或由于存货所处的特殊位置，如在途存货。注册会计师应当实施替代审计程序，获取有关期末存货数量和状况的充分、适当的审计证据。注册会计师实施的替代审计程序主要包括：检查进货交易凭证或生产记录以及其他相关资料；检查资产负债表日后发生的销货交易凭证；向客户或供应商函证。

(2) 因不可预见因素导致无法在预定日期实施存货监盘。

由于不可预见因素而可能导致无法在预定日期实施存货监盘，两种比较典型的情况是：注册会计师无法亲临现场，即由于不可抗力导致其无法到达存货存放地实施存货监盘；气候因素，即由于恶劣的天气导致注册会计师无法实施存货监盘程序，或由于恶劣的天气无法观察存货，如木材被积雪覆盖。

如果由于不可预见的情况无法在存货盘点现场实施监盘，注册会计师应当另择日期实施监盘，并对间隔期内发生的交易实施审计程序。

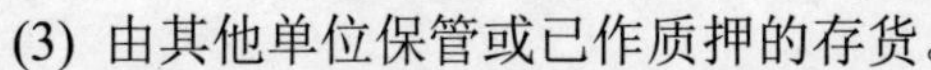

(3) 由其他单位保管或已作质押的存货。

对被审计单位委托其他单位保管的或已作质押的存货，注册会计师应当向保管人或债权人函证。如果此类存货的金额占流动资产或总资产的比例较大，注册会计师还应当考虑实施存货监盘或利用其他注册会计师的工作。

如果被审计单位将存货存放于其他单位，注册会计师通常需要向该单位获取委托代管存货的书面确认函。如果存货已被质押，注册会计师应当向债权人询证与被质押存货有关的内容。对于此类存货，通常还应当检查被审计单位的相关会计记录和可能设置的备查记录。如果此类存货比较重要，注册会计师应当考虑与被审计单位讨论其对委托代管存货或已作质押存货的控制程序，并考虑对此类存货实施监盘程序，或聘请其他注册会计师实施监盘程序。

(四)存货计价测试

存货监盘程序主要是对存货的结存数量予以确认，为验证财务报表中存货金额的准确性，还应当对存货的计价进行审计。存货计价审计表如表 10-2 所示。

表 10-2 存货计价审计表

日期	品名及规格	购 入			发 出			余 额		
		数量	单价	金额	数量	单价	金额	数量	单价	金额

1．计价方法说明：

2．情况说明及审计结论：

1．样本的选择

实施计价审计的样本，应从存货数量已经盘点、单价和总金额已经记入存货汇总表的结存存货中选择。选择样本时应着重选择结存余额较大且价格变化比较频繁的项目，同时考虑所选样本的代表性。抽样方法一般采用分层抽样法，抽样规模应足以推断总体的情况。

2．计价方法的确认

存货的计价方法多种多样，被审计单位应结合企业会计准则的基本要求选择符合自身特点的方法。注册会计师应了解掌握被审计单位的存货计价方法，还应对这种计价方法的合理性与一贯性予以关注。没有足够理由，计价方法在同一会计年度内不得变动。企业应当采用先进先出法、加权平均法或者个别计价法确定发出存货的实际成本。对于性质和用途相似的存货，应当采用相同的成本计算方法确定发出存货的成本。对于不能替代使用的存货、为特定项目专门购入或制造的存货以及提供劳务的成本，通常采用个别计价法确定发出存货的成本。

3. 计价测试

进行计价测试时，注册会计师首先应对存货价格的组成内容予以审核，然后按照所了解的计价方法对所选择的存货样本进行计价测试。测试时，应尽量排除被审计单位已有计算程序和结果的影响，进行独立测试。待测试结果出来后，应与被审计单位账面记录对比，编制对比分析表，分析形成差异的原因。如果差异过大，应扩大测试范围，并根据审计结果考虑是否提出审计调整建议。

在存货计价测试中，由于被审计单位对期末存货采用成本与可变现净值孰低的方法计价，因此注册会计师应充分关注被审计单位对存货可变现净值的确定及存货跌价准备的计提。当存在下列情况之一时，企业应计提存货跌价准备：①市价持续下跌，并且在可预见的未来无回升的希望；②企业使用该项原材料生产的产品成本大于产品的销售价格；③企业因产品更新换代，原有库存原材料已不适应新产品的需要，而该原材料的市场价格又低于其账面成本；④因企业所提供的商品或劳务过时或消费者偏好改变而使市场的需求发生变化，导致市场价格逐步下跌；⑤其他足以证明该项存货实质上已经发生减值的情形。

注册会计师应当审查被审计单位计提跌价准备的存货是否符合上述情况，存货跌价准备的计提是否合理，可变现净值的确定是否适当，对金额较大的存货是否按单项计提跌价准备。

【例 10-2】

A 公司为何不计提存货跌价准备

A 公司 2019 年 12 月 31 日库存甲机器 10 台，成本(不含增值税)为 200 万元，单位成本为 20 万元。该批甲机器全部销售给 B 公司。与 B 公司签订的销售合同约定，2020 年 1 月 20 日，A 公司应按每台 19.5 万元的价格(不含增值税)向 B 公司提供甲机器 10 台。A 公司销售部门提供的资料表明，向长期客户——B 公司销售的甲机器的运杂费等销售费用为 0.11 万元/台。审计人员在进行年度财务报表审计时发现，A 公司对甲机器未计提存货跌价准备。

分析提示：

企业少提或不提存货跌价准备可以增加利润和提高企业流动比率。

在本例中，能够证明甲机器的可变现净值的确凿证据是 A 公司与 B 公司签订的有关甲机器的销售合同、账簿记录和 A 公司销售部门提供的有关销售费用的资料等。根据该销售合同规定，库存的 10 台甲机器的销售价格全部由销售合同约定。

在这种情况下，甲机器的可变现净值应以销售合同约定的价格 19.5 万元/台为基础确定。据此，甲机器的可变现净值=19.5 × 10−0.11 × 10=200-1.1=193.9 万元，低于甲机器的成本(200 万元)，应按其差额 6.1 万元计提存货跌价准备(假定以前未对甲机器计提存货跌价准备)，而 A 公司未计提存货跌价准备，审计人员应建议该公司计提存货跌价准备 6.1 万元，并作相应的调账处理。

(五)存货截止测试

所谓存货截止测试，就是检查存货实物纳入盘点范围的时间与存货引起的借贷双方会计科目的入账时间是否处于同一会计期间。存货截止测试包括购货测试和销售测试两个方面。销售截止测试在销售与收款循环中详细阐述，这里只讨论购货截止测试。

购货截止测试的目的是查明存货有无跨期现象，验证期末存货的存在和完整性。购货截止测试的关键是审查购货交易的存货实物与相应的会计记录的入账时间是否在同一会计期间。其测试的主要方法为：抽查资产负债表日前后若干天的购货发票和验收报告，确定购货验收与存货和负债记录是否在同一会计期间。如资产负债表日前购进的货物已验收入库，则其相应的购货发票也应同期入账；如资产负债表日前已入账的购货发票，且货款已支付，即便相应的购入存货在资产负债表日后验收入库，也属于本期存货。

注册会计师在对期末存货进行截止测试时，通常应当关注：

(1) 所有在截止日以前入库的存货项目是否均已包括在盘点范围内，并已反映在截止日以前的会计记录中。

(2) 所有在截止日以前装运出库的存货项目是否均未包括在盘点范围内，且未包括在截止日的存货账面余额中；任何在截止日期以后装运出库的存货项目是否均已包括在盘点范围内，并已包括在截止日的存货账面余额中。

(3) 所有已确认为销售但尚未装运出库的商品是否均未包括在盘点范围内，且未包括在截止日的存货账面余额中。

(4) 所有已记录为购货但尚未入库的存货是否均已包括在盘点范围内，并已反映在会计记录中。

(5) 在途存货和被审计单位直接向客户发运的存货是否均已得到了适当的会计处理。

例如，当年 12 月 31 日购入货物，并已包括在当年 12 月 31 日的实物盘点范围内，而购货发票是次年 1 月 5 日才收到，并记入次年 1 月份的账内，当年 12 月份并无进货和对应的负债记录，这就少计了存货和应付账款。相反，如果在当年 12 月 31 日就收到一张购货发票，并记入当年 12 月份账内，而这张发票所对应的存货实物却在次年 1 月 5 日才收到，未包括在当年年底的盘点范围内，这样就有可能导致企业虚减本年的利润。由此可见，注册会计师在对期末存货进行测试时，应当获取被审计单位盘点日前后有关存货收发或转移的凭证，并关注业务处理是否恰当。

【例 10-3】

存货盘点存在的问题

注册会计师王某在对 XYZ 公司资产负债表中的存货项目进行审计时，发现接近资产负债表日时存在下列问题。

(1) 年末存货实地盘点时将其他单位寄存代销的物品误计其中。

(2) 实际有 500 件，年末盘点时误记为 100 件。

(3) 某物品销售时未作销售记录，因其实物尚存在仓库，已将其列入期末存货中。

(4) 某物品销售时未作销售记录，仅仅结转了销售成本。

要求：根据以上资料，逐一分析这些错误对本期财务报表所产生的影响。

分析要点：

(1) 由于其他单位寄存代销的物品误计入期末存货中，使存货项目高估，本期利润虚增。

(2) 由于盘点时存货少计，影响到存货项目低估和本期利润虚减。

(3) 由于销售时未及时做销售收入和销售成本处理，并将所有权已转移的货物计入期末存货，最终使应收账款项目低估、存货项目高估，销售收入、销售成本和本期利润虚减。

(4) 由于仅仅是结转了销售成本而未记录销售收入，最终导致应收账款项目低估、销售收入和本期利润虚减。

(六)确定存货在财务报表中的披露是否恰当

财务报表附注通常应说明各类存货的期初和期末账面价值；确定发出存货所采用的计价方法；存货可变现净值的确定依据，存货跌价准备的计提方法及计提情况；用于抵押或担保的存货情况。

第四节　其他相关账户审计

一、主营业务成本的审计

主营业务成本是指企业对外销售商品、提供劳务等主营业务活动所发生的实际成本。以一般制造业的产成品销售为例，它是由期初库存产品成本加上本期入库产品成本，再减去期末库存产品成本求得的。对主营业务成本的审计，应通过审阅主营业务收入明细账、产成品明细账等记录并核对有关的原始凭证和记账凭证进行。其实质性程序主要包括：

(1) 获取或编制主营业务成本明细表，复核加计是否正确，并与总账数和明细账合计数核对是否相符，结合其他业务成本与营业成本报表数核对是否相符。

(2) 编制生产成本及主营业务成本倒轧表(如表 10-3 所示)，与总账核对相符。

表 10-3　生产成本及主营业务成本倒轧表

被审计单位名称：　　编制人：　　日期：　　页次：

会计期间：　　复核人：　　日期：　　索引号：

项　目	未 审 数	调整或重分类金额	审 定 数
原材料期初余额			
加：本期购进			
减：原材料期末余额			
其他发出额			
直接材料成本			
加：直接人工成本			
制造费用			
生产成本			
加：在产品期初余额			
减：在产品期末余额			
产品生产成本			
加：产成品期初余额			
减：产成品期末余额			
主营业务成本			
审计结论：			

(3) 检查主营业务成本的内容和计算方法是否符合会计准则的规定，前后期是否一致。

(4) 对主营业务成本实施分析程序：

① 将本期的主营业务成本与上期的主营业务成本进行比较，分析主营业务成本及其构成的变动是否异常，并分析变动的原因；

② 计算本期重要产品的毛利率，与上期数据比较，检查是否存在重大变动并查明原因；

③ 比较本期各月各类主营业务成本的波动情况，分析其变动趋势是否正常，查明重大波动的原因；

④ 将本期重要产品的毛利率与同行业进行比较，检查是否存在异常。

(5) 抽取若干月份的主营业务成本结转明细清单，结合生产成本的审计，检查主营业务成本结转数的正确性，比较计入主营业务成本的商品品种、规格、数量与计入主营业务收入的口径是否一致，是否符合配比原则。

(6) 检查主营业务成本账户中的重大调整事项(如销售退回等)是否有充分理由，会计处理是否正确。

(7) 检查主营业务成本在财务报表中的披露是否恰当。

二、应付职工薪酬的审计

职工薪酬是指企业为获得职工提供的服务而给予各种形式的报酬以及其他相关支出。职工薪酬包括：职工工资、奖金、津贴和补贴；职工福利费；医疗保险、养老保险、失业保险、工伤保险和生育保险等社会保险费；住房公积金；工会经费和职工教育经费；非货币性福利等。

职工薪酬费用在成本费用中所占比重较大，职工薪酬的计算错误，可能影响成本费用和利润的正确性。另外，职工薪酬可能采用现金形式支付，相对于其他业务来说更容易发生错误和舞弊行为。所以，注册会计师应重视对职工薪酬的审计。

(一)应付职工薪酬的审计目标

应付职工薪酬的审计目标一般包括：

(1) 确定资产负债表中的应付职工薪酬是否存在；

(2) 确定所有应当记录的应付职工薪酬是否均已记录；

(3) 确定记录的应付职工薪酬是否为被审计单位应当履行的现时义务；

(4) 确定应付职工薪酬是否以恰当的金额包括在财务报表中；

(5) 确定应付职工薪酬是否在财务报表中恰当披露。

(二)应付职工薪酬审计的实质性程序

应付职工薪酬审计的实质性程序具体如下。

(1) 获取或编制应付职工薪酬明细表，复核加计正确，并与报表数、总账数和明细账合计数核对是否相符。

(2) 实施实质性分析程序。

① 将本期职工薪酬总额与上期进行比较，要求被审计单位解释其增减变动原因，或取

得公司管理层关于员工工薪标准的决议。

② 检查本期各月职工薪酬的发生额是否有异常波动，若有，则要求被审计单位予以解释。

③ 结合员工社保缴纳情况，明确被审计单位员工范围，检查是否与关联公司员工工薪混淆列支。

④ 核对下列相关数据：工薪部门记录的工薪支出与出纳记录的工薪支出数；工薪部门记录的工时与生产部门记录的工时。

(3) 检查职工薪酬的计提是否正确；检查工薪的分配方法是否与上期一致，并将应付职工薪酬计提数与相关的成本、费用项目核对一致；检查工薪发放金额是否正确，代扣的款项及其金额是否正确；检查是否存在属于拖欠性质的职工薪酬，并了解拖欠原因。

(4) 抽查应付职工薪酬的支付凭证，确定工资、奖金、津贴的计算是否符合有关规定，依据是否充分，有无授权批准和领款人签章，是否按规定代扣款项，相应的会计处理是否正确。

(5) 检查社会保险费、住房公积金、工会经费和职工教育经费等计提和支出的会计处理是否正确，依据是否充分。

(6) 检查应付职工薪酬在财务报表中的披露是否恰当。

本 章 小 结

生产与存货循环审计的内容主要是存货的管理及生产成本的计算等。该循环所涉及的财务报表项目主要是存货、营业成本、应付职工薪酬等。以一般制造业为例，生产与存货循环涉及的主要业务活动包括计划和安排生产、发出原材料、生产产品、核算产品成本、储存产成品、发出产成品等。生产与存货循环涉及的主要凭证和会计记录主要包括生产通知单、领发料凭证、产量和工时记录、材料费用分配表、工薪费用分配表、制造费用分配表、成本计算单和存货明细账等。

生产与存货循环的内部控制主要包括存货的实物流转程序控制、成本费用控制和工薪的内部控制。由于企业存货具有品种多、数量大、流动性强等特点，存货的管理尤其需要健全有效的内部控制。生产与存货循环的控制测试是在了解内部控制的基础上，对其执行的有效性进行测试，以确定制定的内部控制与实际执行的结果是否相符。

存货实质性程序的重点是存货监盘、存货计价测试和存货截止测试。存货监盘是指注册会计师现场观察被审计单位存货的盘点，并对已盘点的存货进行适当检查。注册会计师监盘存货的目的在于获取有关存货数量和状况的审计证据。存货监盘过程中需要关注特殊类型存货的监盘，关注对于特殊情况的处理。

存货监盘程序主要是对存货的结存数量予以确认，为验证财务报表中存货金额的准确性，还应当对存货的计价进行测试。存货截止测试的目的是查明存货有无跨期现象，验证期末存货的存在和完整性。存货截止测试的关键是审查购货交易的存货实物与相应的会计记录的入账时间是否在同一会计期间。

自 测 题

1. 生产与存货循环的主要业务活动包括哪些内容？
2. 生产与存货循环的内部控制包括哪些主要内容？
3. 简述存货监盘的含义。
4. 简述存货监盘的主要流程。
5. 针对存货监盘中的特殊情况如何处理？
6. 如何审计应付职工薪酬？

案 例 分 析

存货的“奥秘”

一、法尔莫公司的案例介绍

自获得第一家药店开始，莫纳斯就梦想着把他的小店发展成一个庞大的药品帝国。其所实施的策略就是他所谓的“强力购买”，即通过提供大比例折扣来销售商品。莫纳斯首先做的就是把实际上并不盈利且未经审计的药店报表拿来，用自己的笔为其加上并不存在的存货和利润。然后凭着自己空谈的天分及一套夸大了的报表，在一年之内骗得了足够的投资用以收购了 8 家药店，奠定了他的小型药品帝国的基础。这个帝国后来发展到了拥有 300 家连锁店的规模。一时间，莫纳斯成为金融领域的风云人物，他的公司——法尔莫公司则在阳土敦市赢得了令人崇拜的地位。

在一次偶然的机会导致这个精心设计的、至少引起 5 亿美元损失的财务舞弊事件浮出水面之时，莫纳斯和他的公司炮制虚假利润已达十年之久，这实在并非一件容易的事。当时法尔莫公司的财务总监认为因公司以低于成本出售商品而招致了严重的损失，但是莫纳斯认为通过“强力购买”，公司完全可以发展得足够大以使得它能顺利地坚持它的销售方式。最终在莫纳斯的强大压力下，这位财务总监卷入了这起舞弊案件。在随后的数年之中，他和他的几位下属保持了两套账簿，一套用以应付注册会计师的审计，一套反映糟糕的现实。

他们先将所有的损失归入一个所谓的“水桶账户”，然后再将该账户的金额通过虚增存货的方式重新分到公司的数百家成员药店中。他们仿造购货发票、制造增加存货并减少销售成本的虚假记账凭证、确认购货却不同时确认负债、多计或加倍计算存货的数量。财务部门之所以可以隐瞒存货短缺是因为注册会计师只对 300 家药店中的 4 家进行存货监盘，而且他们会提前数月通知法尔莫公司他们将检查哪些药店。管理人员随之将那 4 家药店堆满实物存货，而把那些虚增的部分分配到其余的 296 家药店。如果不考虑其会计造假，法尔莫公司实际已濒临破产。在最近一次审计中，其现金已紧缺到供应商因其未能及时支付购货款而威胁取消对其供货的地步。

注册会计师们一直未能发现这起舞弊，他们为此付出了高昂的代价。这项审计失败使会计师事务所在民事诉讼中损失了 3 亿美元。那位财务总监被判 33 个月的监禁，莫纳斯本

人则被判入狱5年。

二、案例分析：如何识别存货舞弊

为何注册会计师们一直未能发现法尔莫公司舞弊的迹象呢？或许，他们可能太信任他们的客户了。他们从报纸上阅读到关于它的文章，从电视中看到关于莫纳斯努力奋斗的报道，从而为这种欺骗性的宣传付出了代价；他们也可能是在错误的假设下执行审计，即认为他们的客户没有进行会计报表舞弊的动机，因为它正在大把大把地赚钱。回顾整个事件，只要任何人问一下这样一个基本的问题，即"一个以低于成本出售商品的公司怎能赚钱？"注册会计师们或许就能够发现这起舞弊事件。

此案件给我们敲响了警钟，存货审计是如此的重要，也是如此的复杂，使得存货舞弊并非仅凭简单的监盘就可查出。不过，如果注册会计师能够弄清这些欺骗性操纵是如何进行的，对于发现这些舞弊将会大有帮助，这就意味着注册会计师必须掌握识别存货舞弊的技术。

1. 存货价值的操纵手法

存货的价值确定涉及两个要素：数量和价格。确定现有存货的数量常常比较困难，因为货物总是在不断地被购入和销售；不断地在不同存放地点间转移以及投入到生产过程之中。存货单位价格的计算同样可能存在问题，因为采用先进先出法、平均成本法以及其他的计价方法所计算出来的存货价值将不可避免地存在较大的差异。正因如此，复杂的存货账户体系往往成为极具吸引力的舞弊对象。

不诚实的企业常常利用以下几种方法的组合来进行存货造假：虚构不存在的存货，存货盘点操纵，以及错误的存货资本化。所有这些精心设计的方案有一个共同的目的，即虚增存货的价值。

2. 盘点的局限性

证实存货数量的最有效途径是对其进行整体盘点。注册会计师必须合理、周密地安排盘点程序并谨慎地予以执行。盘点的时间应尽量接近年终结账日。在盘点时应尽可能采取措施以提高盘点的有效性，比如各存放点同时盘点、停止存货流动以及盘点数额达到合理的比例等。不过，即使注册会计师谨慎地执行了该程序，也不能保证发现所有重大的舞弊。这是因为存货的盘点测试存在着局限性。

3. 通过分析程序识别可能的存货舞弊

一个不诚实的客户可通过多种途径去操纵存货信息。注册会计师必须从多种思维角度去看待那些数据，以最大可能地发现有关的舞弊行为。不仅要推测舞弊是如何进行的，而且要推测客户为什么要舞弊以及客户为什么要将这种违规做法作为首要的选择。也就是说，注册会计师要对管理层进行重大存货舞弊的动机和机会进行评估以发现资产造假行为。

客户进行舞弊的动机可谓多种多样，对其进行分析并在执行审计过程中予以考虑将有助于发现可能的舞弊。

三、对注册会计师行业的启示和教训

存货项目由于其自身的复杂性早已成为舞弊者趋之若鹜的理想对象，同时也引起了注册会计师的特别关注。然而，由于审计局限性的存在、注册会计师的疏忽以及客户管理层舞弊技术的提高，依然有不少会计师事务所在存货审计中吃尽苦头。法尔莫公司案就是一个很好的证明。所谓"魔高一尺，道高一丈"，注册会计师只要不断地吸取昔日教训，努力完善审计技术，切实提高查处舞弊的能力，就必定能将存货审计失败的风险降至最低。

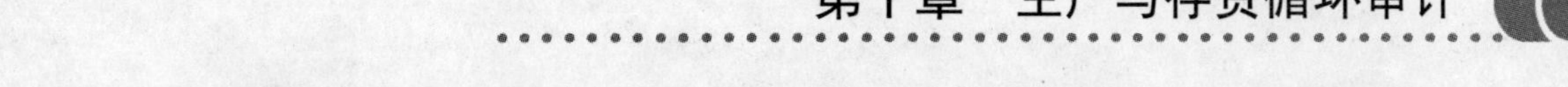

那么，从法尔莫案件中我们能得到怎样的启示和教训呢？

1. 对舞弊的动机和机会予以充分关注

由于舞弊存在被发现的风险以及道德方面的压力，也就是说舞弊亦有成本，因此在正常情况下，理性的人宁愿尊重客观事实。不过，一旦面临某种压力和诱惑，客户舞弊的冲动会变得强烈。法尔莫公司正是由于亏损的压力以及莫纳斯急欲筹资扩张的欲望才铤而走险，走上了造假的不归之路。可见，注册会计师对舞弊的动机进行分析有助于降低审计风险。

2. 重视分析性程序的应用

鉴于盘点程序具有局限性，注册会计师无法指望通过盘点解决所有的问题。若想发现舞弊的蛛丝马迹，分析性程序不啻为一种十分有效的审计方法。这一程序从整体的角度对客户提供的各种具有内在钩稽关系的数据进行对比分析，有助于发现重大误差。如前文所述，由于存货造假会使有些项目出现异常，因而对存货与销售收入、总资产、运输成本等项目进行比例和趋势分析，并对那些异常的项目进行追查，就很可能揭示出重大的舞弊。

3. 重要性原则的恰当应用

重要性原则是审计工作中的一个重要原则，对于资产负债表中占有重要比例的项目，注册会计师必须特别予以关注，尤其对那些内部控制制度较为薄弱而在资产负债表中又占有相当比重的项目，就不能采用一般的常规审计程序，而应实施特别的详查方法。对于法尔莫公司这样一个商业企业，存货应是极其重要的项目。注册会计师本应针对存货设计特别的抽查或详查程序，而事实上却只采取了例行的提前数月通知，少量抽样的常规盘点程序，正是这种简单的处理使得莫纳斯等人有了可乘之机。

4. 对注册会计师进行专职培训，以提高查找资产舞弊的能力

通过上述案例分析，我们应该看到审计客户的舞弊水平在不断提高，其手段从简单的违纪违规转向了有预谋、有组织的技术造假；从单纯的账簿造假转向了从传票到报表的全面会计资料造假。同时，舞弊人员的反查处意识增强，对审计人员的常用审计方法有所了解和掌握。因而，仅靠以前简单的方法已不能满足当前的需要。为能够胜任专业工作，注册会计师必须不断提高自身查处舞弊的能力。所以，为维护注册会计师行业的健康发展，使会计师事务所减少诉讼的风险，职业团体应对注册会计师进行专职培训，以提高查找资产舞弊的能力。

(资料来源：张加学，李若山. 财务与会计. 北京：中国财政杂志社，2002)

问题：

为何注册会计师一直未能发现法尔莫公司存货舞弊的迹象呢？

第十一章　货币资金审计

【学习目标及要点】

本章是审计实务的重要内容之一。通过本章的学习，应了解货币资金与各业务循环的关系，掌握货币资金内部控制的主要内容，熟悉货币资金控制测试的方法，掌握库存现金的审计目标和实质性程序，掌握银行存款的审计目标和实质性程序。

【引例】　“康美药业们”收到顶格处罚仅仅是开始

从曾经风光无限的千亿市值白马股，到如今人人喊打的造假股，康美药业的演变令人触目惊心。

“康美药业有预谋、有组织，长期、系统地实施财务造假行为，恶意欺骗投资者，影响极为恶劣，后果特别严重。” 8月16日，中国证监会新闻发言人对康美药业涉嫌财务造假案的严厉表述再次让市场震惊于其造假的“胆量”！

经中国证监会查明，康美药业《2016年年度报告》虚增货币资金225.8亿元，占公司披露总资产的41.13%和净资产的76.74%；《2017年年度报告》虚增货币资金299.4亿元，占公司披露总资产的43.57%和净资产的93.18%;《2018年半年度报告》虚增货币资金361.9亿元，占公司披露总资产的45.96%和净资产的108.24%。

三年竟然虚增货币资金887亿元!这个造假数字之大着实让笔者震惊，作为一家上市公司，竟然如此无视法律和众多投资者的权益，丧失诚信底线，公然、有预谋地长期造假，对这类公司一定要严惩狠罚。

虽然中国证监会发布的行政处罚告知书显示，对康美药业和相关当事人进行了行政处罚及市场禁入等顶格处罚，但笔者认为，行政处罚只是开始，对于这种有预谋的、长期的造假行为必须要追究其刑事责任。

这可以借鉴一下成熟市场的经验。例如，美国股市对于上市公司造假行为的处罚就非常严厉，上市公司宁愿选择退市也不愿意造假。2002年，美国出台了《萨班斯法案》，根据该法案规定：对编制违法违规财务报告的刑事责任，最高可处500万美元罚款或者20年监禁；篡改文件的刑事责任，最高可处20年监禁；证券欺诈的刑事责任，最高可处25年监禁。

另外，笔者认为，在对康美药业严查严罚的同时，也要对康美药业的财务审计机构。会计师事务所进行调查，这么严重的、明显的造假行为，中介机构是否存在玩忽职守？为造假行为大开方便之门？

笔者认为，市场中的各类主体，不管是上市公司还是中介机构必须谨记和坚持“四个敬畏”：敬畏市场；敬畏法治；敬畏专业；敬畏投资者。“四个敬畏”也是与市场共生的基本法则。因为任何与市场规律和法律法规对抗、不敬畏风险、伤害投资者的行为，最终必然会受到市场和法律的惩罚。

(资料来源：证券日报/2019年/8月/19日/第C01 版)

第一节　货币资金审计概述

货币资金是企业资产的重要组成部分，包括库存现金、银行存款及其他货币资金，是企业资产中流动性最强的一种资产。任何企业进行生产经营活动都必须拥有一定数量的货币资金，持有货币资金是企业生产经营活动的基本条件。尽管货币资金在财务报表资产总额中所占的比重不大，但由于它具有流动性强、收付业务频繁，容易导致贪污、挪用等行为的发生，而且与其他交易或业务活动均有密切的联系，几乎各项资产、负债的增减变动和收入、费用的形成，最终都要反映为货币资金的收支，因而容易出现记账差错。因此，对货币资金的审计就显得很重要。

一、货币资金与业务循环之间的关系

企业资金营运过程，从资金流入企业形成货币资金开始，到通过销售收回货币资金、成本补偿确定利润、部分资金流出企业为止。企业资金的不断循环，构成企业的资金周转。

正是由于货币资金是企业生产经营活动的基本条件，因此也与企业各个业务循环直接相关，下面选取各业务循环中具有代表性的会计科目或报表项目，列示它们与货币资金之间的关系，如图 11-1 所示。

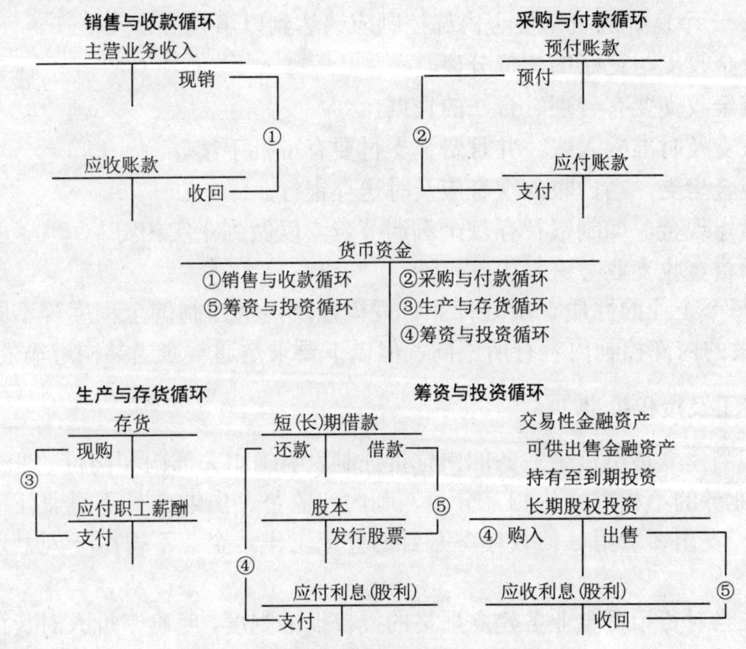

图 11-1　货币资金与业务循环的关系

二、货币资金涉及的主要凭证和会计记录

货币资金涉及的凭证和会计记录主要内容如下：

(1) 现金盘点表。

(2) 银行对账单。

(3) 银行存款余额调节表。

(4) 有关科目的记账凭证(如现金收付款凭证、银行收付款凭证)。

(5) 有关科目的会计账簿(如现金日记账、银行存款日记账)。

第二节　货币资金的内部控制及其测试

由于货币资金流动性强、业务量大，加之货币作为流通手段，在实务中存在舞弊的风险也很高。常见的有：截流各种现金收入，包括现销和应收账款中的收现；挪用资金、虚报冒领；出借账号、非法违规出借货币资金等。注册会计师应当结合对被审计单位的重大错报风险评估结果，确定“库存现金”“银行存款”“其他货币资金”账户余额的重大错报风险，同时考虑是否存在舞弊风险等特别风险。为评估重大错报风险，注册会计师必须首先实施风险评估程序，包括了解企业针对货币资金业务建立的内部控制制度。

一、货币资金的内部控制以及应共同遵循的要求

针对货币资金的以上特征，企业为了保证货币资金的安全完整，必须加强对货币资金的管理，建立良好的内部控制。

一般而言，一个良好的货币资金内部控制应该达到以下几点：

(1) 货币资金收支与记账的岗位分离。

(2) 货币资金收支要有合理、合法的凭据。

(3) 全部收支及时准确入账，并且资金支付要有审批手续。

(4) 控制现金坐支，当日收入现金应及时送存银行。

(5) 按月盘点现金，编制银行存款余额调节表，以做到账实相符。

(6) 对货币资金收支业务进行内部审计。

尽管由于每个企业的性质、所处行业、规模以及内部控制健全程度等不同，而使得其与货币资金相关的内部控制内容有所不同，但以下要求是通常应当共同遵循的。

1. 岗位分工及授权批准

(1) 企业应当建立货币资金业务的岗位责任制，明确相关部门和岗位的职责权限，确保办理货币资金业务的不相容岗位相互分离、制约和监督。出纳人员不得兼任稽核、会计档案保管和收入、支出、费用、债权债务账目的登记工作。企业不得由一人办理货币资金业务的全过程。

(2) 企业应当对货币资金业务建立严格的授权批准制度，明确审批人对货币资金业务的授权批准方式、权限、程序、责任和相关控制措施，规定经办人办理货币资金业务的职责范围和工作要求。审批人应当根据货币资金授权批准制度的规定，在授权范围内进行审批，不得超越审批权限。经办人应当在职责范围内，按照审批人的批准意见办理货币资金业务。对于审批人超越授权范围审批的货币资金业务，经办人员有权拒绝办理，并及时向审批人的上级授权部门报告。

(3) 企业应当按照规定的程序办理货币资金支付业务。

① 支付申请。企业有关部门或个人用款时，应当提前向审批人提交货币资金支付申请，注明款项的用途、金额、预算、支付方式等内容，并附有效经济合同或相关证明。

② 支付审批。审批人根据其职责、权限和相应程序对支付申请进行审批，审核付款业务的真实性、付款金额的准确性，以及原始凭证的合法性，对不符合规定的货币资金支付申请，审批人应当拒绝批准。

③ 支付复核。财务部门复核人应当对经审批人审批签字的相关凭证进行复核，再次复核货币资金业务的真实性，金额计算是否准确，相关凭证是否齐备，相关手续是否合法、完整，支付方式、支付企业是否妥当等。复核无误后，交由出纳人员办理支付手续。

④ 办理支付。出纳人员应当根据复核无误的支付申请，按规定办理货币资金支付手续，及时登记库存现金和银行存款日记账。

(4) 企业对于重要货币资金支付业务，应当实行集体决策和审批，并建立责任追究制度，防范贪污、侵占、挪用货币资金等行为。

(5) 严禁未经授权的机构或人员办理货币资金业务或直接接触货币资金。

2．现金和银行存款的管理

(1) 企业应当加强现金库存限额的管理，超过库存限额的现金应及时存入银行。

(2) 企业必须根据《现金管理暂行条例》的规定，结合本企业的实际情况，确定本企业现金的开支范围。不属于现金开支范围的业务应当通过银行办理转账结算。

(3) 企业现金收入应当及时存入银行，不得用于直接支付企业自身的支出。因特殊情况需坐支现金的，应事先报经开户银行审查批准，由开户银行核定坐支范围和限额。

企业借出款项必须执行严格的授权批准程序，严禁擅自挪用、借出货币资金。

(4) 企业取得的货币资金收入必须及时入账，不得私设“小金库”，不得账外设账，严禁收款不入账。

(5) 企业应当定期和不定期地进行现金盘点，确保现金账面余额与实际库存相符。发现不符，及时查明原因并做出处理。

(6) 企业应当严格按照《支付结算办法》等国家有关规定，加强银行账户的管理，严格按照规定开立账户，办理存款、取款和结算。

企业应当定期检查、清理银行账户的开立及使用情况，发现问题应及时处理。

企业应当加强对银行结算凭证的填制、传递及保管等环节的管理与控制。

(7) 企业应当严格遵守银行结算纪律，不准签发没有资金保证的票据或远期支票，套取银行信用；不准签发、取得和转让没有真实交易和债权债务的票据，套取银行和他人资金；不准违反规定开立和使用银行账户。

(8) 企业应当指定专人定期核对银行账户(每月至少核对一次)，编制银行存款余额调节表，使银行存款账面余额与银行对账单调节相符。如调节不符，应查明原因，及时处理。

3．票据及有关印章的管理

(1) 企业应当加强与货币资金相关的票据的管理，明确各种票据的购买、保管、领用、背书转让、注销等环节的职责权限和程序，并专设登记簿进行记录，防止空白票据的遗失和被盗用。

(2) 企业应当加强银行预留印鉴的管理。财务专用章应由专人保管，个人名章必须由本

人或其授权人员保管。严禁一人保管支付款项所需的全部印章。

4. 监督检查

(1) 企业应当建立对货币资金业务的监督检查制度，明确监督检查机构或人员的职责权限，定期和不定期地进行检查。

(2) 货币资金监督检查的内容主要包括以下几项。

① 货币资金业务相关岗位及人员的设置情况。重点检查是否存在货币资金业务不相容职务混岗的现象。

② 货币资金授权批准制度的执行情况。重点检查货币资金支出的授权批准手续是否健全，是否存在越权审批行为。

③ 支付款项印章的保管情况。重点检查是否存在办理付款业务所需的全部印章交由一人保管的现象。

④ 票据的保管情况。重点检查票据的购买、领用、保管手续是否健全，票据保管是否存在漏洞。

(3) 对监督检查过程中发现的货币资金内部控制中的薄弱环节，应当及时采取措施，加以纠正和完善。

二、了解货币资金的内部控制

1. 通常实施的程序

在审计过程中，为了评估与货币资金的交易、余额和列报相关认定的重大错报风险，注册会计师应了解与货币资金相关的内部控制。注册会计师通常实施以下程序，以了解与货币资金相关的内部控制：

(1) 询问被审计单位参与货币资金业务活动的人员，如销售部门、采购部门和财务部门的管理人员和员工。

(2) 观察货币资金业务流程中控制的执行情况，例如观察被审计单位的出纳人员如何进行现金盘点。

(3) 检查相关的文件和资料，例如检查银行余额调节表是否恰当编制，以及其中的调节项是否经会计主管的恰当复核等。

(4) 实施穿行测试，即追踪货币资金业务在财务报告信息系统中的处理过程。通过实施穿行测试，注册会计师通常能获取充分的信息以评价控制的设计和执行。例如：选取一笔已收款的银行贷款，追踪该笔交易从借款预算审批直至收到银行贷款的整个过程。

2. 需要保持警觉的相关情形

在对货币资金内部控制了解的过程中，如果被审计单位存在以下事项或情形，可能表明货币资金存在重大错报风险，注册会计师需要保持警觉：

(1) 被审计单位的现金交易比例较高，并与其所在的行业常用的结算模式不同；

(2) 库存现金规模明显超过业务周转所需资金；

(3) 银行账户开立数量与企业实际的业务规模不匹配；

(4) 在没有经营业务的地区开立银行账户；

(5) 企业资金存放于管理层或员工个人账户；

(6) 货币资金收支金额与现金流量表不匹配；

(7) 不能提供银行对账单或银行存款余额调节表；

(8) 存在长期或大量银行未达账项；

(9) 银行存款日记账存在非正常转账的“一借一贷”；

(10) 违反货币资金存放和使用规定。

注册会计师对货币资金的内部控制进行了解，并对其重大错报风险进行评估之后，应对货币资金所涉及的控制风险作出初步评估。在对控制风险作出初步评估的时候，注册会计师应当遵循稳健性的原则，得出恰当的结论。如果控制风险不可接受，注册会计师无须进行控制测试，直接实施实质性程序。

三、货币资金的控制测试

在评估识别重大错报风险的基础上，注册会计师选取拟测试的内部控制并实施控制测试。以下举例说明注册会计师可能实施的内部控制测试程序。

(一)库存现金的控制测试

1. 现金付款的审批和复核

被审计单位针对现金付款审批作出以下内部控制要求：部门经理审批本部门的付款申请，审核付款业务是否真实发生、付款金额是否准确，以及后附的票据是否齐备，并在复核无误后签字认可。然后其他审批人根据其职责、权限和相应程序对支付申请进行审批，财务部门在安排付款前，财务经理再次复核经审批的付款申请及后附的相关凭证，如核对一致，进行签字认可并安排付款。针对该内部控制，注册会计师可以在选取适当样本的基础上实施以下控制测试程序：①询问相关业务部门的部门经理和财务经理在日常现金付款业务中执行的内部控制，以确定其是否与被审计单位内部控制政策规定保持一致。②观察财务经理复核付款申请的过程，是否核对了付款申请的用途、金额及后附的相关凭证，以及在核对无误后是否进行了签字确认。③重新核对经审批及复核的付款申请及其相关凭证，并检查是否经签字确认。

2. 现金盘点

针对被审计单位的现金盘点控制，注册会计师可以在选取适当样本的基础上实施以下控制测试程序。

(1) 在月末最后一天观察被审计单位的现金盘点，检查是否由指定的会计人员进行现金盘点。

(2) 观察现金盘点程序是否按照盘点计划的指令和程序执行，是否编制了现金盘点表并根据内部控制要求经财务部相关人员签字复核。

(3) 检查现金盘点表中记录的现金盘点余额是否与实际盘点金额保持一致。

(4) 检查现金盘点金额是否与现金日记账余额核对相符。

(5) 针对调节差异金额超过规定金额的调节项，检查是否查明原因并经财务经理批准后进行账务处理。

(二)银行存款的控制测试

在评估识别重大错报风险的基础上，注册会计师选取拟测试的内部控制并实施控制测试。以下举例说明注册会计师可能实施的内部控制测试程序。

1. 银行账户的开立、变更和注销

注册会计师可以实施以下控制测试程序：

(1) 询问会计主管被审计单位本年开户、变更、撤销的整体情况。

(2) 取得本年度账户开立、变更、撤销申请项目清单，检查清单的完整性，并在选取适当样本的基础上检查账户的开立、变更、撤销项目是否已经财务经理和总经理审批。

2. 银行付款的审批和复核

注册会计师可以在选取适当样本的基础上实施以下控制测试程序：①询问相关业务部门的部门经理和财务经理在日常银行付款业务中执行的内部控制，以确定是否与被审计单位内部控制政策规定保持一致。②观察财务经理复核付款申请的过程，是否核对了付款申请的用途、金额及后附的相关凭证，以及在核对无误后是否进行了签字确认。③重新核对经审批及复核的付款申请及其相关凭证，并检查是否经签字确认。

3. 编制银行存款余额调节表

注册会计师可以实施以下控制测试程序：

(1) 询问负责编制银行存款余额调节表的会计人员和会计主管，以确定其执行的内部控制是否与被审计单位内部控制政策规定保持一致，特别是针对未达账项的编制及审批流程。

(2) 针对选取的样本，检查银行存款余额调节表，查看调节表中记录的企业银行存款日记账余额是否与银行存款日记账余额保持一致、调节表中记录的银行对账单余额是否与被审计单位提供的银行对账单中的余额保持一致。

(3) 针对调节项目，检查是否经会计主管的签字复核。

(4) 针对大额未达账项进行期后付款的检查。

注册会计师在实施上述控制测试程序以后，即可对货币资金内部控制执行的有效性进行评价。评价时，注册会计师应首先确定货币资金内部控制可信赖的程度以及存在的薄弱环节和缺陷，然后据以确定在对货币资金实施实质性程序时可减少哪些环节的审计程序，哪些环节应当增加审计程序做重点检查，以降低审计风险。

第三节　库存现金审计

库存现金是企业根据现金管理制度规定留用的现款，我国对企业支付、收取和留存现金都有明确的规定，要求企业严格遵守和执行。同其他资产相比，企业的库存现金账户余额通常比较小，然而，由于现金是企业流动性最强的资产，收付业务繁多，企业发生的舞弊事件大多也与现金有关，因此，在审计过程中，必须把库存现金列为审计的重点。库存现金审计，对于现金管理制度的执行，维护结算纪律，揭露错误和舞弊行为，保护库存现金的安全，都具有十分重要的意义。

一、库存现金的审计目标

库存现金的审计目标一般包括以下方面：

(1) 确定被审计单位资产负债表中的库存现金在资产负债表日是否确实存在，是否为被审计单位所拥有或控制；

(2) 确定被审计单位所有应当记录的现金收支业务是否均已记录完毕，有无遗漏；

(3) 确定库存现金余额是否正确；

(4) 确定库存现金在财务报表中的披露是否恰当。

监盘库存现金.mp4

二、库存现金的实质性程序

1. 核对库存现金日记账与总账的余额是否相符

注册会计师测试现金余额的起点是核对库存现金日记账与总账的余额是否相符。如果不相符，应查明原因，必要时应建议被审计单位作出适当调整。

2. 监盘库存现金

监盘库存现金是证实资产负债表中所列库存现金是否存在的一项重要程序。

监盘库存现金通常包括对已收到但未存入银行的现金、零用金、找换金等的盘点。监盘库存现金的时间和人员应视被审计单位的具体情况而定，但必须有现金出纳员和被审计单位会计主管人员参加，并由注册会计师进行监盘。监盘库存现金的步骤与方法主要有：

(1) 制定库存现金监盘计划，确定监盘时间。对库存现金的监盘最好实施突击性检查，时间最好选择在上午上班前或下午下班时进行。盘点的范围一般包括被审计单位各部门经管的现金。在进行现金盘点前，应由出纳员将全部现金集中起来存入保险柜，必要时可加以封存。然后由出纳员把已办妥现金收付手续的收付款凭证登入库存现金日记账。如果被审计单位库存现金存放部门有两处或两处以上，应同时进行监盘。

(2) 审阅现金日记账并与现金收付凭证相核对。一方面检查库存现金日记账的记录与凭证的内容和金额是否相符；另一方面了解凭证日期与库存现金日记账日期是否相符或接近。

(3) 由出纳员根据库存现金日记账进行加计、累计数额，得出现金结余额。

(4) 盘点保险柜内的现金实存数，同时由审计人员编制“库存现金监盘表”，分币种、面值列示盘点金额。

(5) 将监盘金额与库存现金日记账余额进行核对，如有差异，应作出记录，要求被审计单位查明原因，必要时应提请被审计单位作出调整。

(6) 若有冲抵库存现金的借条、未提现支票、未作报销的原始凭证，应在“库存现金监盘表”中注明，必要时应提请被审计单位作出调整。

(7) 在非资产负债表日进行监盘时，应将监盘金额调整至资产负债表日的金额，并对资产负债表日至监盘日之间的库存现金变动情况实施审计程序。

3. 抽查大额库存现金收支

审计人员应抽查大额库存现金收支的原始凭证内容是否完整，有无授权批准，记账凭证与原始凭证是否相符，账务处理是否正确，是否记录于恰当的会计期间等项内容，如有与被审计单位生产经营业务无关的收支事项，应查明原因，并作相应的记录。

4. 检查库存现金收支的正确截止日期

被审计单位资产负债表中的库存现金数额，应当与资产负债表日的实有数额核对一致。因此，审计人员必须验证现金收支的截止日期。通常，审计人员可以对资产负债表日前后一段时期内的现金收付款凭证进行审计，以确定是否存在跨期事项。

5. 检查库存现金是否在资产负债表中恰当披露

根据有关规定，库存现金在资产负债表的“货币资金”项目中反映，审计人员应在实施上述审计程序后，确定库存现金账户的期末余额是否恰当，据以确定库存资金是否在资产负债表中恰当披露。

【例 11-1】

2020 年 1 月 18 日，光大会计师事务所的注册会计师刘丽华和韩硕对鸿发医药股份有限公司 2019 年 12 月 31 日的资产负债表进行审计。在审查资产负债表“货币资金”项目时，发现该公司库存现金为 1280.80 元。1 月 19 日上午 8 点，刘丽华和韩硕对该公司出纳员王晓峰所管理的现金进行监盘，同时该公司会计主管李俊在场。该公司 1 月 18 日现金日记账余额是 2 037.80 元，盘点结果如下。

(1) 现金实有数 897.80 元。

(2) 在保险柜中有如下凭证单据没有进行账务处理:

① 已收款未入账的凭证 3 张，金额合计 260 元。

② 借条两张，其中一张是职员张强 11 月 28 日预借差旅费 1200 元，领导已批准；另一张是职员李丽借据一张，金额 200 元，没有说明用途，也没有领导批准。

(3) 银行核定该公司现金限额为 1000 元。

(4) 经核对该公司 1 月 1 日至 1 月 18 日现金收付款凭证和现金日记账，1 月 1 日至 1 月 18 日收入现金 3412 元，支出现金 3595 元，核对无误。

要求：根据上述资料，编制库存现金监盘表，核实库存现金实有数，核实资产负债表中所列数据的正确性并提出审计意见。

分析提示：

该公司库存现金监盘表如表 11-1 所示。

表 11-1 库存现金监盘表

客户：鸿发医药股份有限公司　　编制：刘丽华　　日期：2020.1.19

财务报表日：2019 年 12 月 31 日　　复核：韩硕　　日期：2020.1.20

检查日期：2020 年 1 月 19 日　　单位：元

检查盘点记录			实有库存现金盘点记录		
项　目	项　次	金　额	面　额	张	金　额
上一日账面库存余额	1	2037.8	100 元	7	700
盘点日未记账凭证收入金额	2	260	50 元	3	150
盘点日未记账凭证支出金额	3	1200	20 元	2	40

续表

检查盘点记录				实有现金盘点记录		
项　目		项　次	金　额	面　额	张	金　额
盘点日账面应有金额		4=1+2-3	1097.8	10 元		
盘点实有库存现金数额		5	897.8	5 元	1	5
盘点日应有与实有差异		6=4-5	200	2 元	1	2
差异原因分析	白条抵库(张)		200	1 元		
				0.5 元	1	0.5
				0.2 元		
追溯调整	报表日至审计日库存现金付出总额		3595	0.1 元	3	0.3
	报表日至审计日库存现金收入总额		3412	其他		
	报表日库存现金应有余额		1080.8	合计		897.8
合计						

情况说明及审计结论

1. 账实不符。监盘日库存现金账面余额为 1 097.8 元，盘点实有库存现金 897.8 元，实存数比账面数少 200 元，原因有未经批准的白条 200 元，应及时查明原因，做出处理。

2. 白条抵库。出纳员以白条方式借出现金 200 元，抵充库存现金未入账，违反现金管理制度。

3. 超现金限额留存现金。核定库存现金限额为 1000 元，2019 年 12 月 31 日超限额 80.80 元，违反库存现金限额管理的有关规定。

4. 未及时登记现金日记账。应及时登记现金日记账，做到日清月结。

盘点人：王晓峰　　会计主管：李俊　　监盘人：刘丽华　　复核人：韩硕

第四节　银行存款审计

银行存款是企业存入银行或其他金融机构的各种存款。企业收入的款项，除国家另有规定外，都应在当日解缴银行。企业的一切开支，除规定可以用现金支付的款项外，都必须通过银行办理转账结算。银行存款与库存现金相比，其业务涉及面广、内容复杂、在货币资金中所占比重较大，是货币资金审计的重要组成部分。

一、银行存款的审计目标

银行存款的审计目标一般包括以下几个方面。

(1) 确定被审计单位资产负债表中的银行存款在资产负债表日是否确实存在，是否为被审计单位所拥有或控制。

(2) 确定被审计单位所有应当记录的银行存款收支业务是否均已记录完毕，有无遗漏。

(3) 确定银行存款的余额是否正确。

(4) 确定银行存款在财务报表中的披露是否恰当。

二、银行存款的实质性程序

银行存款的实质性程序主要包括以下内容。

1. 获取或编制银行存款余额明细表

注册会计师审计银行存款时，应获取或编制银行存款余额明细表，复核加计是否正确，并与总账数和日记账合计数核对是否相符，核对银行存款日记账与总账的余额是否相符。如果不相符，应查明原因，必要时应建议被审计单位作出适当调整。

2. 实施实质性分析程序

注册会计师应将本期的银行存款余额与上期余额进行比较，以发现是否存在重大变动，对异常差异进一步查明原因，确定审计重点。此外还应注意银行存款中定期存款所占的比例。了解被审计单位是否存在高息资金拆借，如存在高息资金拆借，应进一步分析拆出资金的安全性。了解存放于非银行金融机构的存款占银行存款的比例，分析这些资金的安全性。

3. 审查银行存款余额调节表

审查银行存款余额调节表(见表 11-2)是证实资产负债表中所列银行存款是否存在的重要程序。银行存款余额调节表通常由被审计单位根据不同的银行账户分别编制。

表 11-2　银行存款余额调节表

年　月　日

编制人：　　日期：　　索引号：

复核人：　　日期：　　页次：

户别：　　　　　　币别：

项　目
银行对账单余额(　年　月　日)
加：企业已收，银行尚未入账金额
其中：1. ________________元
2. ________________元
减：企业已付，银行尚未入账金额
其中：1. ________________元
2. ________________元
调整后银行对账单金额
企业银行存款日记账金额(　年　月　日)
加：银行已收，企业尚未入账金额
其中：1. ________________元
2. ________________元
减：银行已付，企业尚未入账金额
其中：1. ________________元
2. ________________元
调整后企业银行存款日记账金额

经办会计人员：(签字)　　　　会计主管：(签字)

注册会计师对银行存款余额调节表的审计主要包括：

(1) 检查调节表数据计算的正确性。包括核对银行对账单和银行存款日记账的余额，核对银行对账单和银行询证函回函是否一致，检查调节表中数据计算是否正确，调节后银行存款日记账余额与银行对账单余额是否一致。

(2) 验证未达账项的真实性。对于企业已收或已付、银行尚未入账的事项，检查相关收付款凭证，并取得期后银行对账单，确认未达账项是否存在，银行是否已于期后入账；对于银行已收或已付、企业尚未入账的事项，检查期后企业入账的收付款凭证，确认未达账项是否存在。

(3) 调查长期未达账项和异常项目。对于这种情况要进一步判断业务的真实性，注意有无利用未达账项来掩饰某些舞弊行为的情况。如果被审计单位的银行存款余额调节表存在大额或较长时间的未达账项，注册会计师应查明原因并确定是否需要提请被审计单位进行调整。

4. 函证银行存款余额

函证银行存款.mp4

银行函证程序是证实资产负债表所列银行存款是否存在的重要程序。通过向往来银行函证，注册会计师不仅可以了解企业资产的存在，还可以了解企业账面反映所欠银行债务的情况，并有助于发现企业未入账的银行借款和未披露的或有负债。

根据《中国注册会计师审计准则第 1312 号——函证》的规定，注册会计师应当对银行存款(包括零余额账户和在本期内注销的账户)、银行借款以及与金融机构往来的其他重要信息实施函证程序，除非有充分证据表明某一银行存款、借款及与金融机构往来的其他重要信息对财务报表不重要且与之相关的重大错报风险很低。如果不对这些项目实施函证程序，注册会计师应当在审计工作底稿中说明理由。

在对银行存款、借款以及与金融机构往来的其他重要信息进行函证时，注册会计师应当了解被审计单位实际存在的银行存款余额、借款余额以及抵押、质押及担保情况；对于零余额账户和在本期内注销的账户，注册会计师也应当实施函证，以防止被审计单位隐瞒银行存款或借款。银行询证函的具体参考格式如表 11-3 所示。

表 11-3 银行询证函

编号：

××(银行)：

本公司聘请的××会计师事务所正在对本公司××年度的财务报表进行审计，按照中国注册会计师审计准则的要求，应当询证本公司与贵行相关的信息。下列信息出自本公司的记录，如与贵行记录相符，请在本函下端“信息证明无误”处签章证明；如有不符，请在“信息不符”处列明不符项目及具体内容。如存在与本公司有关的未列入本函的其他项目，请在“信息不符”处列出这些项目的金额和详细资料。有关询证费用可以直接从本公司××存款账户中支取。回函请直接寄至××会计师事务所。

回函地址：　　　　　　　　　　邮编：

电话：　　　　　　传真：　　　　　　联系人：

截至××年×月×日，本公司与贵行相关的信息列示如下：

1. 银行存款

账户名称	银行账号	币种	利率	余额	起止日期(活期/定期/保证金)	是否被质押、用于担保或存在其他使用限制	备注

除上述列示的银行存款外，本公司并无在贵行的其他存款。

2. 银行借款

账户名称	币种	余额	借款日期	到期日期	利率	借款条件	抵(质)押品/担保人	备注

除上述列示的银行借款外，本公司并无在贵行的其他借款。

3. 自　年　月　日起至　年　月　日期间内注销的账户

账户名称	银行账号	币　种	注销账户日

除上述列示的注销账户外，本公司在此期间并未在贵行注销其他账户。

……

13. 其他事项(如欠银行的其他负债、或有负债等，若无除前面所述外的其他事项，则应填写“无”)

(公司盖章)

年　月　日

结论：1. 信息证明无误。

(银行盖章)

经办人：　　　　　　年　月　日

2. 信息不符，请列示不符项目及具体内容(对于在本函前述第1项至第13项中漏列的其他重要信息，请列出详细资料)。

(银行盖章)

经办人：　　　　　　年　月　日

当实施函证程序时，注册会计师应当对询证函保持控制，当函证信息与银行回函结果不符时，注册会计师应当调查不符事项，以确定是否表明存在错报。

在实施银行函证时，注册会计师需要以被审计单位的名义向银行发函询证，发出的询证函应有被审计单位的盖章，并要求将回函直接寄往会计师事务所，对于回函的情况要形成相应的审计工作记录。

5. 检查是否存在质押、冻结等款项

关注是否存在质押、冻结等对变现有限制的款项。如果存在，是否已提请被审计单位作必要的调整或披露。

6. 抽查大额银行存款的收支

审计人员应抽查大额银行存款收支的原始凭证，检查原始凭证是否齐全、记账凭证与原始凭证是否相符、账务处理是否正确、是否记录于恰当的会计期间等内容。检查是否存在非营业目的的大额货币资金转移，并核对相关账户的进账情况；如有与被审计单位生产经营无关的收支事项，应查明原因并作相应的记录。

7. 检查银行存款收支的正确截止

注册会计师应当验证银行存款收支的截止日期，通常，注册会计师可以对资产负债表日前后一段时间内的银行存款收支凭证进行审计，以确定是否存在跨期事项。

被审计单位资产负债表中的银行存款数额应当包括当年最后一天收到的所有存放于银行的款项，而不得包括其后收到的款项；同样，被审计单位年末开出的支票，不得在年后入账。因此，审计人员应当检查银行存款收支的截止日期。通常，审计人员可以选取资产负债表日前后若干张、一定金额以上的凭证实施截止测试，关注业务内容及对应项目，如有跨期收支事项，应考虑是否提请被审计单位进行调整。

8. 检查银行存款在财务报表中的披露是否恰当

企业的银行存款在资产负债表的“货币资金”项目中反映，所以，审计人员应当确定银行存款账户的期末余额是否恰当，进而确定银行存款是否在资产负债表中恰当披露。此外，如果被审计单位的银行存款存在抵押、冻结等使用限制情况或者潜在回收风险，审计人员应关注是否已经恰当披露有关情况。

【例 11-2】

光大会计师事务所的注册会计师刘丽华和韩硕对鸿发医药股份有限公司 2019 年 12 月 31 日的资产负债表进行审计。在审查资产负债表“货币资金”项目时，发现该公司 2019 年 12 月 31 日的银行存款数额为 38 000 元，银行存款账面余额为 38 000 元，从该公司开户银行取得的银行对账单上的银行存款余额为 85 000 元。另外，经逐笔核对，发现下列未达账项及记账错误。

(1) 12 月 28 日公司送存转账支票 40 000 元，已登记银行存款增加，但银行尚未入账。

(2) 12 月 23 日公司开出转账支票 30 000 元，但持票单位尚未到银行办理转账，银行尚未记账。

(3) 12 月 24 日委托银行代收某公司购货款 50 000 元，银行已收妥入账，但企业尚未收

到收款通知，尚未记账。

(4) 12月29日银行代企业支付电话费2000元，银行已登记企业银行存款减少，但企业尚未收到银行付款通知，尚未记账。

(5) 企业将销售产品取得的货款10 000元的转账支票存入银行，但入账时银行日记账上错记成1000元。

要求：根据上述资料，编制银行存款余额调节表，核实2019年12月31日资产负债表“货币资金”项目中银行存款的正确性。

分析提示：

根据资料编制“银行存款余额调节表”，如表11-4所示。

表11-4 银行存款余额调节表

单位：鸿发医药股份有限公司　　　　2019年12月31日　　　　单位：元

项　目	金　额	项　目	金　额
公司银行存款日记账余额	38 000	开户银行对账单余额	85 000
加：银行已收，公司未收款项	50 000	加：公司已收，银行未收款项	40 000
减：银行已付，公司未付款项	2000	减：公司已付，银行未付款项	30 000
加：企业记账差错数	9000		
调整后金额	95 000	调整后金额	95 000

从银行存款余额调节表可以看出，鸿发医药股份有限公司2019年12月31日的银行存款调整后金额均为95 000元，由此可见公司银行存款日记账账面余额38 000元基本属实，资产负债表“货币资金”项目中的银行存款金额38 000元是可以确认的。

本 章 小 结

货币资金是企业资产的重要组成部分，包括库存现金、银行存款和其他货币资金。任何企业为进行生产经营活动，首先必须拥有一定数量的货币资金，通过供应过程、生产过程、销售过程、分配过程，资金不断改变其存在形态，最终回到货币资金。因此，货币资金在企业的会计核算中占有重要的位置，货币资金审计是企业资产负债表审计的一个重要组成部分。

货币资金的业务活动与各个业务循环均有密切的联系，几乎各项资产、负债的增减变动和收入、费用的形成，最终都要反映为货币资金的收支。由于货币资金的特点，企业应加强对货币资金的管理，建立、健全货币资金内部控制。审计人员在审计过程中，应当了解被审计单位的货币资金内部控制并做出评价，确定其可信赖程度，并据以确定实质性程序的性质、时间和范围。

货币资金的实质性程序本章主要介绍了库存现金审计和银行存款审计。库存现金审计的实质性程序，重点是库存现金的监盘程序。银行存款审计的实质性程序，重点是银行存款的实质性分析程序、银行存款余额调节表的审查、银行存款的函证程序。

自　测　题

1. 货币资金的内部控制主要包括哪些内容？
2. 库存现金的审计目标是什么？
3. 监盘库存现金的实质性程序如何实施？
4. 银行存款函证的目的和内容是什么？

案　例　分　析

出纳员盗用 197 万元社保资金事件

云南省曲靖市中院查实，史勇在担任罗平县社保中心财务科银行出纳员期间，共窃用社保资金 196.57 万元，目前尚有 133.91 万元案款无法追回。会计 3 年未到银行对账，无疑是对社保资金管理的极大疏忽。

“因为单位管理不严，我私自购买了六本现金支票并盖上公章，到银行提取现金。”在法庭上，现年 31 岁的史勇对自己的行为供认不讳。

史勇是云南省罗平县社会保险事业管理服务中心(医保中心)的出纳员，案发前他管理着该中心的 7 个银行账号。

12 月 8 日，云南省曲靖市中级人民法院相关工作人员告诉《第一财经日报》，史勇在担任罗平县社保中心财务科银行出纳员期间，共窃用社保资金 196.57 万元，目前尚有 133.91 万元案款无法追回。

史勇表示，由于私自开具的支票笔数太多，他已经无法确知自己究竟开了多少张支票。

案发后，史勇曾想过逃逸，但在其父亲的规劝和陪同下主动投案，并累计退还赃款 62.65 万元。

10 月 26 日，曲靖市中级人民法院依法判处史勇有期徒刑 15 年，并处没收财产 10 万元，继续追缴未追回的赃款。

一、自制假单据“自收自支”

2000 年 9 月，史勇大学毕业后分配到该县社保中心工作，负责开具康复中心的住院医疗发票、医保中心(罗平县县社保中心、医保中心、康复中心是“一套班子，几块牌子”)的统计工作及其他杂事，每月的收入大致为 800～900 元。

罗平县是靠近贵州的一个小县，距离云南曲靖市约 4 小时车程，当地经济发展相对滞后，居民收入水平不高。史勇的收入水平在当地还算不错。

参加工作以后，史勇一直比较积极，很快就得到单位领导的肯定。2 年零 4 个月后(2003 年 1 月)，史勇被调任社保中心出纳员，管理该中心的 7 个银行账号。

而此时的史勇却早已不是刚出校门时的那个单纯的学子了。据史勇自己供述，在工作一段时间后，史勇有一次回省城昆明与同学聚会，一些当年没有参加统一分配或自己经商的同学大都已经拥有不错的经济收入，而他每次到省城都只能借住在同学家，吃饭也大都由这些同学支付。

看看同学，比比自己，这些反差强烈地刺激了史勇，并成为他日后犯罪的一个主要动因。

来自司法机关的调查显示，在担任出纳员之前，史勇已经有多笔贪污公款的行为：2002 年 8 月至 11 月期间，他利用职务之便，收取当地居民彭立材、张朝荣等 5 人的住院治疗费用 1.38 万元，并自制了收据。“但单据没交给时任该医保中心的出纳员梁某，钱也没交给康复中心。”就这样，他将这笔钱装入了自己的腰包。

就这样，史勇以隐瞒收入、不上交单位的方式贪污了数笔款项。

二、“自己给自己划支票”

初尝甜头的史勇在获得 7 个社保、医保资金账户管理权限后，再也用不着采用截流收入的方式作案了，而是采用了更为便利的贪污途径——直接从社保账户上支取现金。

经曲靖市人民检察院技术鉴定中心鉴定，2003 年至 2006 年 3 月 31 日，史勇利用担任社保中心银行出纳员之便，采用私自开出现金支票提取现金和私自汇出资金等方式共盗用罗平县社保中心资金 220 万元。其间，史勇还采用隐瞒支出、账户间相互拆补、串户记账等方式对其盗用的资金进行了掩饰，并存入了部分现金弥补被其盗用的资金损失。截至 2006 年 3 月 31 日，史勇仍造成了其经管的 7 个社保账户资金损失 195.78 万元。

调查显示，史勇通过自己私自购买银行现金支票、转账支票，并偷盖财务公章、开具现金支票、电汇等手段贪污公款，在 7 个账户中共进行了 75 次取款操作。

“由于单位管理不严，我就私自购买了六本现金支票，并私自盖上公章，到银行提取现金，自己使用。”史勇称，其所开的现金支票存根都被其烧掉或丢掉。

此外，史勇还采用了向朋友账号电汇现金的途径倒腾款项，不过采用这一途径只划出了 4 笔共计 3.5 万元。

史勇贪污的公款来源于三种基金，分别是当地机关事业养老保险基金、企业养老保险基金、社会化管理服务基金。

其中机关事业养老保险基金是罗平县财政局拨入该社保中心的一种财政专款，用于发放全县行政、事业单位的离退休人员工资；企业养老保险基金是该县税务部门从各参保企业征收缴纳财政专户管理，再由财政局划转社保中心，用于发放企业离退休人员工资；社会化管理服务基金是由该社保中心按规定收取费用后转给该县财政局，再由财政局专款划回社保中心，用于支付企业单位退休人员死亡、丧葬费、遗属补贴等。

三、会计三年未到银行对账

让史勇翻船的是 2006 年划进社保中心的一笔 30 多万元的款项。因为作案多年都未出事，史勇像往常一样将这笔款项私吞了。

但划款单位随后向社保中心询问这笔款是否到账时，该社保中心会计一查，没到！史勇随即想办法回填了 35.1 万元给社保中心，但事情也由此败露。

3 年贪污社保资金近 200 万元却一直未曾被发觉，这成了许多人都想不明白的事情。

曲靖市中级人民法院相关工作人员称，史勇在庭审中表示是单位疏于管理，给了他一错再错的机会。史勇的辩护律师在为其的辩护中也强调：“被告人史勇所在单位管理不严格也有一定责任。”

按照财务纪律和操作规则，会计必须定期到银行对账，无论出纳采用何种方式，都无法掩盖各个银行账号上的进出款变化情况。此外，巨额账户划款或大笔款项支出必须会计与出纳双印鉴方可支取。

不过史勇不用应付这些。他透露，他与会计对账时只是由他打一份银行现金账给会计，会计与自己的账核对一下就行了。史勇说："我采取在微机上改动数字，使账面余额数与微机数额一致，以及仿照银行对账单的格式，自己在微机上打印对账单应付审计，同时我还采用各个账户间相互转账，拆东墙补西墙。"

(资料来源：程维. 第一财经日报. 2006-12-14)

问题：

(1) 社保中心在货币资金的内部控制上存在哪些缺陷？如何完善？

(2) 采取哪些实质性程序能查出社保资金被盗用的问题？

第十二章　完成审计工作与审计报告

【学习目标及要点】

通过本章的学习，使学生了解审计完成阶段的工作内容和审计报告的作用，掌握审计报告的种类、基本结构和主要内容，掌握各种意见类型审计报告的适用条件和表达术语，了解审计报告编写的步骤和要求。

【引例】

2013 年 2 月 16 日，审计项目组对奥科公司的审计业务进入尾期，返回中和天成会计师事务所进行最后的终结工作。注册会计师冯天海和李泽方作为该项目的签字注册会计师，在拟出具审计意见类型时存在了一点不同意见。经审计，他们发现奥科公司从 2011 年度开始对投资性房地产采用公允模式计量的会计政策。在 2011 年度的审计中，上任会计师事务所(圣职恒远会计师事务所)发现奥科公司的投资性房地产并不存在活跃市场，按照公允价值模式计量并不恰当，所以建议其调整，但是奥科公司拒绝调整，故圣职恒远会计师事务所出具了非无保留意见的审计报告。在 2012 年度的财务报表审计中，该事项仍然存在，并对本期也有重大影响。

基于该事项的存在，中和天成会计师事务所应出具什么类型的审计报告呢？

(资料来源：https://max.book118.com/html/2017/0325/96973133.shtm)

第一节　完成审计工作

审计完成阶段是审计的最后一个阶段。注册会计师按业务循环完成各财务报表项目的审计测试和一些特殊项目的审计工作后，在审计完成阶段汇总审计测试结果，进行更具综合性的审计工作，如编制审计差异调整表和试算平衡表，获取管理层声明书，获取律师声明书，分析程序，撰写审计总结，评价审计结果以及就审计结果和审计报告意见类型等审计有关事项与被审计单位进行沟通。

一、编制审计差异调整表和试算平衡表

(一)审计差异调整表

在完成各财务报表项目的实质性程序和特殊项目的审计后，对审计项目组成人员在审计中发现的被审计单位会计处理方法与相关会计准则、会计制度的不一致，即审计差异，审计项目经理应根据审计重要性原则予以初步确定、汇总，并建议被审计单位进行调整，使经审计的财务报表能够真实反映被审计单位的财务状况、经营成果和现金流量。

审计差异内容按是否需要调整账户记录可分为核算误差和重分类误差。核算误差是因企业对经济业务进行了不正确的会计核算而引起的误差。重分类误差是因企业未按相关会

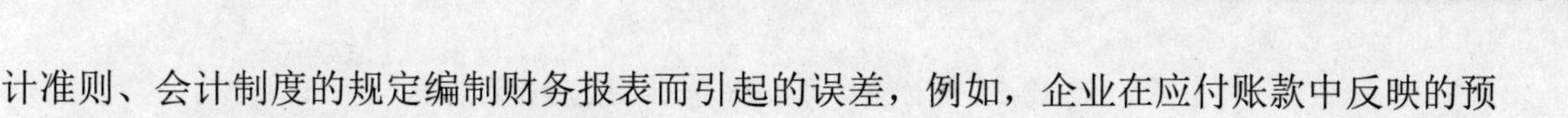

计准则、会计制度的规定编制财务报表而引起的误差，例如，企业在应付账款中反映的预付账款、在应收账款中反映的预收账款等。

根据审计重要性原则，将核算误差划分为建议调整的不符事项和不建议调整的不符事项(即未调整不符事项)。审计人员在划分建议调整的不符事项和不建议调整的不符事项时，应当考虑核算误差的金额和性质两个因素：

(1) 对于单笔核算误差超过所涉及的财务报表项目(或账户)层次重要性水平的，应视为建议调整的不符事项。

(2) 对于单笔核算误差低于所涉及的财务报表项目(或账户)层次重要性水平，但性质重要的，应视为建议调整的不符事项。

(3) 对于单笔核算误差低于所涉及的财务报表项目(或账户)层次重要性水平，并且性质不重要的，一般视为未调整不符事项；但当若干笔同类型未调整不符事项汇总数超过财务报表项目(或账户)层次重要性水平时，应从中选取几笔转为建议调整的不符事项，使未调整不符事项汇总金额降至重要性水平之下。

无论是建议调整的不符事项、未调整不符事项还是重分类误差，在审计工作底稿中通常都是以会计分录的形式反映的。因此审计差异调整表可根据审计差异按建议调整的不符事项、重分类错误和未调整不符事项分别汇总至账项调整分录汇总表、重分类调整分录汇总表和未更正错报汇总表。三张汇总表的参考格式分别如表 12-1～表 12-3 所示。

表 12-1　审计差异调整表——账项调整分录汇总表

序号	内容及说明	索引号	调整内容				影响利润表+(-)	影响资产负债表+(-)
			借方项目	借方金额	贷方项目	贷方金额		

表 12-2　审计差异调整表——重分类调整分录汇总表

序号	内容及说明	索引号	调整内容			
			借方项目	借方金额	贷方项目	贷方金额

表 12-3　审计差异调整表——未更正错报汇总表

序号	内容及说明	索引号	未调整内容				备注
			借方项目	借方金额	贷方项目	贷方金额	

注册会计师确定了建议调整的不符事项和重分类误差后，应以书面方式及时征求被审计单位对需要调整财务报表事项的意见。若被审计单位予以采纳，应取得被审计单位同意调整的书面确认；若被审计单位不予采纳，应分析原因，并根据未调整不符事项的性质和重要程度，确定是否在审计报告中予以反映，以及如何反映。

(二)试算平衡表

试算平衡表是注册会计师在被审计单位提供未审财务报表的基础上，考虑调整分录、重分类分录等内容以确定已审数与报表披露数的表式。有关资产负债表和利润表的试算平衡表的参考格式分别如表 12-4 和表 12-5 所示。

表 12-4　资产负债表试算平衡表

项目	期末未审数	账项调整		重分类调整		期末审定数	项目	期末未审数	账项调整		重分类调整		期末审定数
		借方	贷方	借方	贷方				借方	贷方	借方	贷方	
流动资产：							流动负债：						
货币资金							短期借款						
交易性金融资产							交易性金融负债						
衍生金融资产							衍生金融负债						
应收票据							应付票据						
应收账款							应付账款						
预付款项							预收款项						
其他应收款							应付职工薪酬						
存货							应交税费						
持有待售资产							其他应付款						
一年内到期的非流动资产							持有待售负债						
其他流动资产							一年内到期的非流动负债						
流动资产合计							其他流动负债						
非流动资产：							流动负债合计						
债权投资							非流动负债：						
其他债券投资							长期借款						
长期应收款							应付债券						
长期股权投资							长期应付款						

续表

项目	期末未审数	账项调整		重分类调整		期末审定数	项目	期末未审数	账项调整		重分类调整		期末审定数
		借方	贷方	借方	贷方				借方	贷方	借方	贷方	
投资性房地产							预计负债						
固定资产							递延收益						
在建工程							递延所得税负债						
生产性生物资产							其他非流动负债						
油气资产							非流动负债合计						
无形资产							负债合计						
开发支出							所有者权益：						
商誉							实收资本						
长期待摊费用							其他权益工具						
递延所得税资产							资本公积						
其他非流动资产							其他综合收益						
非流动资产合计							盈余公积						
							未分配利润						
							所有者权益合计						
资产总计							负债和所有者权益总计						

表 12-5　利润表试算平衡工作底稿

项　目	未审数	调整金额		审定数
		借　方	贷　方	
一、营业收入				
减：营业成本				
税金及附加				
销售费用				
管理费用				
研发费用				
财务费用				
其中：利息费用				
利息收入				
加：其他收益				
投资收益(损失以“-”号填列)				
公允价值变动收益(损失以“-”号填列)				
资产处置收益(损失以“-”号填列)				
二、营业利润(亏损以“-”号填列)				
加：营业外收入				
减：营业外支出				
三、利润总额(亏损总额以“-”号填列)				
减：所得税费用				
四、净利润(净亏损以“-”号填列)				

(1) 试算平衡表中的“审计前金额”栏，应根据被审计单位提供的未审计财务报表填列。

(2) 有些财务报表项目往往会在为调整这些审计差异所作的会计分录中多次出现，因此，在编制试算平衡表前，可先通过按财务报表项目设置的“丁”字形账户，区分调整分录与重分类分录分别进行汇总，然后将按财务报表项目汇总后的借、贷方发生额分别计入试算平衡表中的“调整金额”和“重分类调整”栏内。

(3) 在编制试算平衡表后，应注意核对相应的钩稽关系。

二、获取管理层声明书

被审计单位管理层声明书是被审计单位管理层在审计期间向注册会计师提供的关于财务报表的各项书面陈述。被审计单位管理层的声明书是重要的审计证据。注册会计师在出具审计报告前，应向被审计单位管理层获取声明书，以明确会计责任与审计责任。

被审计单位管理层的声明书，应由被审计单位的高层管理人员(一般是总经理和财务总监)签名后送交受托审计的会计师事务所。如果被审计单位管理层拒绝，就对财务报表具有重大影响的事项提供必要的书面声明，注册会计师就应当将其视为审计范围受到限制，出具保留意见或无法表示意见的审计报告。注册会计师如果不能获取对财务报表具有或可能具有重大影响的事项的充分、适当的审计证据，而这些证据预期是可以获取的，即使已收到管理层就这些事项作出的声明，注册会计师仍应将其视为审计范围受到严重限制，出具保留意见或无法表示意见的审计报告。

(一)被审计单位管理层声明书的作用

被审计单位管理层声明书的作用具体如下。

(1) 明确被审计单位管理层对其财务报表应负的会计责任。被审计单位管理层应对其财务报表的编制和提供给注册会计师的有关资料的真实性、合法性和完整性负责，并在声明书中作出陈述。

(2) 有利于保护注册会计师。被审计单位管理层声明书把管理人员对各方面审计问题的回答以书面方式记录下来，当被审计单位与注册会计师发生意见分歧和法律诉讼时，可作为书面证据，有利于保护注册会计师。

(3) 是注册会计师通过实施其他审计程序获得审计证据的补充。

(二)被审计单位管理层声明书的形式

被审计单位管理层声明书的形式具体如下。

(1) 标题：××公司管理层声明书。

(2) 收件人：管理层声明书的收件人为接受委托的会计师事务所及签署审计报告的注册会计师。

(3) 声明内容：根据注册会计师要求声明的内容，列出各项声明。

(4) 签章：通常由被审计单位管理层主要负责人签署，并加盖被审计单位公章。在某些情况下，注册会计师也可以向管理层中其他人员获取管理层声明书。

(5) 日期：被审计单位管理层声明书的日期应当尽量接近对财务报表出具审计报告的日期，但不得在审计报告日后。但在特定情况下，被审计单位管理层可能会对某些交易或事

项出具单独或者专项的声明书，在这种情况下，声明书的日期可以是注册会计师获取该声明书的日期。

管理层声明书范例如下。

××公司管理层声明书

××会计师事务所并××注册会计师：

本声明书是针对你们审计ABC公司截至20×1年12月31日的年度财务报表而提供的。审计的目的是对财务报表发表意见，以确定财务报表是否在所有重大方面已按照企业会计准则的规定编制，并实现公允反映。

尽我们所知，并在作出了必要的查询和了解后，我们确认：

一、财务报表

1. 我们已履行[插入日期]签署的审计业务约定书中提及的责任，即根据企业会计准则的规定编制财务报表，并对财务报表进行公允反映。

2. 在作出会计估计时使用的重大假设(包括与公允价值计量相关的假设)是合理的。

3. 已按照企业会计准则的规定对关联方关系及其交易作出了恰当的会计处理和披露。

4. 根据企业会计准则的规定，所有需要调整或披露的资产负债表日后事项都已得到调整或披露。

5. 未更正错报，无论是单独还是汇总起来，对财务报表整体的影响均不重大。未更正错报汇总表附在本声明书后。

6. [插入注册会计师可能认为适当的其他任何事项]。

二、提供的信息

7. 我们已向你们提供下列工作条件：

(1) 允许接触我们注意到的、与财务报表编制相关的所有信息(如记录、文件和其他事项)。

(2) 提供你们基于审计目的要求我们提供的其他信息。

(3) 允许在获取审计证据时不受限制地接触你们认为必要的本公司内部人员和其他相关人员。

8. 所有交易均已记录并反映在财务报表中。

9. 我们已向你们披露了由于舞弊可能导致的财务报表重大错报风险的评估结果。

10. 我们已向你们披露了我们注意到的、可能影响本公司的与舞弊或舞弊嫌疑相关的所有信息，这些信息涉及本公司的：

(1) 管理层；

(2) 在内部控制中承担重要职责的员工；

(3) 其他人员(在舞弊行为导致财务报表重大错报的情况下)。

11. 我们已向你们披露了从现任和前任员工、分析师、监管机构等方面获知的、影响财务报表的舞弊指控或舞弊嫌疑的所有信息。

12. 我们已向你们披露了所有已知的、在编制财务报表时应当考虑其影响的违反或涉嫌违反法律法规的行为。

13. 我们已向你们披露了我们注意到的关联方的名称和特征、所有关联方关系及其交易。

14. [插入注册会计师可能认为必要的其他任何事项]。

附：未更正错报汇总表

ABC公司 ABC公司管理层

(盖章) (签名并盖章)

中国×× 市 二〇×二年×月×日

三、获取律师声明书

在对被审计单位期后事项和或有事项等进行审计时，注册会计师往往要向被审计单位的法律顾问和律师进行函证，以获取其对资产负债表日业已存在的，以及资产负债表日至律师复函日止这一时期内存在的期后事项和或有事项等的确认证据。被审计单位律师对函证问题的答复和说明，就是律师声明书。律师声明书通常可提供有力的证据，帮助注册会计师解释并报告有关的期后事项和或有事项，从而减少注册会计师误解上述事项的可能性，但其本身不足以对注册会计师形成审计意见提供基本理由。

对律师的函证，通常通过被审计单位向其律师寄发审计询证函的方式来实施。被审计单位应向曾为其提供法律咨询或代理的所有律师寄发审计询证函，其内容应包括被审计单位叙述和评价与该律师业务相关的期后事项和或有事项等情况。律师的责任在于声明被审计单位对有关期后事项和或有事项等的叙述是完整的(或指明其疏漏)，并对被审计单位就有关期后事项和或有事项等情况的说明作出评价。

律师声明书所用的格式和措辞并没有定式。单位不同或情况不同，律师出具的声明书也不同。但是，律师声明书的内容可能会影响注册会计师发表审计意见的类型。

下面分别列示一种常见的律师询证函和律师询证函复函的范例。

律师询证函

________律师事务所：

________律师：

本公司已聘请××会计师事务所对本公司 年 月 日(以下简称资产负债表日)的资产负债表以及截止于资产负债表日的该年度利润及利润分配表、现金流量表、股东权益变动表和财务报表附注进行审计。为配合该项审计，谨请贵律师基于受理本公司委托的工作(诸如常年法律顾问、专项咨询和诉讼代理等)，提供下述资料，并函告××会计师事务所：

一、请说明存在于资产负债表日并且自该日起至本函回复日止本公司委托贵律师代理进行的任何未决诉讼。该说明中谨请包含以下内容：

1. 案件的简要事实经过与目前的发展进程；

2. 在可能范围内，贵律师对于本公司管理层就上述案件所持看法及处理计划(如庭外和解设想)的了解，及您对可能发生结果的意见；

3. 在可能范围内，您对可能发生的损失或收益的可能性及金额的估计。

二、请说明存在于资产负债表日并且自该日起至本函回复日止，本公司曾向贵律师咨询的其他诸如未决诉讼、追索债权、被追索债务以及政府有关部门对本公司进行的调查等可能涉及本公司法律责任的事件。

三、请说明截止于资产负债表日，本公司与贵律师事务所律师服务费的结算情况(如有

可能，请依服务项目区分)。

四、若无上述一及二事项，为节省您宝贵的时间，烦请填写本函背面《律师询证函复函》并签章后，按以下地址，寄往××会计师事务所(地址：××市××路××号；邮编××××××)。

谢谢合作！

××公司(盖章)
公司负责人(签章)
年　月　日

律师询证函复函

××会计师事务所：

本律师于＿＿＿＿＿期间，除向＿＿＿＿＿＿公司提供一般性法律咨询服务，并未有接受委托、代理进行或咨询如前述一、二所述之事宜。

另截止　　年　月　日止，该公司

□　未积欠本律师事务所任何律师服务费。

□　尚有本律师事务所的律师服务费计人民币＿＿＿元，未予付清。

＿＿＿＿＿＿律师事务所
律师：＿＿＿＿(签章)
年　月　日

律师声明书作为一项外部证据，具备较强的证明力，但注册会计师应根据被审计单位律师的职业条件和职业声誉来确定律师声明书的合理性。注册会计师对律师询证函应从整体上分析，以便确定它对审计询证函的总体反映，确定它与注册会计师所知的情况是否矛盾。倘若律师声明书表明或暗示律师拒绝提供信息，或隐瞒信息，或对被审计单位叙述的情况应予修正而不加修正，注册会计师一般认为审计范围受到限制，应不能出具无保留意见的审计报告。

四、撰写审计总结

在完成审计实质性程序后，审计项目经理应当对审计工作底稿进行全面复核，并在此基础上撰写审计总结，概括地说明审计计划的执行情况及审计目标是否实现。

审计总结一般应包括以下内容。

(1) 公司简介，阐述被审计单位的背景信息及重大会计政策的变更情况等。

(2) 审计概况，主要阐述审计过程、审计计划的执行情况(包括所采用的审计方法、审计计划执行偏差及其原因等)、审计的总体评价(包括不符事项的调整或未调整的理由)、审计前后主要财务指标及应引起部门经理和主任会计师注意的重大事项(包括关联交易、财务承诺、期后事项等)。

(3) 审计中发现的主要问题和建议的重要调整事项。

(4) 审计结论，说明拟出具的审计报告的意见类型及对被审计单位经营管理的评价与建议。

五、与被审计单位沟通

与被审计单位沟通主要指与被审计单位治理层的沟通。《中国注册会计师审计准则第1151号——与治理层的沟通》规定："注册会计师应当就与财务报表审计相关、且根据职业判断认为与治理层责任相关的重大事项，以适当的方式及时与治理层沟通。"在与治理层沟通特定事项前，注册会计师通常先与管理层讨论，除非这些事项不适合与管理层讨论。

注册会计师与被审计单位的沟通方式包括口头或书面沟通。对于某些重要事项，注册会计师应采用书面方式。书面沟通文件统称为沟通函。

在审计计划阶段、审计实施阶段和审计完成阶段，注册会计师都需要通过与被审计单位进行沟通，以了解被审计单位的有关情况，取得必要的审计证据，从而提高审计效率与效果。

在审计完成阶段，注册会计师应当就以下事项与被审计单位进行沟通：

(1) 有关财务报表的分歧。主要指注册会计师与被审计单位就财务报表编制与披露方面存在的不同意见。

(2) 重大审计调整事项。即对财务报表所反映的财务状况、经营成果或现金流量有重大影响的、注册会计师认为需要调整的审计事项。

(3) 财务报表附注披露中存在的可能导致修改审计报告的重大问题。即或有事项、期后事项、关联方交易、持续经营等方面的披露及各期会计政策或会计方法变更的披露中存在的对审计报告有影响的问题。

(4) 被审计单位面临的可能危及其持续经营能力的重大风险。即在可预见的将来影响被审计单位持续经营能力的重大风险。

(5) 审计意见的类型及审计报告的措辞。注册会计师在编制审计报告时，应向被审计单位告知其所确定的审计意见的类型及审计报告的措辞，并使其理解其含义。需要明确的是，注册会计师在发表审计意见时，必须坚持独立、客观、公正的原则，这里的沟通仅仅是向被审计单位告知和解释，绝不意味着对审计意见的类型及审计报告的措辞需要与被审计单位商讨。

(6) 注册会计师拟提出的关于内部控制方面的建议。注册会计师应就审计过程中注意到的、对财务报表将产生影响的、被审计单位在内部控制设计和运行方面存在的重大缺陷，向被审计单位提出口头或书面建议。

(7) 其他需要沟通的事项。

第二节　审计报告概述

审计报告是注册会计师根据中国注册会计师审计准则的规定，在实施审计工作的基础上对被审计单位财务报表发表审计意见的书面文件。审计报告是审计工作的最终成果，具有法定证明效力。

一、审计报告的作用

注册会计师签发的审计报告，主要具有鉴证、保护和证明三方面的作用。

(一)鉴证作用

注册会计师签发的审计报告，是以超然独立的第三者身份，对被审计单位财务报表合法性、公允性发表意见。这种意见具有鉴证作用，得到了政府及其各部门和社会各界的普遍认可。如政府有关部门了解、掌握企业财务状况和经营成果的主要依据是企业提供的财务报表，财务报表是否合法、公允，主要依据注册会计师的审计报告进行判断。

(二)保护作用

注册会计师通过审计，可以对被审计单位出具不同类型审计意见的审计报告，以提高或降低财务报表信息使用者对财务报表的信赖程度，能够在一定程度上对被审计单位的财产、债权人和股东的权益及企业利害关系人的利益起到保护作用。

(三)证明作用

审计报告是对注册会计师审计任务完成情况及其结果所做的总结，它可以表明审计工作的质量并明确注册会计师的审计责任。因此，审计报告可以对审计工作的质量和注册会计师的审计责任起到证明作用。

二、审计报告的种类

审计报告的类型.mp4

审计报告可按不同的标准进行分类。

(一) 按照审计报告的性质分类

按照审计报告的性质可分为标准审计报告和非标准审计报告。

标准审计报告是指注册会计师出具的无保留意见的审计报告不附加说明段、强调事项段或任何修饰性用语。标准审计报告以外的其他审计报告统称为非标准审计报告。

(二)按照审计报告使用的目的分类

按照审计报告使用的目的可分为公布目的的审计报告和非公布目的的审计报告。

(1) 公布目的的审计报告，一般是用于对企业股东、投资者、债权人等非特定利益关系者公布的附送财务报表的审计报告。

(2) 非公布目的的审计报告，一般是用于经营管理、合并或业务转让、融通资金等特定目的而实施审计的审计报告，这类审计报告是分发给特定使用者的。

(三)按照审计报告的详略程度分类

按照审计报告的详略程度可分为简式审计报告和详式审计报告。

(1) 简式审计报告，又称短式审计报告。它是指注册会计师对应公布的财务报表进行审计后所编制的简明扼要的审计报告。简式审计报告反映的内容是非特定多数的利害关系人共同认为的必要审计事项，它具有记载事项为法令或审计准则所规定的特征，具有标准格式。

(2) 详式审计报告，又称长式审计报告。它是指对审计对象所有重要的经济业务和情况都要做详细说明和分析的审计报告。详式审计报告主要用于指出企业经营管理存在的问题和帮助企业改善经营管理，所以其内容较简式审计报告丰富得多、详细得多。

三、审计报告的基本内容

无保留意见审计报告应当包括下列要素：①标题；②收件人；③审计意见；④形成审计意见的基础；⑤管理层对财务报表的责任；⑥注册会计师对财务报表审计的责任；⑦按照相关法律法规的要求报告的事项(如适用)；⑧注册会计师的签名和盖章；⑨会计师事务所的名称、地址和盖章；⑩报告日期。

(一)标题

审计报告的标题应当统一规范为“审计报告”。

(二)收件人

审计报告的收件人是指注册会计师按照业务约定书的要求致送审计报告的对象，一般是指审计业务的委托人。审计报告应当载明收件人的全称。

(三)审计意见

审计意见部分由两部分构成。第一部分指出已审计财务报表，应当包括下列方面：

(1) 指出被审计单位的名称；

(2) 说明财务报表已经审计；

(3) 指出构成整套财务报表的每一财务报表的名称；

(4) 提及财务报表附注；

(5) 指明构成整套财务报表的每一财务报表的日期或涵盖的期间。

第二部分应当说明注册会计师发表的审计意见。审计意见说明财务报表在所有重大方面按照适用的财务报告编制基础编制，公允反映了财务报表旨在反映的事项。

(四)形成审计意见的基础

审计报告应当包含标题为“形成审计意见的基础”的部分。该部分提供关于审计意见的重要背景，应当紧接在审计意见部分之后，并包括下列方面：

(1) 说明注册会计师按照审计准则的规定执行了审计工作。

(2) 提及审计报告中用于描述审计准则规定的注册会计师责任的部分。

(3) 声明注册会计师按照与审计相关的职业道德要求对被审计单位保持了独立性，并履行了职业道德方面的其他责任。声明中应当指明适用的职业道德要求，如中国注册会计师

职业道德守则。

(4) 说明注册会计师是否相信获取的审计证据是充分、适当的，为发表审计意见提供了基础。

(五)管理层对财务报表的责任

审计报告应当包含标题为“管理层对财务报表的责任”的部分，其中应当说明管理层负责下列方面：

(1) 按照适用的财务报告编制基础编制财务报表，使其实现公允反映，并设计、执行和维护必要的内部控制，以使财务报表不存在由于舞弊或错误导致的重大错报。

(2) 评估被审计单位的持续经营能力和使用持续经营假设是否适当，并披露与持续经营相关的事项(如适用)。对管理层评估责任的说明应当包括描述在何种情况下使用持续经营假设是适当的。

(六)注册会计师对财务报表审计的责任

审计报告应当包含标题为“注册会计师对财务报表审计的责任”的部分，其中应当包括以下三部分的内容。

第一部分包括以下三点：①说明注册会计师的目标是对财务报表整体是否不存在由于舞弊或错误导致的重大错报获取合理保证，并出具包含审计意见的审计报告；②说明合理保证是高水平的保证，但按照审计准则执行的审计并不能保证一定会发现存在的重大错报；③说明错报可能由于舞弊或错误导致。

第二部分主要说明注册会计师的责任，这些责任包括：

(1) 识别和评估由于舞弊或错误导致的财务报表重大错报风险，设计和实施审计程序以应对这些风险，并获取充分、适当的审计证据，作为发表审计意见的基础。由于舞弊可能涉及串通、伪造、故意遗漏、虚假陈述或凌驾于内部控制之上，未能发现由于舞弊导致的重大错报的风险高于未能发现由于错误导致的重大错报的风险。

(2) 了解与审计相关的内部控制，以设计恰当的审计程序，但目的并非对内部控制的有效性发表意见。当注册会计师有责任在财务报表审计的同时对内部控制的有效性发表意见时，应当略去上述“目的并非对内部控制的有效性发表意见”的表述。

(3) 评价管理层选用会计政策的恰当性和作出会计估计及相关披露的合理性。

(4) 对管理层使用持续经营假设的恰当性得出结论。同时，根据获取的审计证据，就可能导致对被审计单位持续经营能力产生重大疑虑的事项或情况是否存在重大不确定性得出结论。如果注册会计师得出结论认为存在重大不确定性，审计准则要求注册会计师在审计报告中提请报表使用者关注财务报表中的相关披露；如果披露不充分，注册会计师应当发表非无保留意见。注册会计师的结论基于截至审计报告日可获得的信息。然而，未来的事项或情况可能导致被审计单位不能持续经营。

(5) 评价财务报表的总体列报、结构和内容(包括披露)，并评价财务报表是否公允反映相关交易和事项。

第三部分应当包括下列内容：

① 说明注册会计师与治理层就计划的审计范围、时间安排和重大审计发现等事项进行

沟通，包括沟通注册会计师在审计中识别的值得关注的内部控制缺陷；

② 对于上市实体财务报表审计，指出注册会计师就已遵守与独立性相关的职业道德要求向治理层提供声明，并与治理层沟通可能被合理认为影响注册会计师独立性的所有关系和其他事项，以及相关的防范措施(如适用)；

③ 对于上市实体财务报表审计，以及决定按照《中国注册会计师审计准则第1504号——在审计报告中沟通关键审计事项》的规定沟通关键审计事项的其他情况，说明注册会计师从已与治理层沟通的事项中确定哪些事项对本期财务报表审计最为重要，因而构成关键审计事项。

(七)按照相关法律法规的要求报告的事项(如适用)

除审计准则规定的注册会计师对财务报表出具审计报告的责任外，相关法律法规可能对注册会计师设定了其他报告责任。例如，如果注册会计师在财务报表审计中注意到某些事项，可能被要求对这些事项予以报告。此外，注册会计师可能被要求实施额外的规定的程序并予以报告，或对特定事项(如会计账簿和记录的适当性)发表意见。在某些情况下，相关法律法规可能要求或允许注册会计师在单独出具的报告中进行报告。这些责任是注册会计师按照审计准则对财务报表出具审计报告的责任的补充。

(八)注册会计师的签名和盖章

审计报告应当由项目合伙人和另一名负责该项目的注册会计师签名和盖章。在审计报告中指明项目合伙人有助于进一步增强对审计报告使用者的透明度，有利于增强项目合伙人的个人责任感。因此，对上市实体整套通用目的财务报表出具的审计报告应当注明项目合伙人。

(九)会计师事务所的名称、地址及盖章

审计报告应当载明会计师事务所的名称和地址，并加盖会计师事务所公章。

(十)报告日期

审计报告的日期是指注册会计师完成审计工作的日期。审计报告日期不应早于被审计单位管理层签署财务报表的日期。注册会计师在确定审计报告日期时，应当考虑：

(1) 应当实施的审计程序已经完成；

(2) 应当提请被审计单位调整的事项已经提出，被审计单位已经作出调整或拒绝作出调整；

(3) 被审计单位管理层已经正式签署财务报表。

四、在审计报告中沟通关键审计事项

《中国注册会计师审计准则第1504号——在审计报告中沟通关键审计事项》要求注册会计师在上市实体整套通用目的财务报表审计报告中增加关键审计事项部分，用于沟通关键审计事项。关键审计事项，是指注册会计师根据职业判断认为对当期财务报表审计最为

重要的事项。在审计报告中沟通关键审计事项，可以提高已执行审计工作的透明度，从而提高审计报告的决策相关性和有用性。沟通关键审计事项还能够为财务报表使用者提供额外的信息，以帮助其了解被审计单位、已审计财务报表中涉及重大管理层判断的领域，以及注册会计师根据职业判断认为对当期财务报表审计最为重要的事项。沟通关键审计事项，还能够为财务报表预期使用者就与被审计单位、已审计财务报表或已执行审计工作相关的事项进一步与管理层和治理层沟通提供基础。

第三节　审计报告的基本类型

注册会计师根据审计结果和被审计单位对有关问题的处理情况，形成不同的审计意见，出具标准和非标准的审计报告。

一、标准审计报告

标准审计报告是指注册会计师出具的无保留意见的审计报告不附加说明段、强调事项段或任何修饰性用语。无保留意见审计报告是注册会计师对被审计单位的财务报表，依照《中国注册会计师审计准则》的要求进行审计后确认：被审计单位会计处理方法遵循了会计准则及相关会计制度的规定，符合被审计单位的实际情况，财务报表提供的资料内容完整、表达清楚、无重要遗漏，报表的编制方法符合规定要求，因而对财务报表无保留地表示满意。无保留意见就意味着注册会计师认为财务报表是合法的、公允的，能满足非特定多数的利害关系人的共同需要，并对表示的无保留意见负责，表明被审计单位圆满完成了会计责任，进而使审计报告的使用者对被审计单位的财务状况、经营成果及现金流量情况给予较高的信赖。

如果认为财务报表符合下列所有条件，注册会计师应当出具无保留意见的审计报告。

(1) 财务报表已经按照适用的会计准则和相关会计制度的规定编制，在所有重大方面公允反映了被审计单位的财务状况、经营成果和现金流量。

(2) 注册会计师已经按照中国注册会计师审计准则的规定计划和实施审计工作，在审计过程中未受到限制。

当出具无保留意见的审计报告时，注册会计师应当以“我们认为”作为意见段的开头，并使用 “在所有重大方面”“公允反映”等术语。

【例 12-1】

标准审计报告的参考格式具体如下。

审 计 报 告

A 股份有限公司全体股东：

一、对财务报表出具的审计报告

(一)审计意见

我们审计了 A 股份有限公司(以下简称“A 公司”)财务报表，包括 20×1 年 12 月 31

日的资产负债表，20×1年度的利润表、现金流量表、股东权益变动表以及相关财务报表附注。

我们认为，后附的财务报表在所有重大方面按照企业会计准则的规定编制，公允反映了A公司20×1年12月31日的财务状况以及20×1年度的经营成果和现金流量。

(二)形成审计意见的基础

我们按照中国注册会计师审计准则的规定执行了审计工作。审计报告的“注册会计师对财务报表审计的责任”部分进一步阐述了我们在这些准则下的责任。按照中国注册会计师职业道德守则，我们独立于A公司，并履行了职业道德方面的其他责任。我们相信，我们获取的审计证据是充分、适当的，为发表审计意见提供了基础。

(三)关键审计事项

关键审计事项是根据我们的职业判断，认为对本期财务报表审计最为重要的事项。这些事项是在对财务报表整体进行审计并形成意见的背景下进行处理的，我们不对这些事项提供单独的意见。

[按照《中国注册会计师审计准则第1504号——在审计报告中沟通关键审计事项》的规定描述每一关键审计事项]

(四)管理层和治理层对财务报表的责任

管理层负责按照企业会计准则的规定编制财务报表，使其实现公允反映，并设计、执行和维护必要的内部控制，以使财务报表不存在由于舞弊或错误导致的重大错报。

在编制财务报表时，管理层负责评估A公司的持续经营能力，披露与持续经营相关的事项(如适用)，并运用持续经营假设，除非计划清算A公司、停止营运或别无其他现实的选择。

治理层负责监督A公司的财务报告过程。

(五)注册会计师对财务报表审计的责任

我们的目标是对财务报表整体是否不存在由于舞弊或错误导致的重大错报获取合理保证，并出具包含审计意见的审计报告。合理保证是高水平的保证，但并不能保证按照审计准则执行的审计在某一重大错报存在时总能发现。错报可能由于舞弊或错误导致，如果合理预期错报单独或汇总起来可能影响财务报表使用者依据财务报表作出的经济决策，则通常认为错报是重大的。

在按照审计准则执行审计的过程中，我们运用了职业判断，保持了职业怀疑。我们同时：

(1) 识别和评估由于舞弊或错误导致的财务报表重大错报风险；对这些风险有针对性地设计和实施审计程序；获取充分、适当的审计证据，作为发表审计意见的基础。由于舞弊可能涉及串通、伪造、故意遗漏、虚假陈述或凌驾于内部控制之上，未能发现由于舞弊导致的重大错报的风险高于未能发现由于错误导致的重大错报的风险。

(2) 了解与审计相关的内部控制，以设计恰当的审计程序，但目的并非对内部控制的有效性发表意见。

(3) 评价管理层选用会计政策的恰当性和作出会计估计及相关披露的合理性。

(4) 对管理层使用持续经营假设的恰当性得出结论。同时，根据获取的审计证据，就可能导致对A公司持续经营能力产生重大疑虑的事项或情况是否存在重大不确定性得出结论。如果我们得出结论认为存在重大不确定性，审计准则要求我们在审计报告中提请报表使用者注意财务报表中的相关披露；如果披露不充分，我们应当发表非无保留意见。我们

的结论基于审计报告日可获得的信息。然而，未来的事项或情况可能导致 A 公司不能持续经营。

(5) 评价财务报表的总体列报、结构和内容(包括披露)，并评价财务报表是否公允反映相关交易和事项。

我们与治理层就计划的审计范围、时间安排和重大审计发现(包括我们在审计中识别的值得关注的内部控制缺陷)等事项进行沟通。

我们还就遵守关于独立性的相关职业道德要求向治理层提供声明，并就可能被合理认为影响我们独立性的所有关系和其他事项，以及相关的防范措施(如适用)与治理层进行沟通。

我们还就遵守关于独立性的相关职业道德要求向治理层提供声明，并就可能被合理认为影响我们独立性的所有关系和其他事项，以及相关的防范措施(如适用)与治理层进行沟通。

从与治理层沟通的事项中，我们确定哪些事项对本期财务报表审计最为重要，因而构成关键审计事项。我们在审计报告中描述这些事项，除非法律法规禁止公开披露这些事项，或在极其罕见的情形下，如果合理预期在审计报告中沟通某事项造成的负面后果超过在公众利益方面产生的益处，我们确定不应在审计报告中沟通该事项。

二、按照相关法律法规的要求报告的事项

[本部分的格式和内容，取决于法律法规对其他报告责任的性质的规定。法律法规规范的事项(其他报告责任)应当在本部分处理，除非其他报告责任与审计准则所要求的报告责任涉及相同的主题。如果涉及相同的主题，其他报告责任可以在审计准则所要求的同一报告要素部分中列示。当其他报告责任和审计准则规定的报告责任涉及同一主题，并且审计报告中的措辞能够将其他报告责任与审计准则规定的责任予以清楚地区分(如差异存在)时，允许将两者合并列示(即包含在“对财务报表出具的审计报告”部分中，并使用适当的副标题)]

××会计师事务所　　　　　　　　中国注册会计师：×××(项目合伙人)
(盖章)　　　　　　　　　　　　　　(签名并盖章)
　　　　　　　　　　　　　　　　中国注册会计师：×××
(签名并盖章)
中国××市　　　　　　　　　　　　二〇×二年×月×日

二、非标准审计报告

标准审计报告以外的其他审计报告统称为非标准审计报告，包括带强调事项段或其他事项段的审计报告和非无保留意见审计报告。非无保留意见的审计报告包括保留意见的审计报告、否定意见的审计报告和无法表示意见的审计报告。

1. 带强调事项段的审计报告

强调事项段，是指审计报告中含有的一个段落，该段落提及已在财务报表中恰当列报或披露的事项，根据注册会计师的职业判断，该事项对财务报表使用者理解财务报表至关重要。

某些审计准则对特定情况下在审计报告中增加强调事项段提出具体要求。这些情形包括以下几项。

(1) 法律法规规定的财务报告编制基础不可接受，但其是由法律或法规作出的规定。

(2) 提醒财务报表使用者注意财务报表按照特殊目的编制基础编制。

(3) 注册会计师在审计报告日后知悉了某些事实(即期后事项)，并且出具了新的审计报告或修改了审计报告。

除上述审计准则要求增加强调事项段的情形外，注册会计师可能认为需要增加强调事项段的情形举例如下：

(1) 异常诉讼或监管行动的未来结果存在不确定性；

(2) 提前应用(在允许的情况下)对财务报表有广泛影响的新会计准则；

(3) 存在已经或持续对被审计单位财务状况产生重大影响的特大灾难。

如果在审计报告中增加强调事项段，注册会计师应当采取下列措施：

(1) 将强调事项段作为单独的一部分置于审计报告中，并使用包含“强调事项”这一术语的适当标题。

(2) 明确提及被强调事项以及相关披露的位置，以便能够在财务报表中找到对该事项的详细描述。强调事项段应当仅提及已在财务报表中列报或披露的信息。

(3) 指出审计意见没有因该强调事项而改变。

2. 确定非无保留意见的类型

注册会计师确定恰当的非无保留意见类型，取决于下列事项：

① 导致非无保留意见的事项的性质，是财务报表存在重大错报，还是在无法获取充分、适当的审计证据的情况下，财务报表可能存在重大错报；

② 注册会计师就导致非无保留意见的事项对财务报表产生或可能产生影响的广泛性作出的判断。

注册会计师通过审计，对被审计单位的财务报表存有异议，或审计范围受到限制，就不应签发无保留意见的审计报告。注册会计师应视被审计单位的实际情况及所掌握的审计证据，签发保留意见、否定意见或无法表示意见的审计报告。

(1) 发表保留意见。

保留意见是指注册会计师对财务报表的反映有所保留的审计意见。一般是由于某些事项的存在，使无保留意见的条件不完全具备，影响了被审计单位财务报表的表达，因而注册会计师对无保留意见加以修正，对影响事项提出保留意见，并表示对该意见负责。

注册会计师经过审计后，如果认为财务报表就其整体而言是公允的，但还存在下列情形之一时，应当出具保留意见的审计报告。

① 在获取充分、适当的审计证据后，注册会计师认为错报单独或汇总起来对财务报表影响重大，但不具有广泛性。

② 注册会计师无法获取充分、适当的审计证据以作为形成审计意见的基础，但认为未发现的错报(如存在)对财务报表可能产生的影响重大，但不具有广泛性。

(2) 发表否定意见。

否定意见是指与无保留意见相反，提出否定财务报表公允地反映被审计单位财务状况、经营成果和现金流量的审计意见。无论是注册会计师还是被审计单位都不希望发表此类意见的审计报告。

在获取充分、适当的审计证据后，如果认为错报单独或汇总起来对财务报表的影响重大且具有广泛性，注册会计师应当发表否定意见。

(3) 发表无法表示意见。

无法表示意见是指注册会计师说明其对被审计单位的财务报表不能发表意见，也即对财务报表不发表包括肯定、否定和保留的审计意见。

注册会计师在审计过程中，如果审计范围受到限制可能产生的影响非常重大和广泛，不能获取充分、适当的审计证据，以至于无法对财务报表发表审计意见，注册会计师应当出具无法表示意见的审计报告。

在极其特殊的情况下，可能存在多个不确定事项。即使注册会计师对每个单独的不确定事项获取了充分、适当的审计证据，但由于不确定事项之间可能存在相互影响，以及可能对财务报表产生累积影响，注册会计师不可能对财务报表形成审计意见。在这种情况下，注册会计师应当发表无法表示意见。

注册会计师出具无法表示意见的审计报告，不同于拒绝接受委托，它是注册会计师实施了一定的审计程序后发表审计意见的一种方式；注册会计师出具无法表示意见的审计报告，也不是不愿发表意见，而是由于某些限制而未对某些重要事项取得证据，没有完成取证工作，使得注册会计师无法判断问题的归属。

3. 非无保留意见审计报告的格式

1) 导致非无保留意见的事项段

如果对财务报表发表非无保留意见，除在审计报告中包含《中国注册会计师审计准则第 1501 号——对财务报表形成审计意见和出具审计报告》规定的审计报告要素外，注册会计师还应当直接在审计意见段之后增加一个部分，并使用恰当的标题，说明导致发表非无保留意见的事项。如果财务报表中存在与具体金额相关的重大错报，注册会计师应当在导致非无保留意见的事项段中说明并量化该错报的财务影响。如果因无法获取充分、适当的审计证据而导致发表非无保留意见，注册会计师应当在形成非无保留意见的基础部分说明无法获取审计证据的原因。

2) 审计意见段

在发表非无保留意见时，注册会计师应当对审计意见段使用恰当的标题，如“保留意见”“否定意见”或“无法表示意见”。审计意见段的标题能够使财务报表使用者清楚注册会计师发表了非无保留意见，并能够表明非无保留意见的类型。

当由于财务报表存在重大错报而发表保留意见时，注册会计师应当根据适用的财务报告编制基础在审计意见段中说明：注册会计师认为，除了形成保留意见的基础部分所述事项产生的影响外，财务报表在所有重大方面按照适用的财务报告编制基础编制，并实现公允反映。当由于无法获取充分、适当的审计证据而导致发表保留意见时，注册会计师应当在审计意见段中使用“除……可能产生的影响外”等措辞。

当发表否定意见时，注册会计师应当根据适用的财务报告编制基础在审计意见段中说明：注册会计师认为，由于形成否定意见的基础部分所述事项的重要性，财务报表没有在所有重大方面按照适用的财务报告编制基础编制，未能实现公允反映。

当由于无法获取充分、适当的审计证据而发表无法表示意见时，注册会计师应当在审计意见段中说明：由于形成无法表示意见的基础部分所述事项的重要性，注册会计师无法获取充分、适当的审计证据以为发表审计意见提供基础，因此，注册会计师不对这些财务报表发表审计意见。

3) 非无保留意见对审计报告要素内容的修改

当发表保留意见或否定意见时，注册会计师应当修改形成无保留意见的基础部分的描述，以说明：注册会计师相信，注册会计师已获取的审计证据是充分、适当的，为发表非无保留意见提供了基础。

当发表无法表示意见时，注册会计师应当修改：①审计报告的意见段；②无保留意见审计报告中形成审计意见的基础部分；③无保留意见审计报告中注册会计师对财务报表审计的责任部分。

【例 12-2】

因财务报表存在重大错报而发表保留意见的审计报告具体如下。

审 计 报 告

B 股份有限公司全体股东：

一、对财务报表出具的审计报告

(一)保留意见

我们审计了B股份有限公司(以下简称“B公司”)财务报表，包括20×1年12月31日的资产负债表，20×1年度的利润表、现金流量表、股东权益变动表以及相关财务报表附注。

我们认为，除“形成保留意见的基础”部分所述事项产生的影响外，后附的财务报表在所有重大方面按照企业会计准则的规定编制，公允反映了B公司20×1年12月31日的财务状况以及20×1年度的经营成果和现金流量。

(二)形成保留意见的基础

B公司20×1年12月31日资产负债表中应收账款的列示金额为×元，应收账款中部分账龄已超过三年，管理层对这些应收账款未计提坏账准备，这不符合企业会计准则的规定。如果管理层计提坏账准备，应收账款列示金额将减少×元。相应地，信用减值损失将增加×元，所得税、净利润和股东权益将分别减少×元、×元和×元。

我们按照中国注册会计师审计准则的规定执行了审计工作。审计报告的“注册会计师对财务报表审计的责任”部分进一步阐述了我们在这些准则下的责任。按照中国注册会计师职业道德守则，我们独立于B公司，并履行了职业道德方面的其他责任。我们相信，我们获取的审计证据是充分、适当的，为发表保留意见提供了基础。

(三)关键审计事项

关键审计事项是根据我们的职业判断，认为对本期财务报表审计最为重要的事项。这些事项是在对财务报表整体进行审计并形成意见的背景下进行处理的，我们不对这些事项提供单独的意见。除“形成保留意见的基础”部分所述事项外，我们确定下列事项是需要在审计报告中沟通的关键审计事项。

[按照《中国注册会计师审计准则第1504号——在审计报告中沟通关键审计事项》的规定描述每一关键审计事项]

(四)管理层和治理层对财务报表的责任

[参见例 12-1]

(五)注册会计师对财务报表审计的责任

[参见例 12-1]

二、按照相关法律法规的要求报告的事项

[参见例 12-1]

××会计师事务所　　　　中国注册会计师：×××(项目合伙人)
(盖章)　　　　(签名并盖章)

中国注册会计师：×××
(签名并盖章)

中国××市　　　　二〇×二年×月×日

【例 12-3】

由于注册会计师无法针对财务报表多个要素获取充分、适当的审计证据而发表无法表示意见的审计报告，具体如下。

审 计 报 告

C 股份有限公司全体股东：

一、对财务报表出具的审计报告

(一)无法表示意见

我们接受委托，审计 C 股份有限公司(以下简称“C 公司”)财务报表，包括 20×1 年 12 月 31 日的资产负债表，20×1 年度的利润表、现金流量表、股东权益变动表以及相关财务报表附注。

我们不对后附的 C 公司财务报表发表审计意见。由于“形成无法表示意见的基础”部分所述事项的重要性，我们无法获取充分、适当的审计证据以作为财务报表发表审计意见的基础。

(二)形成无法表示意见的基础

我们于 20×2 年 1 月接受 C 公司的审计委托，因而未能对 C 公司 20×1 年初金额为×元的存货和年末金额为×元的存货实施监盘程序。此外，我们也无法实施替代审计程序获取充分、适当的审计证据。因此，我们无法确定是否有必要对存货以及财务报表其他项目作出调整，也无法确定应调整的金额。

(三)管理层和治理层对财务报表的责任

[参见例 12-1]

(四)注册会计师对财务报表审计的责任

我们的责任是按照中国注册会计师审计准则的规定，对 C 公司的财务报表执行审计工作，以出具审计报告。但由于“形成无法表示意见的基础”部分所述的事项，我们无法获取充分、适当的审计证据以作为发表审计意见的基础。

按照中国注册会计师职业道德守则，我们独立于C公司，并履行了职业道德方面的其他责任。

二、对其他法律和监管要求的报告

[参见例12-1]

××会计师事务所　　　　　　　　　　中国注册会计师：×××(项目合伙人)

(盖章)　　　　　　　　　　　　　　　(签名并盖章)

　　　　　　　　　　　　　　　　　　中国注册会计师：×××

　　　　　　　　　　　　　　　　　　(签名并盖章)

中国××市　　　　　　　　　　　　　二〇×二年×月×日

本章小结

审计报告是注册会计师根据中国注册会计师审计准则的规定，在实施审计工作的基础上对被审计单位财务报表发表审计意见的书面文件。审计报告是审计工作的最终成果，具有法定证明效力。

审计报告编制前的工作主要包括：编制审计差异调整表和试算平衡表；获取管理层声明书；获取律师声明书；执行分析程序；撰写审计总结；完成审计工作底稿的二级复核；评价审计结果以及就审计结果和审计报告意见类型等审计有关事项与被审计单位进行沟通。

审计报告按照审计报告的性质可分为标准审计报告和非标准审计报告；按照审计报告使用的目的可分为公布目的的审计报告和非公布目的的审计报告；按照审计报告的详略程度可分为简式审计报告和详式审计报告。

无保留意见审计报告应当包括下列要素：①标题；②收件人；③审计意见；④形成审计意见的基础；⑤管理层对财务报表的责任；⑥注册会计师对财务报表审计的责任；⑦按照相关法律法规的要求报告的事项(如适用)；⑧注册会计师的签名和盖章；⑨会计师事务所的名称、地址和盖章；⑩报告日期。

注册会计师根据审计结果和被审计单位对有关问题的处理情况，形成不同的审计意见，出具标准和非标准的审计报告。标准审计报告是指注册会计师出具的无保留意见的审计报告不附加说明段、强调事项段或任何修饰性用语。标准审计报告以外的其他审计报告统称为非标准审计报告，包括带强调事项段或其他事项段的审计报告和非无保留意见审计报告。非无保留意见的审计报告包括保留意见的审计报告、否定意见的审计报告和无法表示意见的审计报告。出具每一种类型的审计报告，都有其适用的条件及统一规范的措辞和格式。

审计报告的编制应内容全面完整，观点明确，格式规范，证据充分、适当。审计报告的使用应恰当，委托人或其他第三方因使用审计报告不当所造成的后果，与注册会计师及其所在的会计师事务所无关。

自　测　题

1. 编制审计报告前的工作有哪些？
2. 审计报告的基本内容包括哪些？
3. 审计报告的意见类型有哪些？不同意见类型审计报告的适用条件是什么？

案 例 分 析

中注协发布 2019 年年报审计情况快报(第三期)

2020 年 3 月 5 日，中注协发布上市公司 2019 年年报审计情况快报(第三期)，全文如下：

一、会计师事务所出具上市公司年报审计报告总体情况

2020 年 2 月 24 日至 3 月 3 日，16 家事务所共为 30 家上市公司出具了财务报表审计报告，其中，沪市主板 9 家，深市主板 3 家，创业板 12 家，中小板 6 家。从审计报告意见类型看，1 家被出具无法表示意见，29 家上市公司被出具了无保留意见审计报告。

截至 2020 年 3 月 3 日，21 家事务所共为 40 家上市公司出具了财务报表审计报告，其中，沪市主板 13 家，深市主板 4 家，中小板 9 家，创业板 14 家。从审计报告意见类型看，1 家被出具无法表示意见，39 家上市公司被出具了无保留意见审计报告。

2020 年 2 月 24 日至 3 月 3 日，9 家事务所共为 12 家上市公司出具了内部控制审计报告，其中，沪市主板 9 家，深市主板 2 家，中小板 1 家。从审计报告意见类型看，1 家被出具否定意见，11 家上市公司被出具了无保留意见审计报告。

截至 2020 年 3 月 3 日，12 家事务所共为 17 家上市公司出具了内部控制审计报告，其中，沪市主板 13 家，深市主板 3 家，中小板 1 家。从审计报告意见类型看，1 家被出具否定意见，16 家上市公司被出具了无保留意见审计报告。

二、出具非无保留意见的财务报表审计报告情况

大信会计师事务所(特殊普通合伙)出具了无法表示意见的财务报表审计报告，形成的基础内容如下：

1. 比较信息延续至报告期的认定

因审计范围受到限制，我们对贵公司上期财务报表项目中应收账款、其他应收款、存货、可供出售金融资产、收入成本等项目账面价值和发生额无法认定，也无法认定关联方关系及交易披露的完整性、对外担保及诉讼事项和内部控制失效可能对财务报表的影响，因而出具了无法表示意见的审计报告。截至 2019 年 12 月 31 日，涉及对应数据的应收账款余额 27 380.33 万元，坏账准备 1 480.66 万元，其他应收款 393 231.70 万元，坏账准备 388 237.67 万元，存货 14 654.56 万元，跌价准备 263.43 万元，其他权益工具投资(可供出售金融资产)公允价值为零，以及关联方关系及交易的披露等事项，因贵公司相关子公司已停止经营，我们无法实施有效的审计程序，无法判断上述上期数据及事项对本期财务报表的影响。

2. 对外担保及诉讼事项

2019 年 2 月，天津市高级人民法院《民事裁定书》(〔2019〕津财保 13 号)裁定冻结、查封或扣押贵公司及天津市隆泰冷暖设备制造有限公司(简称“天津隆泰”)银行存款 3.06 亿元或相应价值财产，实际已冻结贵公司在华夏银行天津分行开立的银行账户定期存单 3 亿元及债券募集资金专储账户余额 0.03 亿元。冻结案由系华夏银行天津分行诉天津隆泰保理合同纠纷，贵公司以其名下的定期存单对天津隆泰提供质押担保。2020 年 1 月，贵公司收到天津市高级人民法院一审《民事判决书》(〔2019〕津民初 44 号)，判决贵公司以其名下的定期存单对天津隆泰承担质押担保责任，贵公司对一审判决不服，已提起上诉。为此公司计提预计负债 3.10 亿元，影响 2019 年度利润-3.10 亿元。由于诉讼的不确定性可能会对财务报表产生重大影响，我们无法判断贵公司预计负债计提的恰当性。

3. 财务报表按照持续经营假设编制的恰当性

贵公司 2019 年度发生亏损 5.30 亿元，截至 2019 年 12 月 31 日归属于母公司的净资产-16.32 亿元，资产负债率 214.63%，流动负债超过流动资产 11.97 亿元，财务状况持续恶化。报告期内，贵公司黄金珠宝业务经营停滞，对外借款全部逾期，欠缴税款，黄金业务子公司员工大量离职并提起劳动仲裁，多个银行账户因诉讼事项被冻结，重要子公司深圳金桔莱存货被查封扣押及其全资子公司海丰金桔莱被法院查封。此外，贵公司“16 秋林 01”及“16 秋林 02”两期债券已全部违约，无力兑付“18 秋林 01”第一期债券利息，因涉及诉讼事项，大额募集资金专用账户被冻结，主要房产被查封，所持子公司股权被冻结。虽然贵公司披露了拟采取的改善措施，但我们仍无法取得与评估持续经营能力相关的充分、适当的审计证据，因而无法判断贵公司运用持续经营假设编制 2019 年度财务报表是否恰当。

三、上市公司审计机构变更总体情况

截至 2020 年 3 月 3 日，共有 40 家事务所向中注协报备了上市公司财务报表审计机构变更信息，涉及上市公司 656 家。后任事务所尚未报备变更信息的有 36 家，前任事务所尚未报备变更信息的有 56 家，前后任事务所均已报备变更信息的有 564 家。对于变更原因，有 213 家表示，是因前任事务所提供审计服务年限较长或聘期届满；有 180 家表示，是因上市公司经营与业务发展需要；有 125 家表示，是因原审计团队变更会计师事务所；有 68 家表示，是因上市公司根据集团、控股股东要求更换审计机构。

截至 2020 年 3 月 3 日，共有 36 家事务所向中注协报备了上市公司内部控制审计机构变更信息，涉及上市公司 335 家。后任事务所尚未报备变更信息的有 29 家，前任事务所尚未报备变更信息的有 42 家，前后任事务所均已报备变更信息的有 264 家。

(资料来源：中国注册会计师协会网站 http://www.cicpa.org.cn/news/201903/t20190311_51663.html)

参 考 文 献

1．中国注册会计师协会．中国注册会计师执业准则[M]．北京：中国财政经济出版社，2017.

2．中国注册会计师协会．审计(2019 年度注册会计师全国统一考试辅导教材)[M]．北京：中国财政经济出版社，2019.

3．郭振乾．中国审计学[M]．北京：中国审计出版社，1997.

4．管锦康．现代审计学原理[M]．上海：立信会计出版社，1994.

5．秦荣生，卢春泉．审计学[M]．8 版．北京：中国人民大学出版社，2014.

6．宋常．审计学[M]．7 版．北京：中国人民大学出版社，2014.

7．乔春华．审计学[M]．大连：东北财经大学出版社，2005.

8．王英姿．审计原理与实务[M]．2 版．上海：上海财经大学出版社，2016.

9．刘建军，审计学[M]．2 版．北京：机械工业出版社，2016.

10．叶陈刚，李相志．审计理论与实务[M]．2 版．北京：中信出版社，2015.

11．李若山，刘大贤．审计学[M]．北京：经济科学出版社，2003.

12．吴秋生．审计学[M]．4 版．上海：上海财经大学出版社，2018.

13．陈力生，肖伟根，陈皓．现代审计基础与实务[M]．2 版．上海：立信会计出版社，2016.

14．刘华．审计理论与案例[M]．上海：复旦大学出版社，2005.

15．王光远，黄京箐．审计学[M]．4 版．大连：东北财经大学出版社，2018.

16．刘明辉．审计[M]．5 版．大连：东北财经大学出版社，2015.

17．李国有．审计测试[M]．北京：中国时代经济出版社，2006.

18．朱锦余．审计[M]．5 版．大连：东北财经大学出版社，2017.

19．马西牛．审计学原理[M]．西安：西北大学出版社，2003.

20．李敏．审计学[M]．2 版．上海：上海财经大学出版社，2016.

21．刘大贤．审计学[M]．北京：首都经济贸易出版社，2004.

22．王文华．审计学[M]．上海：上海大学出版社，2003.

23．王学龙，李培根．审计[M]．兰州：兰州大学出版社，2005.

24．中华会计网校，杨闻萍．审计经典题解[M]．北京：高等教育出版社，2019.

25．宋良容．审计学教程[M]．上海：立信会计出版社，2009.

26．张梅，刘靖君．审计学基础[M]．上海：立信会计出版社，2010.

27．李晓慧．审计学：实务与案例[M]．3 版．北京：中国人民大学出版社，2014.

28．李晓慧．审计实验室—审计实务个案分析[M]．北京：经济科学出版社，2000.

29．沈征．注册会计师审计[M]．上海：格致出版社，上海人民出版社，2008.

30．中国人大网．中华人民共和国审计法．http://www.npc.gov.cn，2006-02-28.

31．中华人民共和国审计署．审计署关于内部审计工作的规定．http://www.audit.gov.cn，2019-04-26.

32．中国注册会计师协会．中国注册会计师继续教育制度．http:\www.cicpa.org.cn，2006-09-13.

33．中国注册会计师协会．中国注册会计师职业道德守则．http:\www.cicpa.org.cn，2010-02-02.